人杰

ELITE

中原历史文化系列丛书

SERIES ON THE HISTORY
AND CULTURE OF
CENTRAL PLAINS

李鸿安 ◎ 著

中央民族大学出版社
China Minzu University Press

序　人杰

人杰，才智杰出者，人中之豪杰。道家经典著作《文子·上礼》中诠释："行可以为仪表，智足以决嫌疑，信可以守约，廉可以使分财，作事可法，出言可道，人杰也。"中国历史上人杰都有一段非常的经历、一个传奇酌的故事，经过千百年的文字或口头传播至今，依然闪耀着光辉。

历史上长期处于政治、经济、文化中心的中原地带，自古就是中华民族人杰活动的大舞台，曾经影响甚至改变了中国的历史进程，他们的聪明才智记载在历史的功勋簿上。

本册《人杰》从中原灿若繁星的人杰里，选取了影响深远、有口皆碑的政治家、思想家、军事家、科学家、文学家，把他们从我们遥远的记忆里，拉到我们面前；拾取支离相传的历史碎片，拼接较为完整的成长故事。我们会发现，他们虽然所处的时代不同、经历遭遇不同、身份地位不同，思想观念不同，用心灵去观照各自国家的发展，思考社会进步，给我们留下有益的启示。他们的言行阐释着或"立德"，或"立功"，或"立育"的意义和价值。他们的身影和足迹，已然是历史画卷上精彩的勾皴点染。

目 录

篇

第一章

杰出的外交家苏秦

人杰

杰出的外交家苏秦

1. 狼狈回乡

　　战国是造就外交家的时代,这个时代有两个彪炳史册的外交人物,即苏秦和张仪。他们各为其主,执行不同的政治路线。张仪和苏秦游说的对象都是燕、赵、韩、魏、齐、楚六个诸侯国。张仪游走东西,力劝诸侯们联合起来为秦国做事,就是说服六国做秦国的附庸,史称"连横";而苏秦奔走南北,游说各诸侯国同心协力对抗秦国,史称"合纵"。于是,一大批以连横和合纵为职业的外交人才追随了张仪和苏秦,后人称他们为"纵横家",而张仪和苏秦是他们的杰出代表人物。

　　春秋战国有诸子百家,纵横家为其中一家。纵横家巧舌如簧,辩才过人,腿勤脚快,穿梭于六国之间。不是力主合纵,就是离间破坏连横。他们三寸不烂之舌,往往胜过百万雄兵。他们的目的只有一个:视名利为生命。我们从苏秦身上可见纵横家的面目。

　　苏秦被后人称为纵横家的鼻祖,史书描写他的力量和影响,说他"智足以强国,勇足以威敌,一怒而诸侯惧,安居而天下息"。

　　苏秦,字季子,他的家乡在今河南省洛阳市东南五公里处的李楼乡太平庄,古称轩里。他出身寒门,家境贫苦。但他求学欲很强,少年胸怀大志。为此,他总投名师学习,曾到国力强大的齐国求师,后来又投到鬼谷子门下,选择的专业是"游说术"。鬼谷子是著名的纵横家,我们找到了苏秦成为纵横家的根。春秋战国时的风云人物张仪、庞涓、孙膑等人都是他的同门师兄弟。不过,庞涓、孙膑一毕业就先苏秦下山求取功名了。接着,苏秦和张仪也辞别老师下山施展学到的纵横之术。张仪去到魏国求职,而苏秦却急匆匆跑回老家了。

　　苏秦是个孝子,家有老母在堂,他回家后全家沉浸在团聚的喜悦之中。可是,苏秦志在天下,在家里哪能待得住。他要出游列国,寻求出人头地、扬名获利的机

插图 1-1.1 苏秦画像

　　苏秦,东周雒邑(今河南洛阳东)乘轩里人,相传为鬼谷子徒弟。战国时期著名纵横家。他最为辉煌的时候是劝说六国国君联合,身佩六国相印,进军秦国。《史记·苏秦列传》载:"是时周天子致文武之胙于秦惠王。惠王使犀首攻魏,禽将龙贾,取魏之雕阴,且欲东兵。苏秦恐秦兵之至赵也,乃激怒张仪,入之于秦。"

会。但是家有妻室，哥哥先亡，还有两个兄弟，全靠种地过活，难以糊口，哪来的钱做外出的盘缠。他劝说母亲变卖家产，可穷家哪有多少家产。家人都反对他外出，他的寡嫂劝他在家种地或做个生意，以图养家糊口，妻子也阻止他。

苏秦左右为难，最后弟弟出来说话了："哥哥你学的是游说之术，你可去洛阳都城游说周显王，洛阳离家很近。如果周天子能采纳你的强国之策，你在本乡名利都有了，何必舍近求远。"

苏秦觉得弟弟说得在理，决心到洛阳走上一遭。到洛阳他果然见到了周显王。在天子面前，他的专业知识和技能加上口才都发挥到了理想水平。他陈述的强国之法打动了周显王，显王立即录用了他，将其作为谋臣留在身边。苏秦的纵横之术小获成功，使他更坚定了信心。

给天子打工可不是好玩的，苏秦在周显王身边的日子并不好过。他家境贫穷，出身卑微，同朝臣僚看不起他，认为他虽有真才实学，但什么治国之道、什么强国之法都是纸上谈兵，没有价值。苏秦看在眼里，听在耳里，气在心里，心高气傲的他怎能忍受这样的窝囊气。他觉得自己在显王这里不会有升迁机会，于是卷起行李回家了，结束了一年多窝窝囊囊的谋士生活。

回到家里，他又准备外出游说。有人劝他说："你身无美衣，行无车马，那些高贵的诸侯们哪个能看得起你呀！"这启发了苏秦，于是他决意重新包装自己，凭自己的雄辩之能说服家人变卖家产，得了不少钱。他上街买了贵重的貂皮大衣，置办了车马，像模像样地踏上了游说列国的征途，踌躇满志地求职去了。

可是，他第二次出游仍不顺。他历经千辛万苦，奔走在一些诸侯国之间，一游就是三年。但那些诸侯们毫不识货，不理会他的纵横之术，更不懂得他的远大抱负。然而，他毕竟是科班出身，游一路说一路，了解风情，考察世态，"尽得天下利害之详"，为施展自己的政治理想做了充分的思想和知识上的准备。这一天终于到来了。

他这次出游诸侯国，秦国是他的首选。

秦人是华夏族的一支，祖先善于养马，周武王把他们分封到秦地（今陕西）。公元前770年，秦襄公因护送周平王东迁有功，被封为诸侯，秦始建国。秦国经过几代君主的努力，逐渐发展，传至第15代国君秦穆公时，已跻身于强盛的诸侯之列，成为春秋五霸之一。传至第33代君主秦孝公时，任用商鞅变法，国力大增，在诸侯国中有着举足轻重的地位。公元前337年，秦孝公的儿子秦惠文王继位，虽然他杀了商鞅，但并未废除商鞅强国之法。秦惠文王是个很有作为的国君，他重用贤才良士，推行法治，对外不断扩张领土。苏秦就瞄准了秦王的野心，于是选择秦国作为他第二次实现抱负的国家。

苏秦见到秦惠文王，展开游说之术。他首先称颂秦王成功的霸业，又分析了秦国形势。他说，秦国地势险要、土地肥沃、人口众多，这是优势。秦应该利用这个优势，利用秦国的国际影响，向其他六个诸侯强国渗透，进而吞并六国而统一天下，"称帝而治"。

4

插图 1-1.2 秦惠文王铸造发行的货币

秦惠文王（公元前354—311年），秦孝公之子，他执政后，继承了秦孝公制定的招徕贤士、富国强兵、向东称雄国策，他虽杀了商鞅，但并未废除商鞅之法。特别是为解决扩军备战所需资金，他大刀阔斧地整治了混乱的货币市场，摒弃二等货币，铸造发行一等货币，这种货币《史记》中称之为"初行钱"。一系列的治国措施，造就了秦惠文王朝时代的辉煌。

苏秦面对的是一个很有谋略的君主。自从杀了商鞅之后，秦惠文王想要稳定国家政局，首先要稳住王公贵族，关键是要保护他们的利益。为此，他对外来的策士说客就多了几分防备之心，甚至有了警惕之意。他对苏秦说："羽毛未成，不可以高蜚；文理未明，不可以并兼。"他认为，秦国现在虽然是一等强国，但现在要兼并六国，时机还不够成熟。秦王不冷不热的态度令苏秦沮丧，但他并没有气馁。

第二天，苏秦又出招了，拿出了自己多年用心血编写的一本书献给秦王，内容是上古时三王五霸如何得天下。秦王不听他的游说，更不会看他的书，拿过来就束之高阁了。说话不听，献书不看，苏秦还有办法，他给秦王写信，陈述自己的主张，一封又一封，可秦王一封也不给他回。苏秦仍不放弃，苦思冥想决心找到一位中间人牵线搭桥，他竟然去找了秦国相公孙衍。孙衍本就嫉妒他，恨不能驱逐而后快，哪会做他的引见人。这次他碰了个硬钉子。

一年多来，苏秦所做的一切努力不仅耗费了时间和精力，口袋中的银子也花光了，身上那件贵重的貂皮大衣也穿破了，连吃饭也快成问题了。在秦国待不下去了，到其他诸侯国将更让人看不起，只有一条路，那就是回家。幸亏还有一车一马，他变卖马车后踏上了归乡之路。

2. 刺股苦读

这一天洛阳轩里苏秦的家中来了一个人。他脸色黧黑，形容枯槁，腿上缠着裹布，脚穿草鞋，背着破篓子，肩挑行李卷，失魂落魄，满面羞愧。全家人一时认不出他是谁，仔细一看才认出是苏秦，"妻不下纴，嫂不为炊，父母不与言"。正在织布的妻子装没看见，嫌他丢人！嫂子明知他饥肠辘辘也不去做饭，嫌他讨厌！父母不与他说话，觉得他可气！离家一年多没混个一官半职，就连个人的模样也没有了，花了全家的血汗钱，却落得个叫花子的下场。

全家人的讥讽、挖苦使他无地自容，连自己的亲人也侮辱自己。他悲痛至极，痛恨至极，不禁仰天长叹："妻子不以我为夫，嫂嫂不以我为叔，父母不以我为子，皆秦之罪也！"他暗暗把这本愤恨之账都记在了秦国身上。

苏秦虽痛苦，但并没有对自己的追求心灰意冷，反而更激发了他出人头地、争强求胜的欲望。于是，他又投入积极的准备之中。

他深深地反省自己，过去游说自以为是，不顾世情，不但没有得到锦衣玉食、高官厚禄，反而处处碰壁。这是因为自己学识不深、知世太少、专业不精。他要读书，要更深入地研究天下形势，相信一定会实现自己的理想。无功而返的羞愧与烦恼都变成了他读书学习的动力。回家的当天夜晚他就一头钻进了自己多年收藏的书堆里。这一发愤成就了一个千古刻苦读书的楷模，"头悬梁锥刺股"的故事为天下父母和老师提供了教育孩子的最形象生动的教材。

他翻箱倒柜终于发现一本让他痴迷的书。"夜发书，陈箧数十，得太公《阴符》之谋，伏而诵之，简练以为揣摩。读书欲睡，引锥自刺其股，流血至足。"（《战国策·秦

策一》）这《阴符》是什么样的书，有何奥妙，以致读得昏昏欲睡时毫不留情地自残，用锥子扎自己的大腿？《阴符》据传是周武王谋臣姜太公姜子牙所写，因此西汉司马迁在《史记》中把这部书叫作《太公阴符》，书中写有许多战略战术的兵法和政治权谋。苏秦如获至宝，苦读深钻，闭门悟道，在刺股之痛中读出了大境界、大眼光。一年多的时间，他在读书中终于找到了感觉，"此真可以当世之君矣"！这回才真正地可以去游说各国诸侯了。看来他真的找到了与各诸侯国相合的门道，更深地掌握了足以周游列国的知识和说服的奥妙。苏秦这一年多来，"锥刺股"血没有白流，书没有白读。

苏秦在家苦读年余始终未解心中那个结，就是秦惠文王给他的软钉子、冷板凳。现在他对天下形势已了如指掌，西秦东齐两强相争，秦国野心勃勃，要先灭强敌齐国，进而再收拾其他诸侯国。秦国做了精心策划，先拉后打。公元前288年秦王自封为"西帝"，又免费送给齐国一个尊号，称齐王为"东帝"，来套近乎。齐国若灭，夹在秦齐之间的赵国就唾手可得。苏秦对秦国的阴谋心如明镜，知道报复秦王的机会来了。

他毫不犹豫地改变了策略，将联合六国以事秦变为联合六国以抗秦。此时，处在秦齐相争最危险地位的是赵国，最需要帮助的是赵国。于是，他到了赵国。可赵国的国相奉阳君知道苏秦在秦王那里不光彩的经历，任凭他鼓舌游说就是不买账。苏秦对此冷遇感到气愤，离开了赵国。

离开赵国往哪里去呢？机会总是眷顾有志者，苏秦脚步迈向了燕国。燕国地处齐国北，国小力弱，常受强邻齐国的欺负。此时，齐国根本无视秦国的拉拢，依然我行我素，首先联合楚国和魏国，三国联军第一个目标把齐国近邻小国宋灭掉了，又虎视眈眈地瞄准了燕国。

燕国本来也是个大国。后来传到燕王姬哙手里，有人给他出了个歪点子，把尧舜当成偶像，学习祖先的美德，实行禅让，就把王位让给了子之，子之是国相。这就使得等待着世袭传位的太子姬平大为不满。三年之后，太子姬平积蓄了力量，联合贵族和大将军向伪政权发起了进攻，于是燕国内"构乱数月，死者数万，从人恫恐，百姓离志"。齐宣王以帮助燕国平乱为名，浩浩荡荡的齐军名正言顺地开进了燕国。齐军长驱直入，所到之处，如入无人之境。一举攻占了燕都，杀死了燕王姬哙，追捕相国子之。燕国大半国土沦陷，国家几乎名存实亡。齐国军队在燕国赖着不走，太子姬平与军民奋起反抗，天下大哗，赵、魏、韩、楚、秦等国家不断向齐国不义

之师施加压力，三年后齐王不得已下达了撤军令。

齐国虽然撤军了，可是麻烦又来了。燕王姬哙的一个儿子职原来在韩国作人质，这时赵国的赵武灵王把他送回了燕。这是秦惠文王十一年（公元前314年）的事。赵国的目的很明显。于是，燕国内乱，战火又起，老爸已死，两个儿子打了起来，公子职与太子开始争夺王位。在战斗中，公子职失利。但职有后盾，他母亲是易王后。这位太后是秦惠文王的女儿，秦惠文王哪能看着自己的外孙受人欺负而坐视不管。

公元前311年，秦王联合魏国组成联军，进入燕国，灭了太子平，立公子职为燕王，这就是历史名人燕昭王，从此秦燕结成了盟国。燕国处在秦国的保护伞下。可这位昭王有雄才大略，志在强国，为实现他的强国梦，他要从根本抓起，招揽天下贤才良士。首先树立了典型郭隗。郭隗是燕王姬哙的谋臣，才华过人，被任为太子姬平的老师。燕昭王给他解决住房，修造了一座华丽宫室，以示天下其看中程度非同一般。又在沂水之滨修筑了一座高台，用以招徕天下贤士。台上放置了几千两黄金，作为赠送给贤士的进见礼。这座高台便是著名的"黄金台"。燕昭王爱贤敬贤的名声不胫而走，风传天下，各国才士争先恐后奔赴燕国，史载"乐毅自魏往、邹衍自齐往、剧辛自赵往，士争趋燕"。黄金台就是他的招聘台。

苏秦就是在这个时候应聘进入燕国的。唐代诗人陈子昂有诗曰："南登碣石馆，遥望黄金台。丘陵尽乔木，昭王安在哉！"这就是燕昭王重金聘用苏秦的佐证。

插图1-2.2 燕国乐毅大将画像（清人绘画）

燕昭王采纳郭隗之计招请人才，各国精英纷纷赶到燕国来求见。其中最出名的是赵国人乐毅。燕昭王拜乐毅为亚卿，请他整顿国政，训练兵马。燕国从此殷实富足，国力强盛，士兵愿意为其效命。公元前284年，燕昭王拜乐毅为上将军，联合赵、韩、秦、魏，统率五国兵马，浩浩荡荡杀奔齐国，齐国大败。此时打了胜仗，各国都占领了齐国的几座城，不想再打下去了。但乐毅誓追穷寇，率领燕军，长驱直入，攻占齐国都城临淄。齐愍王出逃，在莒城被人杀死。燕昭王因为乐毅立大功亲自到济水边劳军，论功行赏，封乐毅为昌国君。

3. 衣锦还乡

燕昭王报复齐国心切，苏秦一眼就看透了燕昭王的心思。他立马对症下药，向燕昭王分析了天下大势。他认为，齐国虽强，但因长年出兵侵略，已是疲惫之师；秦国虽有吞燕之心，但远在燕千里之外，鞭长莫及。现在只有实行韬晦策略，等待时机。现在要做的是先向齐国表示屈服顺从，将复仇的愿望掩饰，赢得振兴燕国所需的时间。其次，要鼓动齐国不断进攻其他国家，以防止攻燕，并消耗其国力。

方针既定，决心已下，确定了"弱齐强燕"的战略目标，预谋了"阴出使"的战术手段，即派苏秦到齐国做卧底。以苏秦超人的智慧和能力做这样一个国际间谍的角色，应该是游刃有余。

公元前300年，苏秦怀着燕昭王"弱齐强燕"的使命到了齐国。到齐国后，他有一个重要发现，齐国与赵国好上了，这很危险，若齐、赵联手颠覆个小小燕国将不费吹灰之力，所以，要想办法挑拨齐、赵的关系。他取得齐愍王的信任后，被任为齐之国相，终于掌握了军权，这就更有利于为燕国做好间谍工作了。齐愍王被苏秦忽悠得不明真相，竟任命苏秦为司令，让他率兵抗御燕军，这仗打起来就有意思了。齐燕两军一交手，苏秦就做了手脚，齐军大败，5万人死在战场上。苏秦又鼓动齐攻打宋国。公元前288年，齐国发动了对宋的战争。齐国一出手打宋不当紧，有个国家感到了痛，这就是秦国。秦宋向来关系很好，立即向齐国提出外交抗议。齐愍王心中害怕，不敢得罪秦国，宋国是家门口的一块肥肉，但不易到嘴，于是他马上召见苏秦问计。苏秦一听，早已胸有成竹，便为齐国出了一个万无一失的良策。苏秦说，别看秦国凶如虎，但不用怕他，孤虎怕群狼，只要把燕、赵、魏等国家联合起来，定能抗秦取胜。

齐愍王一听，觉得很有道理，这事就交给苏秦去办了。实际上苏秦已暗中用计使齐国群臣不和，百姓离心，为联合五国攻破齐国奠定了基础。他去到魏国见魏襄王，摇唇鼓舌，从魏国的地理优势，到魏国的人多之威；从历史沉痛的教训，到秦国之患，把魏王说服了，魏王接受了他的合纵抗秦的政治主张。

苏秦到了赵国，他还记得过去曾在这里碰过钉子，可现在赵国的形势发生了变化，那个不喜欢他的国相奉阳君已死，没有了绊脚石。于是苏秦见到赵惠王便淋漓尽致地分析了唇亡齿寒的利害关系，纵论国泰民安的治国之道。赵惠王立即拨给他一百辆马车、千镒黄金、白壁百双、锦缎千匹，作为他的活动经费。

这下，苏秦可谓春风得意，他威风凛凛地周游列国，"以三寸之舌为帝王师"，说得各路诸侯怦然心动、趋之若鹜、言听计从，终于策划成功了燕、赵、魏、韩、齐、楚六国抗秦联盟。六国国君聚集于赵国洹水之滨，召开了联合国成立大会。在大会上，苏秦手捧铜盘，六位国君杀牲饮血，拜告天地祖先，表示了诚意和决心。各位君王达成共识，认为苏秦是最有威望的人，一致推举他为合纵联盟的"盟约长"，成为六国联军的最高司令官，联军司令部设在今河南的荥阳。苏秦坐上了联合国秘书长的宝座，诸侯们争相封苏秦为卿相，苏秦项上挂了六国相印，赵惠王特别加封他为武安君。

苏秦一时名震天下，强秦对他所操纵的合纵联盟也惧怕三分。当六国合纵盟约送到秦国时，朝廷上下受到震慑。秦王四处扩张的野心有所收敛，自此15年间不敢出函谷关问鼎中原。秦王怕招惹合纵联盟，实行了"和平共处"策略，立即把侵占魏、赵的土地和城池物归原主。

达到名利双收的苏秦，要还衣锦回乡之愿了。在他去楚国的路途中，特意取道

插图 1-3.1 苏秦衣锦还乡图（选自《元曲选》）

《元曲选》是明人代臧懋循所编的一部著名的元杂剧总集，影响很大，对元杂剧的传播起过重要作用。其中收录元代杂剧94种、明代杂剧6种，总计100种，故又称《元人百种曲》。明代万历年间，版画艺术得到飞速发展，尤其是戏曲书籍，更喜配插图以示优雅。《元曲选》中每部剧附图两幅，个别的绘四幅。这些画生动逼真地表现了各部剧的情节特点，其插图手法采用了临摹古代名画家的不同画法，线条细腻流畅，极尽婉丽之美，在中国版画史上具有极重要的地位。此图中所画的大门里外人物，描绘出苏秦衣锦还乡后的不同情态：门外的惊奇、门内的行礼，生动地表现了苏秦还乡之"衣锦"给家乡人带来的变化。

8

洛阳，要回家风光一下。他家人得知消息，全家动手整理房间，全村动员清扫街道，雇请乐队，准备宴席。苏秦身佩六国相印，随从前呼后拥，马车上装的是白银、黄金、白玉、绸缎，八面威风向洛阳城进发。周天子周显王得到消息，立即命人整修道路，打扫街巷，亲自出洛阳城迎接。他的家人和乡30里外相迎。苏秦骑着高头大马，跟在后边的护送队伍绵延几里地。

妻子盛装打扮恭候夫君，一看阵势，吓得不敢抬头。他的嫂嫂跪在地上像蛇一样向前爬，不住磕头，口里念着请罪辞。苏秦得意扬扬，勒住马缰问嫂嫂："你过

去为何对我那样傲慢，此时又如此自卑低下？"嫂嫂面红耳赤、羞愧难当、无地自容，只得实话实说："现今弟弟地位尊贵，你有钱了啊！"苏秦感叹说："人生在世，千万不能小看地位和金钱。"

苏秦不忘报恩，把带回的金银和布匹都送给了亲戚和朋友，特别加倍赏赐在自己落魄时曾帮助过他的人。他困于燕国时，有个人资助过他100银两的路费。苏秦特意找到此人，送给他100两黄金。只要对他曾有滴水之助的，他都要重报。在他的随员中有一个曾帮助过他的人，苏秦感慨地说："我并没忘记你啊，当初我在燕国处于困境中，是你把我送到易水之畔，我很感谢你。可是那时我让你跟我一起去谋生，你拒绝了我的好意，这一点我还是要责怪你的。所以，为报答你的恩情，我要赏赐你金银；为了表示对你没跟我走的不满，我才最后赏赐你。"

插图 1-3.2 苏秦六国封相衣锦还乡图（年画）

苏秦游说六国达成合纵联盟，被任命为联盟的最高长官"盟约长"，并担任六国的国相，身佩六国相印。合纵成功后，苏秦自楚北上，向赵王复命，途经家乡洛阳，探望家人。苏秦车马行李随行，诸侯送行的使者簇拥，气派比得上帝王。此图表现的就是苏秦到家门时家人出来相迎的场景。这幅年画有鲜明的地方特色，绘画质朴浑厚，人物刻画简约形象。

4. 国际间谍

苏秦操纵的合纵联盟是一个拼凑起来的政治班子，能加入这个联合国的各路诸侯们都心怀自己的政治目的，都在寻找自身发展的机会，借以扩大自己的势力，以达到打击、削弱或消灭他国的目的。所以，合纵联盟既不"合"也不"联"，同床异梦，十分脆弱，不堪一击。而其领班人苏秦也是利用各路诸侯的矛盾，施展助此攻彼的权术，挑拨离间，以获渔翁之利。但秦国又极力采用张仪的连横战略，千方

百计地拉拢各诸侯国破坏合纵联盟。终于，合纵联盟不久后即被彻底瓦解。

苏秦成了光杆司令，只得另谋出路了。何去何从？他又选择了燕国，因为正处在齐燕之争的燕国很需要他，燕王也很信任他。一到燕国，他就开始实施他的"弱齐强燕"的策略。

国君燕文侯死后，太子即位，是为燕易王。此时，早怀吞燕野心的齐宣王认为时机已到，在燕易王为父发丧之时，齐国突然发兵袭击燕国。燕国毫无戒备，被打得措手不及，连失10座城池。燕易王万分焦虑，报仇心切。恰在此时苏秦到了，雪中送炭。苏秦与燕易王合谋后，燕易王即派苏秦出使齐国。苏秦带着"弱齐强燕"的政治目的来到齐国，开始了他的游说活动。

从何入手游说呢？苏秦以秦、齐、燕三国的关系为突破口。过去秦惠王为了制约齐国而极力拉拢燕国，进行了政治联姻，把女儿嫁给了当时还是太子的燕易王，从而秦、燕联姻对齐国构成了威胁。苏秦对齐宣王说："现在燕国有强大的秦国做后盾，你强占了燕国大片土地，秦惠王岂能坐视不管，眼下齐国形势非常严峻。"齐宣王害怕了，忙向苏秦求计。苏秦乘机献策说："现在补救还来得及，你把占领的10座城池马上物归原主，那么不但燕易王感激你的大恩大德，秦惠王也会很高兴。这样就可得到秦国和燕国的支持，当你号令诸侯时，谁敢不从，霸业指日可待了。"一番巧言把齐王说得心服口服，齐王立即把早先占领的燕国城池全部拱手相还。当然最为得意的还是苏秦。

插图1-4 斜纹鬲（洛阳出土）

"斜纹鬲"为饮煮器，器高11厘米，口径13.6厘米，大口，袋形腹，其下有三个较短的锥形足，全身以斜形条纹组合而成，纹路细致精美，壁薄如纸，是王室贵族中十分珍贵的艺术品。把这种炊具倒立观察，就会发现足与足之间构成了三角形，凹槽处呈六个平面，器面全身为斜形条纹。鬲下燃烧时，腹部受热面就加大，煮食物熟得快。这种设计符合几何原理，中国古代铸造技术的发达可见一斑。这种铸造技术制作的炊具，在已出土的古代青铜器中是罕见的，就是在现代铜器铸造中，也是少能实现。斜纹鬲在周代既是饮食器具，也可作为祭器陪鼎使用。

苏秦怀着成就感马上返回燕国，胸有成竹地向燕王献上第二计，说："大王现在要趁热打铁，要想法让齐国西劳于宋，南疲于楚，我燕国即可乘机攻齐，齐国可唾手而得。"燕王问如何成事，苏秦请求再次出使齐国。燕王立拜苏秦为上卿，提高了级别派往齐国。

苏秦到了齐国，先实施"西劳于宋"的计划，打算借齐之手灭掉宋国。此时正有一个机会：秦国对赵国早已虎视眈眈，为此，秦国要联合齐攻打赵国。秦已自称"西帝"，就赐齐国为"东帝"，笼络齐国，让齐心甘情愿为其出兵。当苏秦到达齐国时，秦国的使者也已到了齐国。苏秦急见齐王说："你不可接受秦王的恩赐，齐国即使被秦封为东帝，天下诸侯也只尊秦而轻齐，为秦出兵伐赵，得不偿失。大王不要接受秦国的封号，只有联合赵国共同对付强大的秦国才是顺应天意。"

齐王被说服了，言听计从，立即安排与赵会盟于阿地，决定联手组成抗秦统一战线。苏秦在齐国的统战工作中效果显著，齐、秦关系开始恶化，减轻了对燕的压力和威胁。为达目的，苏秦趁热打铁，趁势鼓动齐国出兵宋国。他说服齐王，说宋国君荒淫无度，天下共愤，此时西伐，奉天讨罪，大王你必名震天下，雄踞东方，定为中原诸侯之长。齐王立即挥师于宋，燕国为了取得齐国信任，也派兵相助。齐、燕联军攻宋迫使宋国割地求和。齐国灭宋的目的没有达到，但燕国的理想实现了，齐国发动战争消耗了国力，燕国去掉了一个心结。

苏秦又成功了，但他卧底齐国并未结束，要继续燕国的"弱齐强燕"的战略。他怂恿齐王大兴土木、纵情享乐，鼓动齐王扩张地盘，特别是要打击遏制秦国势力向东发展。齐王不知是计，出兵攻打秦国，结果劳师远袭，接着又发动了对宋国的二次战争，也没占到便宜，并且声望大大下降。各国诸侯对齐国肆意扩张的行为十分不满，齐国实力衰减，燕国反而从中获利。

5. 私通国母

苏秦在受燕易王之命入齐做间谍之前，还有一段绯闻轶事。

燕易王初登王位，其母文夫人听说朝中的苏秦很有学识，十分仰慕，就想召见苏秦入宫交谈，不想一谈就很投机。自此国母文夫人经常与苏秦谈心，一来二去谈出了感情，于是便产生了私情。苏秦与国母私通的传言像风一样刮起来了。那些不满苏秦的朝臣们抓住了攻击他的机会，一时朝中上下议论纷纷。

这样的事难免不被燕易王所闻，但他出于对苏秦的期望与重用，碍于面子不便说破，更不会追究。苏秦却已感到易王对他的态度有微妙的变化，也暗生惧怕之心。他的行动更加谨慎了，文夫人再召他进宫，他总是借故推托，使得国母非常痛苦。

苏秦听到臣子们背地里对他的议论和攻击，觉得自己毕竟是外来人，不免忧心忡忡，生怕失去易王的信任。一次苏秦见到易王时，有意试探，发牢骚说当初到燕国来虽无点滴之功，但大王对我十分信任，为了燕国我冒险出使齐国，为燕讨回了10座城池，立了大功。不想现在受到冷落，有些大臣还对我进行诬陷。忠心于主子反而得罪了主子，真是世事难料呀！易王反问：岂有忠信而得罪人的？

这问题难不倒纵横家，苏秦没做正面回答，他给易王讲了个故事：过去苏秦有一个女邻常趁丈夫出远门之机与人私通。她怕丈夫知道，顿生歹心，准备了一杯毒酒，让丫鬟给丈夫送去。机灵的丫鬟看出了女主人的心机，端酒时灵机一动，假装绊倒，使毒酒洒在地上。丈夫看明白了，知道了丫鬟的用心。但是他并没感谢丫鬟，还重重地把丫鬟打了一顿。说到这里，苏秦观察到燕王被自己的故事打动了，便接着说，大王你冷落我，我不会计较，但以后谁还会为大王忠心效力呢？燕王一听当即奖赏了他，委以重任。至此多疑的苏秦也意识到自己将在燕国名声扫地，隐藏着很大的危险，这才请缨出使齐国，给自己找一条退路。他以自己忠心做燕国的间谍来取悦于燕王，并做了许多弱齐强燕的努力。

有一次，他给燕王写信说："臣认为齐必为燕之大害，臣已被齐重用，会阻止齐伐燕，并恶化齐、赵的关系，以便实现大王的大事。"信中所指的"大事"就是攻齐灭齐，希望自己要像尾生那样讲信用。

尾生是什么样的人物，值得苏秦拿来做榜样？传说尾生与情人相约在一座桥下相会，可到了约定时间，情人却没有按时到来。此时洪水突然爆发，河水猛涨，坚守信用的尾生，不愿离开约会地点，紧紧抱住桥柱，结果被洪水吞没。尾生是古人诚信于人的模范，苏秦拿尾生来自比，可见其良苦用心。

6. 死于酷刑

苏秦把齐王捧得晕头转向，骄横一时，不是要举兵灭宋，就是要欺楚凌魏，野心勃勃，自以为天下第一，不可一世。对内则压制忠良，搜刮百姓，朝廷上下人心惶惶，举国上下民怨沸腾。苏秦把齐国的真实情况密报燕王，燕王非常高兴，认为伐齐的时机已到，立即派人联络对齐国不满的诸侯，迅速组成了反齐联盟。燕王一面派乐毅为上将，举全国之兵，率赵、秦、韩、魏组成的多国部队，向齐国发起总攻。这一年是公元前284年。就在这关键时刻，齐人发现了苏秦的间谍活动，立即向齐王举报，揭露了苏秦的真实面目。齐王这才有上当的感觉，怒火中烧，马上派人抓捕苏秦，判以间谍重罪，处以车裂酷刑。苏秦以"死间"结束了他纵横捭阖的一生。

关于苏秦的死，还有一个传说故事：苏秦到齐时即受到齐宣王的重用，齐愍王即位后，也十分信任他。这引起了本国朝臣的忌恨。特别是齐王对他言听计从，他却引诱君王贪色爱财、广搜美女、大兴土木、耗尽国库、加重赋税，搞得全国官恨民怨，国人必欲除之而后快。

初夏的一个夜晚，用了一天心计的苏秦在书房伏案读书，突然一个蒙面人从窗口跳进屋里，亮出尖刀刺进苏秦胸膛。苏秦大叫一声倒地，惊动了卫士，但卫士赶到时，刺客已无影无踪。

齐王得知，立刻去看望，见到生命垂危的苏秦，安慰他说马上派人捉拿刺客，一定为先生报仇。苏秦气息奄奄，要求齐王必须抓住真正的凶手。齐王问是否看清刺客面目，苏秦说刺客蒙面，只知刺客身材高大。齐王面有难色，苏秦说，臣有一计，于是耳授齐王一计便停止了呼吸。

齐王回到宫中马上宣布现已查明苏秦是燕国的奸细，在齐大搞强燕灭齐的阴谋，必须处以重罪，以解国人心头之恨。于是，命人把苏秦的尸首暴于街头，四肢和头拴在五辆马车上，行刑命令一下，五辆马车奔向五个方向，顷刻之间，尸首被撕裂为五段。这就是历史上著名的残酷刑法"五马分尸"。

在场的那个刺客看到齐王如此恨苏秦，认为自己刺杀苏秦做对了，一定会立功受

插图1-6 苏秦墓

洛阳太平庄苏秦墓直径大约28米，高约6米，据说原来墓规模宏大，清末民初时占地十余亩，墓前有石碑、石人、石羊等。20世纪90年代末，村民在苏秦墓一带修渠，发现了唐武德八年（公元625年）"武安君六国丞相苏公墓"碑，该碑高1.8米，宽0.6米，厚0.18米。石碑左边书"敕中书令宋国公尚书右仆射萧瑀立"，右边书"大唐武德八年岁次乙酉秋庚午奉旨省亲洛邑古轩里太平庄拜谒苏秦冢蓬蒿荒荒襄贬明矣夫勒石以铭谋圣苏子千载可称也"。萧瑀，时任唐朝尚书右仆射，祖籍洛邑古轩里太平庄，相传萧瑀回到家乡省亲时，看到苏秦墓冢，感慨苏秦的谋略无人能及，因此萧瑀称苏秦为"谋圣"，希望苏秦的功名流传千古。唐碑上的大小字均为隶书，颇有魏碑遗风，经考证这块碑确属唐朝时期的碑。

12

奖的。于是他勇敢地站了出来，自告奋勇地说自己就是刺杀苏秦的人！齐王一看此人身材高大魁梧，心中有了把握，就说把你刺杀苏秦时的情景讲来一听，若是属实，寡人就奖赏你。这人就洋洋得意地陈述了一遍刺杀时的情景。齐王对刺杀者确认无误，一声令下卫士上前捉拿刺客。刺客拒捕，但寡不敌众，被乱刀剁成肉泥。

看来齐王还是对苏秦高度信任的，不然也不会用计为苏秦报仇。

齐王不管是否信任苏秦，并不能挽救他失败的下场。燕国统率多国部队，对齐发动了更猛烈的进攻，齐国军队狼狈溃退。齐王逃出都城临淄，跑到莒邑被联军追上杀死。燕国顺势占领了齐国七十二城。

苏秦的墓冢在河南省洛阳市东郊的张苏寨，据《洛阳伽蓝记》中记载，唐代诗人贾岛路经此地时，曾写诗纪念。苏秦墓旁还埋葬着他的夫人和五个女儿。

苏秦的夫人在家受了很多苦，当丈夫身佩六国相印身居高位时，她也随丈夫尽享富贵。苏秦志在游说，没有携妻女到处颠簸，把她们安置在今河南省的渑池县。苏秦有五个千金，个个美貌出众，聪慧贤孝，但因门第高贵，无门当户对之人相配。当秦军进逼渑池县时，更无人敢与抗秦主帅苏秦联姻。这样五个女儿的婚事一拖再拖，青春匆匆而逝。老大、老二为此终日郁郁寡欢，相继病死。三女、四女也是终身未嫁，染病而亡。苏秦在齐遭车裂酷刑，夫人痛不欲生，得病不治而死。芳龄十八的第五女，安葬了母亲，处理完母亲的后事，绝望难抑，一条绳索结束了生命。

村民为了纪念苏秦，在苏家五姐妹墓前种了五棵柏树。这五棵柏树虽历经两千多年，但一枝一叶未遭损害，根深叶茂。村民把五棵树看作苏家五姐妹的化身来敬奉。

第二章
秦国第一相李斯

人杰

第二章 | 秦国第一相李斯

秦国第一相李斯

1. 出世传说

在中国几千年的封建王朝中，名相重臣数不胜数，他们的累世之功亦彪炳史册。然而细细数来，那些功绩大多功在当朝，时过境迁之后，其作用及影响则已烟消云散。

但是秦朝宰相李斯却另当别论。他为秦国所做的每一件好事不但利在大秦，而且泽及千秋；他做的每件坏事，不只祸及当朝，也给历史留下难以弥补的损失，遭来千载骂声。正如他的主子秦始皇以大手笔结束了周朝八百年混乱的局面，统一了中国，功勋赫赫，但统一后的"始皇帝"却是苛政如虎，成为历史上少有的暴君。

从这个意义说，秦始皇被后人称为"千古一帝"，而他任用的李斯，则被称为"千古一相"。

伟大的史学家司马迁评价李斯说，李斯作为一个普普通通的平民，离楚事秦，利用机遇和自己的能力辅佐秦王嬴政成就了霸业。如果不是因为他的一些令人不可

插图 2-1 蔡国故城遗址

蔡国故城，西周和春秋时蔡国都城，都城长达 500 年。今存蔡国故城遗址，是我国现今保存最完好的西周古城。故城遗址平面略呈长方形，东西略短，南北稍长。现存千余米的城墙高 4~11 米，宽 15~25 米，为夯土筑成，城墙缺口疑是城门遗址。城内中部有一土台，称二郎台，疑是蔡侯宫殿区。台上曾发现很多古井及陶制排水管道，台上台下还有许多春秋时期的陶片和筒瓦、板瓦等建筑构件，说明当时这里有庞大的建筑。城内西南隅翟村一带，有春秋战国时期的青铜器出土。古城西北有 9 个土冢，相传为蔡侯墓。

容忍的恶行，他的功绩可与周公和召公媲美了。

李斯的故里是河南省驻马店市上蔡县。上蔡县位于河南省东南部，历史悠久，有文字记载的历史始于距今三千年前的西周初期。据传，人类始祖伏羲氏在蔡河之滨，用蓍草画卦，故名"蔡"，公元前11世纪，周武王分封他的弟弟叔度到此，建立了诸侯国蔡国，遂以国为氏，传十八代近五百年。上蔡历史上有许多影响中国历史的人物，其中最具影响力的当属秦相李斯。

据说李斯的故居有两处，一处是上蔡故城东门里的东西大道之北，今天这里已是一所中学的校园。当年李斯居于此处时，东门外一片沼泽，水草丛生，树木葱茏，野兔出没。李斯办公之余，闲暇中常带儿子到此打猎。李斯对此地印象很深，直到被押往刑场的路上，还热泪滚滚地对儿子说："我想和你再出上蔡东门，牵黄犬逐狡兔，还能得到吗？"

李斯故里的另一处，在上蔡城向西南约六公里，有一村庄名"李斯楼"。村子不大，但地势很好，按百姓的说法，风水好。据说，当年李斯看到此地东傍芒岗，西滨汝河，就修建了楼房，名曰李斯楼。从史籍记载证明，这里就是李斯的故里。

李斯故里关于李斯的传说很多，他的出生就是一个美丽神奇的传说故事。

战国时期，上蔡东门有一户李姓人家，主人叫李营。李营的祖先是富裕殷实之家，至李营辈家道中落，但还有田地200多亩，倒也是个富户。李营特别高兴的是妻子怀孕已有十月，终于盼子有望。

那年秋天，李营好友王存道来访，二人是把兄弟。这王存道勤读诗书，满腹学问。像往常一样，李营把王存道迎到书房内，二人畅谈起来。一番谈古论今之后，二人又兴致勃勃到后花园观赏菊花。

二人来到花园内，看到水井旁用篱笆围起来的一片菊花开得艳丽，顿觉赏心悦目。李营猛然发现那篱笆上站立一只公鸡，公鸡头上红冠鲜艳，眼睛圆实，一副神态仙姿。李营正奇怪间，那只公鸡展开翅膀，煽动生风，凌空高飞，落到一根更高的木杆上，傲然独立，朝着李营连啼三声，然后拍翅向宅邸飞去。

李营更感奇怪，丢下友人，立即赶到前院住宅，想看个究竟。可是，那只大公鸡已无踪影。

李营正在寻觅公鸡之际，忽然听到婴儿的哭声。接着，后屋开门处一位老太满脸喜气，笑着向李营说道："恭喜老爷，大喜了，夫人生下一公子。"接生婆说完转身回屋，又关了大门。

李营被这突如其来的喜讯惊住，一回神，这才想起朋友王存道被晾在后花园了。他赶快返身到花园，把友人让到书房，对王存道说："很奇怪呀，刚才那只大公鸡飞到前院，正巧夫人生下一男孩。"王存道立即掐指来算，说道："这个孩子辛酉年酉月酉时生，酉为鸡，那只公鸡引颈长鸣三声，飞到前院，嫂夫人即分娩。这孩子与鸡有关。"

李营知道王存道通晓《易经》，就让他给儿子算一卦。王存道扭头一看，桌上有几根蓍草——蓍草是用来占卜的一种很神奇的草，王存道拿起蓍草依照孩子的生辰八字揲卦，用阴阳八卦进行推算。卦辞是：斯人佐水，洋洋其京；西相嬴君，六合为一。然后，王存道高兴地向李营报喜，说秦国嬴姓，水德。你的儿子是个能成大事的人才。李营非常高兴，让朋友为子取名，王存道说，就叫李斯吧。

2. 师从荀子

据历史记载，李斯，字通古，楚国上蔡人，儿时家境贫寒。

李斯自小就好学不倦，饱读诗书，聪明过人，办事很干练。年轻时经人推荐，他在本地做了一个掌管文书的小吏。但是他志向远大，不甘于做个文职小吏，特别是在当时战国风起云涌的形势下，人人争名逐利，李斯不甘寂寞更想在社会上出人头地，想干出一番大事业来。

李斯善于思考，在生活中所看到的，**总能激**发他的**胸**中之志。有一次他在厕所看到一只老鼠**在吃粪**便，那**鼠一见**到人或狗**就被吓跑**了。后来他在仓库里又看到老**鼠偷吃粮食**。老鼠**终日**大摇大摆地吃那堆积如山的谷**栗，长得**肥胖，**过得安稳**，不用**担惊受怕**。李斯大有**感慨**地说：“人是否有才能，就**像那老鼠**一样，全靠自己的努力。”有能耐的人就会像粮仓的老鼠，任其所为，尽情享受。无能耐的人就如厕所里的老鼠，担惊受怕，无有所得。

李斯悟出了“老鼠哲学”，明确了方向，坚定了信心。为了将来能飞黄腾达，他毅然辞去小吏一职，离开了故乡，走出了楚国，他要找能施展自己才能、实现大志之地。

他首先到了齐国。齐国是个强大的国家，经济和文化都很发达。李斯到了那里，没有急于找事做，而是去学习。这时，学识和才德名扬天下的荀子正在各国游学。于是，李斯就拜在了荀子的门下。

荀子是战国末期儒家的最后一位大师。荀子游学各国，儒家中的荀子学派，主要在这个时期形成。所以，李斯此时投师荀子，正是他学逢其时。学什么呢？李斯选修了法学。当时，天下“显学”有三家：儒家、兵家和法家。儒家倡导仕政，兵家主张杀伐，法家则提倡刑峻法治。深知“欲取其益，必利其器”的李斯，选了法学，就是要学帝王之术。

在师从荀子时，李斯有一位同学叫韩非。韩非出身韩国贵族富室，虽有口吃，但天资聪明，勤奋好学，为学习放弃了舒适的贵族生活，外出投师荀子。

李斯与韩非同门学习，结下了深厚的友谊。二人学习都很优秀，李斯有舌辩之能，讲话滔滔不绝；韩非文笔气势雄伟、情文并茂，洞察锐利，说理势如破竹。荀子教授的学生很多，不乏优秀人才，然而最出色的就是李斯和韩非两人。

插图2-2青瓷莲花尊（上蔡县出土）

青瓷莲花尊，高大厚重，造型有如橄榄，线条优美，器身遍雕多层仰覆莲花瓣，中间或贴以团花、菩提叶、飞天等纹饰。整器将刻画、雕塑、模印、粘贴等多种技法施于一体，纹饰繁缛，上下辉映，配以怡人的青绿色釉，代表了南北朝时期制瓷工艺的最高水平，颇具匠心。颈部下段有4个佛像，酒在佛教中被视为禁物，因此显然它不是用来盛酒的。俯视时莲花尊腹部浮雕莲瓣向外伸展宛如盛开的莲花，俯视莲花尊，其形如曼荼罗坛，且与印度珊奇佛塔的造型十分相似。

几年后学习期满，韩非回到新郑看到祖国日益衰落，闭门看书，著书立说。而李斯最大的收获是学到不少如何治理国家的学问。所以，雄心勃勃的他没有回国，而是选择如日中天的秦国作为自己施展才能的舞台。

临行时荀子问李斯选择秦国的动机，李斯很诚恳地告诉老师："我懂得做事遇到时机不可放。当今各国都在为争雄称霸而拼争，游说能士主宰政事。现在秦国想并吞各国而一统天下，那里正是我这样出身的平民学人施展本能、实现抱负的大舞台。人生在世，卑贱最为耻，穷困最为悲。一个人处在卑贱之中而不思进取，如同禽兽见肉才张嘴，岂不可笑。不爱名利，无所作为，不是读书人的真情。所以，我要西去游说秦王，成就其霸业。"

李斯从荀子学习帝王之术，使他的志向好似插上了翅膀。他告别了恩师，毫不迟疑地向秦都咸阳奔去。

3. 登上相位

公元前247年，李斯到了秦国。

战国七雄中，秦国是最富、最大、最强的国家。庄襄王子楚死后，13岁的嬴政成了秦国之君，这时真正掌管朝政的是他的母亲和丞相吕不韦。

李斯就是在此时入秦的。满怀雄心壮志的李斯当然要找位高权重的人做靠山。于是，他投在丞相吕不韦的门下，最初先屈身做了吕不韦门下的食客，以他做事为人精明强干被任为吕府中的一个郎官。

在吕府，李斯在这个小吏职位上一待就是三年。他凭着自己的机敏和才智博得了吕不韦的赏识，这为他创造了向秦国统治集团中心靠拢的良机。

果然机会来了。吕不韦凭着自己国相的特殊身份把李斯推荐给了怀有一统天下大志的秦王。秦王虽然年轻气盛，但李斯是独揽朝政大权的吕不韦所荐之人，不能轻视，况且秦国正需要各种人才。

就这样，李斯当上了秦王的侍从官。有了接近君王的机会，他向秦国权力中心又迈出了关键的一步。

李斯最令人叹服的才能是善于把握机遇、抓住机遇。为了能引起秦王嬴政的注意并尽快崭露头角，他一直在潜心揣摩秦王的心理，敏锐观察秦王的言行，以待表现自己的佳机。

一次，秦王问怎样能使秦国强大起来，李斯敏锐地抓住这个良机，向秦王陈说他的"机遇哲学"。他说："凡是要做成大事的人必须抓住时机。从秦国历史上看，秦穆公时代国势很强，但未成就统一大业，因为时机不成熟。自秦孝公以来，周室衰微，诸侯争锋，秦国乘机发展而强大。今天已呈六国畏秦之势，能乘今日大王之威消灭六国，如同扫除灶上的灰尘那样容易。所以说，成就帝业，天下一统，此万世一时啊！若现在视而不动，待诸侯复强，相聚约纵，怕是大王你纵有黄帝之贤，也不能并六国而统天下。"

李斯以自己的能言善辩之才说服了秦王。秦王非常高兴，认为要找治国良臣，不能少了李斯。秦王说："先生之言正是寡人之所日思夜想。先生如愿，望可常面教寡人，寡人愿与先生共富贵。"于是，秦王当即提拔李斯为长史，李斯可在秦王身边参与军事大计了。不久，李斯又被拜为客卿。

李斯跳过"龙门"，恩在吕不韦。但始皇十二年（公元前235年），吕不韦因与秦王之母私通，东窗事发被逼饮鸩自尽。但作为受恩的李斯却没有被株连，这是他善于审时度势、机巧过人所致，所以才能在变幻莫测的仕途上转危为安、逢凶化吉，并且进入了秦王朝最高统治集团的决策层。秦王对他委以重任并让他制定吞并六国、统一天下的策略和部署。

4. 千古美文

正当李斯踌躇满志、欲施治国之能、大干一番事业时，风云突变，秦国发生逐客事件。

秦王嬴政为了实现一统天下的抱负，求贤若渴，从各国引进了许多贤才到秦国做官。这些外籍官员被称为客卿。秦国不断发展壮大，客卿也逐渐增多，这样一来就削弱了秦国贵族的权势，一股排外暗流正在时时涌动。

恰在此时，韩国总怕被强秦所灭，就施一妙计。他们派一水利专家叫郑国的人假降秦国，然后鼓动和说服秦王修一条水渠以利农业生产。修水渠要耗费大量的人力、物力，韩国想借此来消耗秦国的国力，以达到延续和牵制秦国攻韩的战略目的。这是韩国策划的间谍活动，郑国成了不折不扣的国际间谍。

秦国的皇室贵族，对客卿的举动十分敏感，他们终于发现了韩国在秦的间谍活动，一时秦国朝廷内外哗然。那些宗室大臣便借此煽动并向秦王建议道："各国入秦的客卿们都是为了他们自己国家的利益，到秦国来做破坏的，请大王立即下令，

插图 2-4 李斯小篆《谏逐客书》

秦始皇统一中国建立秦朝之初，采纳丞相李斯的建议，实行"书同文""罢其不与秦文合者"，在沿袭西周文字的秦系文字的基础上统一了全国的文字，命李斯将当时所有字体统一为一种书写文字，这就是秦篆。即把原来的史籀大篆简化成小篆，故又称小篆，通令全国使用。以小篆作为学童启蒙的识字课本，以为推广应用的楷模。从此，与大篆相对而言的小篆就成了秦代的通行书体。这种在当时纯粹以实用为主、兼辅美观的文字书体，最后发展成了东方古老的书法艺术的一种，不仅是汉字发展史上的一大进步，也意外成就了中国书法史上的一次辉煌。而上蔡人李斯也成为留下姓名的第一位书法家。

驱逐一切客卿。"秦王闻听，感到问题严重，一怒之下，毅然下了逐客之令，凡外国入秦的人一律赶出国门。

李斯本为楚国人，自是在被驱逐之列，也只好卷起铺盖走人了。眼看着自己的宏愿即将实现，此刻却要变成泡影了。

但李斯不是凡夫俗子，他不会像其他客卿一样束手就范，而是展开了一场绝地反击。他在被逐离秦的途中冒着杀头的危险，上书秦王。

李斯在上书中大气凛然地列举了大量历史事实，说明客卿辅助秦国建立统一大业的功绩，据理力陈驱逐客卿的危害，推心置腹地劝说秦王应该不讲国别、不分地域、广集人才，以成就秦国的统一大业。这篇"书"，就是历史上有名的《谏逐客书》。

《谏逐客书》送到秦王手中，秦王读了李斯的陈言和劝说，被深深打动。他感到用客与逐客确实对秦国利害关系很大，立即下令取消了逐客令，请回了被驱逐的客卿们。

李斯把《谏逐客书》送出之后，吉凶难卜。正当他快要走出秦国时，得到秦王取消逐客令的消息，并马上被秦王请回。李斯返回宫中，并被封为廷尉，直接参与朝政。

李斯的一篇文章不但使自己化险为夷，而且为众客卿谋了一条生路。从此秦王身边聚集了一大批有才干的政治家和军事家，为秦国统一天下储备了人才，也最终奠定了李斯在秦国举足轻重的政治地位。《谏逐客书》在当时起到这么大的影响和作用，也为后人留下一篇千古吟诵的美文。

李斯的《谏逐客书》让秦王有了向善的心理。当韩国的间谍活动败露之后，水利专家郑国也在被杀之列。秦王取消逐客令之后，郑国也向秦国进言，说韩国当初让秦国大兴水利建设工程固然有消耗秦国实力的目的，但修好这条渠，利在秦国，功在千秋。秦王觉得郑国的话很有道理，决定不杀郑国，让他领导着继续修渠。于是，郑国为秦国留下了自己的杰作——"郑国渠"，为秦国的经济发展繁荣起到了很大作用。

从某种意义上说，是李斯救了郑国一命，是李斯给历史上留下一条著名的郑国渠。

5. 剔除对手

当初，李斯在荀子门下学习帝王之术时与同学韩非结为好友。韩非出身贵族富室、勤奋好学，虽然口吃寡言，但天资聪颖。他在荀子那里学习之后，继承了荀子的学说，并以此为基础，结合商鞅的"法"、申不害的"术"，丰富和发展了荀子的思想，成为战国末期的大思想家。

韩非的学问比李斯大得多。但是他比李斯的命运要苦得多。李斯学完之后到秦国求发展，得到秦王的信任，步步高升，顺风顺水。而韩非回到韩国，本要报效祖国。可是他多次上书献策韩王，希望韩国强大起来，却遭到韩王的冷落。他在失望和无奈中选择了闭门著书立说，先后写出了《孤愤》《五蠹》《说难》等文章。

后来，韩非的书传到了秦国。秦王读了这些文章后，被文章中深邃的思想、严密的思维、犀利的语言和有力的论证所折服，特别对文章所讲的"尊主安国"的理论，更是赞赏。

李斯闻知秦王如此评价韩非，就向秦王说，韩非是他的同学，是韩国公子。秦王表示："我要是能见到此人，和他交往，死而无憾！"秦王想，这样的大才竟出在韩国，又身为贵公子，要想办法让他到秦国来，为自己效力。但如果直接向韩国要韩非，韩王安不会答应的，可秦王又急于见到韩非，于是就动了心思，下了功夫。

秦王凭借自己的强大，调集了 30 万大军，佯攻韩国。秦王声言要韩非还是要国家，二者必选其一。

韩国在强秦 30 万大军的压力和威逼下，在武力和屈辱之间只得顺从地选择了后者。就这样，韩非到了秦国。

韩非入秦后，秦王立即接见。秦王与韩非见面那天非常隆重，召集百官上殿，庄重地接受韩非呈上的国书，晚上又设宴款待。韩非受宠若惊，从未经历过如此盛大的场面，他紧张得口吃更甚了，几乎连话都说不好。秦王看在眼里，明在心中，很理解韩非。所以，等参加宴会的众官员退席之后，秦王开始与韩非攀谈起来。谈治国之道，论天下大势。越谈越深，大有相见恨晚之感。

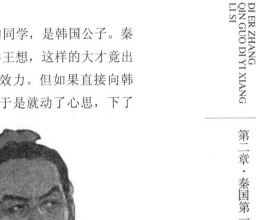

插图 2-5 韩非画像

韩非，韩国国君之子，战国末期韩国（今河南省新郑）人，是古代著名的哲学家、思想家、政论家和散文家，法家思想的集大成者，后世称"韩非子"。《史记》记载："秦王见《孤愤》《五蠹》之书，曰：'嗟乎，寡人得见此人与之游，死不恨矣！'"可知当时秦王嬴政的重视。韩非文章出众，连李斯也自叹不如。

自此，秦王对韩非的才华更加赏识，有任用韩非之意。这引起了同窗好友李斯的嫉妒，他感到自己的政治前途受到威胁。为了扫除成功路上的障碍，李斯使用了手段。

李斯向秦王说："韩非是韩王的同族，而大王您是要统一天下。按人之常情，韩非爱韩不爱秦，他终究是要效命韩国的，而不是秦国。如果不任用他，放他回韩国，那是放虎归山，不利秦国，不如加罪杀掉他。"

生性多疑的秦王听信了李斯的话，立即将韩非抓起来关进了监狱。李斯欣喜若狂，要把韩非置之死地而后快。于是，他又生一计。

一天，李斯以关心同学的名义去探监，可他带去的是一包毒药。李斯对韩非说，秦王是不会信任他的，还特别介绍了秦国监狱里使用的各种酷刑。韩非一介书生，听后心中惧怕，又无机会申辩，更看不出这位同学心怀鬼胎，也许还认为是同窗好友的关心。所以，他接过李斯手中的毒药，一饮而尽。

不久，秦王对关押韩非后悔了，当他派人去监狱赦免时，韩非已被李斯害死。

李斯除掉了政坛上潜在的对手，政治地位日益稳固。在以后的几十年中，他在政治舞台上纵横捭阖，所向披靡。他既立了前人未立之奇功，也开创了后世辜枉之先河。

6. 为秦建奇迹

李斯得到秦王嬴政的重用，他卓越的政治才能和远见卓识也得到了淋漓尽致的发挥。他眼见天下大势，耳听诸侯各国信息，审时度势，顺应历史发展，辅佐秦王制定了并六国统一天下的策略和部署。最终，仅用了10年时间就辅佐秦王先后灭掉六国，于公元前221年建立了中国历史上第一个统一的中央集权制的封建国家，秦王终于实现了一统天下的宏愿。秦王嬴政大为振奋，自命为"皇帝"。从此中国历朝历代最高统治者都叫"皇帝"，而秦王嬴政则成了"始皇帝"。

李斯在辅佐秦始皇统一中国中功绩显赫，官拜廷尉，升任丞相，位列三公，走到了最高统治集团的核心层。建国之后，李斯凭自己的权位和才能又做出一件又一件惊世骇俗、名传千秋的大事。

24

秦国统一中国后，疆土东西南北纵横几千里，如何管理这么大的国家，丞相王绾首先提出自己的主张。他认为，应当学习周王朝分封诸侯的方法，这样才能管好大国。

秦始皇召集群臣讨论，发表意见，大家都赞成王绾的建议。但秦始皇对王绾的建议没动声色，大家顿时摸不着头脑，猜不透秦始皇的心思。

在这关键时刻，历史又给了李斯一个机会，他挺身而出，提出了自己的独家之言，建议实行"郡县

插图2-6 李斯《峄山刻石》

《峄山刻石》，小篆刻碑，也称《峄山碑》，传为秦相李斯书碑。秦始皇二十八年（公元前219年）东巡上峄山（今山东峄山境内），丞相李斯等歌颂秦德而立，为秦始皇东巡刻石第一篇。《峄山碑》为李斯小篆的杰出代表，它是在大篆的基础上改造、演变而成，字型修长，笔画婉转通畅，含有一种内敛、含蓄的阴柔之美。碑文构图整齐，章法秩序井然。用笔单纯齐一，藏锋逆入，圆起圆收，如铁画银钩般匀称，如玉箸般温润，如游丝般流畅，柔美中包容力度，圆转中显见遒劲。

制度"。他首先反驳王绾等臣的办法，说："周文王和周武王在自己的亲戚和子弟中，大封诸侯。久之，诸侯各自为政，变亲为仇，互相攻打，周王失去了控制。"

接着，李斯提出了自己的想法，应该在地方上设置郡县；郡县下设乡，归中央直接管辖，官吏由中央任免。在中央设三公、九卿，分管国家大事。这样，可从根本上防止诸侯分裂，巩固国家统一。

秦始皇对李斯的建议立即表态，说天下已统一，再分许多诸侯国不利于统一，安宁没有保障。于是，他力排众议，接受了李斯的建议。这一制度在秦以后一直沿用了近两千年。

李斯的又一功绩是统一文字。刚统一的秦国境内使用多种文字，往往一个字就有七八种写法，这对于政治、经济和文化的发展都极为不利。李斯立即向秦始皇提出了统一文字的建议，并亲自主持文字改革工作。他以秦国文字为基础，废除异体字，简化字形，整理部首，形成了笔画较简单、形体较规范、便于书写的小篆，并将其作为标准文字。这种文字也称"秦篆"，或叫"斯篆"。李斯还亲自用小篆写了一部《仓颉篇》作为范本，在全国推行。小篆的出现是汉字发展史上的一大进步，

对汉字的发展影响很大。

　　李斯在秦国还帮助秦王统一了法律、货币、度量衡和车轨等诸多事物，付出了巨大努力，做出了重大贡献。

　　李斯所做的这些事，都是泽及千秋的大事，功不可没。

7. 文化罪人

　　李斯在仕途上善于抓住时机，击倒对手，借机实现自己的野心。

　　公元前213年，秦始皇在咸阳宫举行盛大宴会，宴请当朝文武大臣。另外，还有70多位博士，掌管古今文史典籍的官吏也应邀参加了宴会。

　　在这样的场合人们所要表达的当然是颂扬之声，以博得始皇帝的欢心。这时，仆射周青士的颂词最称秦始皇的心。他说，秦国过去疆土不过千里，而今海内平定，天下一统，陛下如日月光照天下。全国各郡县的百姓安居乐业，享受太平，秦朝代代永传。

　　秦始皇听到颂词非常高兴。可是博士淳于越不识时务，突然出来和周青士大唱反调。他说："商周统治千年是因为把子弟和功臣封为诸侯王，使他们各有所得，可忠实辅助王室。可今陛下的子弟和功臣，却毫无所获，将来若有乱臣篡夺皇权，谁来护驾保秦。想要治理好国家，不效仿商周怎能长久。周青士却为此大唱赞歌，这是要让陛下犯错。"

　　秦始皇听了此言，非常气愤，但不露声色，让众臣对淳于越的话发表意见。这又给李斯一个机会，更何况是与自己对立的反郡县制者呢？他毫不迟疑地站了出来，进行反驳。

　　李斯说，历史上五帝和夏、商、周三代，治国的方法都不相同，时代变了，治国方法也要变化。始皇帝开创大业，天下已定，不必效法古人。他又把话锋一转，对准了读书人。他接着说，如今国家公布了统一法令，可那些读书人不学习法令，反而说长道短，坏人心术；发表怪论，诽谤朝廷。这都是他们食古不化，厚古薄今，以古非今所造成的。朝廷要加以禁止，不然，会使皇帝的权威下降。

插图2-7 焚书坑儒图（明代 绢画）

　　秦始皇三十四年（公元前213年），秦始皇采纳李斯的建议，禁止百姓以古非今，以私学诽谤朝政，下令焚烧《秦记》以外的列国史记。第二年，两个术士侯生和卢生诽谤秦始皇，并亡命而去。《史记·秦始皇本纪》记载"于是使御史悉案问诸生，诸生传相告引，乃自除犯禁者四百六十余人，皆坑之咸阳，使天下知之，以惩后。"此幅绢画反映了这一历史事实。绢画，是画师在质地优异的丝绢或锦上，精心绘制装裱而成的一种画。

最后，李斯把这一切都归罪于儒生读书的缘故，他据此提出了一条建议：烧书。这正投合了秦始皇的心意，立刻下令执行。按照李斯制定的法令，凡是秦以外的史书、博士所收藏的诗、书、百家之语一律在30天以内送缴官府烧掉，只准保留医药、占卜算卦的书和农书。若私藏经书，就送去修长城做苦役；聚集谈论诗、书者，闹市杀头，暴尸街头；有敢以古非今者，全族处死；官吏知情不报者，与之同罪。焚书的烈火首先在都城点燃；接着，在全国各郡先后点起了焚书的大火，一个月内没有熄灭过。

这就是历史上著名的"焚书"事件。在这场焚书的浩劫中，那些深藏宫中或流于民间的六国史籍等许多珍贵典籍都成了灰烬。诗、书和百家之语因流传广，曾被人偷藏而流传了下来。

秦始皇是个多重性格的人，他能披挂上阵，率千军万马一扫六国，但又迷信神仙，贪生怕死。所以，他重用方士，派他们炼丹求药或去远海深山寻求长生不死之药。

秦始皇三十五年（公元前212年），有两个方士卢生和侯生，他们明知找不到此药，但害怕有一天会被杀掉，就散布不满言论，说秦始皇刚愎自用，骄横无比，信用狱吏。之后，两人就跑得无影无踪了。

秦始皇闻知龙颜大怒，说道："我烧了无用的书，又招来许多学者和方士以助我治国、寻找不死药。不想他们营私舞弊，说我坏话。"本来起因是方士，秦王却把儒生也圈了进去，立刻下令把咸阳儒生都抓起来，在严刑拷打中只好互相揭发，最后有460个儒生被判死罪，在咸阳全被活埋。

这就是历史上有名的"坑儒"事件。

李斯虽没直接参与"坑儒"，但他目睹了事件的全过程，不是主谋却也是同谋，助纣为虐，犯下千秋大罪。

8. 腰斩于市

秦始皇是个短命的帝王。在统一后的十余年间，他5次远途巡行，以加强对全国的控制，也显示自己的皇帝之威。

公元前210年，秦始皇又要巡行，这是他最后一次远巡。李斯随同，秦始皇还带上宠爱的小儿子胡亥。巡行大队从咸阳出发，出武关，沿丹水、汉水流域到云梦，再沿长江东下，到会稽（今浙江绍兴南），登会稽山，祭大禹，然后由此回宫。最怕死的秦始皇归途中得了重病。七月，巡行队伍走到沙丘平台（今河北巨鹿县东北），秦始皇病死，只活了50岁。

秦始皇留下遗书，给远在600里外的西北守边的太子扶苏下诏，让其回来处理后事。宦官赵高和李斯商量，对秦始皇的死，密不发丧，以免京城的皇子们乘机作乱，其实赵高还有一个更大的阴谋。他是胡亥的老师，扶苏信任的是蒙恬，所以他想让胡亥篡位，这也正中胡亥的下怀。

于是，赵高花言巧语拉拢李斯，权欲熏心的李斯终于成了赵高的同党。二人狼

26

狈为奸，扣下秦始皇给扶苏的诏书，伪造遗诏，逼死扶苏，让胡亥当上了皇帝，即秦二世。

秦二世在赵高的操纵下，终日深藏宫中、寻欢作乐、不理朝政。在外大修驰道，重建阿房宫，劳民伤财。赵高为所欲为、指鹿为马、野心勃勃。他意识到，身边还有一个重要的掣肘人物李斯，必须除掉以扫清道路。但以李斯的资历和声望，难以与之直接较量，他便设下阴毒狡猾的伎俩对李斯进行陷害。

李斯本来反对秦二世胡亥大造阿房宫，特别对秦二世只和赵高议事无视自己的存在不满，而赵高乘机怂恿李斯劝谏皇帝。

一天，赵高对李斯说，皇帝大征役夫建造阿房宫，民怨沸腾，关东出现很多盗贼不予过问。而且皇帝尽情享乐、不管朝政。身为宰相的李斯应该劝谏皇帝。

李斯在秦始皇时代以自己非凡的能力和智慧，在仕途上取得成功，可面对赵高的阴险狡诈却毫无察觉。他把赵高的话当成真心话，终于跳进赵高设下的圈套。

一天，秦二世胡亥在宫中正拥红依翠、饮酒赏乐，宫女们翩翩起舞，玩兴正浓，赵高特选定了此时派人让李斯入宫进谏。李斯多次求见皇帝不准，误以为这是个机会，却不知是计。

可李斯到了宫门口，秦二世哪有心思见他，只让他在外等候。李斯一连三次求见惹恼了皇帝。赵高马上在旁挑拨，说李斯认为自己功大，不满朝廷。他的长子李由为三郡的郡守，与盗贼陈胜相勾结，隐瞒不报。他父子二人是要谋反了。秦二世立即下令，将李斯下了大狱。

李斯身陷囹圄，才深深感到与赵高合谋害死扶苏，帮助胡亥篡位是大错特错，但为时已晚。赵高为除李斯强立罪名，李斯即招致"荆棒"酷刑，连日逼供，被打得皮开肉绽。李斯明知谋反当处族刑，但他想暂避赵高的严刑拷打，等待皇帝派人查实。于是便屈打成招，承认了与子谋反。赵高立即抓捕了李斯的族人。

为防李斯翻供，赵高派亲信十余人，装扮成御史和侍中，轮番审问。李斯误以为是皇上派人来查证，便说了自己屈打成招，但招来的是更重的毒打。经过十几次的提审和毒打，李斯肝胆欲碎，再不敢喊冤叫屈。最后秦二世下令，将李斯"具五刑""夷三族"。

在行刑前，赵高对李斯再用极其残酷的刑具，然后腰斩于市，悬头示众。李斯的父族、母族和妻族，三族的男女老少皆遭诛斩。

插图2-8 腰斩李斯图

赵高掌握政权后，为了攀登权力高峰，开始消除异己，李斯是他的盟友，此时成了他的心腹之患，必欲灭之而后快。秦二世胡亥奢侈腐化，胡作非为，把人民推向苦难的深渊。为了统治阶级的共同利益，李斯劝秦二世胡亥停建阿房宫，减少一些徭役。引起秦二世恼怒，赵高借机说李斯与其儿子李由谋反，秦二世令赵高抓捕李斯，李斯在狱中多次上书，都被赵高扣留，并对李斯严刑拷打，刑讯逼供。李斯被迫承认谋反，在秦二世二年（公元前208年）七月被处以极刑，并灭家族。这幅白描图描绘李斯父子刑场上相抱大哭的情景。

李斯把商鞅和韩非的君主专制主张推向极至，使百姓噤若寒蝉，皇帝久居尊位。他亲手写的《行督责书》施行的"督责之术"让民众时刻在苛刑恐怖之中生活。他尝遍了自己亲自制定的酷刑之苦，而且被夷三族。李斯案成为中国历史上用刑最酷烈，刑具加身最多的案例。

9. 魂归故里

出上蔡县城西关6公里，就到了李斯楼村。村东南角有一座高大的土冢闯入视野，周围两圈围墙泛着灰白色的光，给人苍凉而沉重之感。几级台阶，引上一个平台，望去墓前一块石碑独立，上刻"秦丞相李斯之墓"。墓碑两边各有一块石碑，右为《秦丞相李斯墓志》，左为《重修秦丞相李斯墓记》。墓的四周松柏掩映，花木丛生，透出些许的生气。

李斯被杀远在咸阳，是如何归葬故里的呢？

李斯被杀后，赵高带领人马到了李斯故里上蔡。在李斯故居疯狂抄家，进行了"挖地三尺"的搜查，最深处竟达丈余。很多村民被官府鞭笞和审讯，房屋被烧，良田被毁，耕牛被抢，全村兔从狗窦入，雉从梁上飞，一片荒凉凄景。李斯的小儿子李季被李斯的得意门生吴公送到李各庄藏匿起来，才幸免于难。

李斯被赵高残害的当天，他的门生吴公委托狱卒张本和刘太二人看好李斯尸体，一连三日，张刘二人轮流守尸。待暴尸之后，悄悄把李斯及其家人的尸体埋葬于咸阳近郊。由于李斯的人头被赵高割下拿去向秦二世请功，后来不知下落，故李斯的墓冢里只是躯干和四肢。吴公用些银两让张本和刘太住于墓旁一村内守墓。

西汉时，这位吴公被郡府举为孝廉，汉文帝时，他又升迁为河南郡（今洛阳到中牟县一带）的郡守。他为政清廉、爱民如子、政绩卓著，汉文帝任他为咸阳廷尉。

一天，吴公带人到李斯墓前祭奠恩师，感慨万千。特别是看到满头白发的张本和刘太仍住在此，逢年过节一直给李斯烧香火，更为感动。张本已80岁，刘太也年近花甲，三人相见，回首往事，不免感慨万千。祭祀之后，吴公萌生一念，想把恩

插图2-9 李斯墓

李斯墓在河南省上蔡县蔡国故城西南部，位于李斯故里李斯楼东南角，高大的土冢四周砌石阶，墓前石碑刻"秦丞相李斯之墓"，墓西不远有李斯跑马岗和李斯饮马涧。据传，李斯青年时期经常在此处纵马驰骋，马渴了就在此涧沟中饮马，后人便称此处为跑马岗和饮马涧。李斯的后代自秦至今留一习俗：即在清明节扫墓时，不在坟顶上放置祭物（即圆形土块）。因李斯被杀没头。是让李斯楼的人们永远记着李斯被赵高杀害的冤案。唐朝诗人胡曾专为李斯墓题了诗："上蔡东门狡兔肥，李斯何事忘南归？功成不解谋身退，直待咸阳血染衣。"宋朝大诗人刘敞也为李斯墓题了诗："二事三公何足论，忆牵黄犬出东门。天人忌满由来事，枉持沙丘有旧恩。"

师及其家人遗骸归葬李斯故里上蔡。三人一商议，知道李斯的小儿子李季还在上蔡，吴公立即派人前去告知。

李季自幼与外祖父母生活，李斯被害，藏在上蔡的李各庄。到汉朝，李季才回到李斯楼村。李季回到故里，重整家业，村民为纪念李斯，把李斯楼改为李季楼。又因强秦刚灭，心有余悸，为了保护李季，又改叫李七楼。李季受到村民的尊重。

一天，李季忽听人传告，有长安来客相访，并带有书信。李季及家人很吃惊，可接到信一看，是救命恩人吴公所写："吴公昧言：丞相李公遗骸，尚在咸阳。春秋虽有祭祀，但异乡穷旅，孤魂无依，岂不思归乡土。今余奉职京都，欲送恩师、师母遗骸归乡，以安亡灵。览函，仰来长安，共办此事。"

父母葬于千里之外，这事一直是李季的一块心病，看罢信感激涕零。李季立刻上路，日夜兼程赶到长安，向吴公深表谢意。

吴公重购棺椁，准备车马，派人助李季扶柩向上蔡归去。送走灵车后，吴公心中尚有不安，恩师不全之尸魂归故里，实为遗憾。于是，他立刻找人铸一金头，成全恩师之体。但灵车已走远，他怕赶不上，就让驿站飞骑快递。

可令吴公想不到的是金头被调包。金头到达驿站，驿站起了贪财邪心，金头换成银头，下一站银头被换成铜头，再下一站铜头成了铁头，一站一换，传到上蔡驿站时，铁头已成木头。驿站使认为这木头无价值，就没有往李斯故里李斯楼村传去。

李季扶灵车到了家乡，村民迎接，隆重下葬。自此来祭祀的人络绎不绝，墓冢随年年添土上香逐渐增高。然而，因金头没有传到，墓穴中仍为无首之尸，所以当地人为李斯修坟头时，不加坟头。延传至今，此俗不变。

远望安放在这片土地上的墓冢，仿佛可以听到两千多年前的战车轰鸣，仿佛可以看到刀枪厮杀，在刀光剑影、战马绝尘中仿佛走来一位老人，在历史的烟云中慨叹……

唐代诗人胡曾为李斯墓曾题诗：

> 上蔡东门狡兔肥，李斯何事忘南归？
>
> 功成不解谋身退，直待咸阳血染衣。

如果李斯随着秦始皇的逝去而功成身退、回归故里安享天年，那么"千古一相"的历史就将重新书写，但历史是不可逆转的。

第三章

西汉智相陈平

人杰

三

西汉智相陈平

1. 胸藏大志

中国历史上的宰相很多，能被称誉为智相的，非西汉的宰相陈平莫属。

陈平，阳武户牖乡库上里（今河南原阳县阳阿村）人，是汉初杰出的政治家、谋略家。在亡秦灭楚、建立汉朝的过程中，他以一个重要的谋士角色登上了历史舞台，用他的奇智奇谋演绎了一个个名垂史册的活剧本。始投魏王、继靠项羽、后离楚归汉，辅佐汉王刘邦、继成汉室名相，一段段历史、一件件壮举成就了陈平为相的人生。

汉初有三杰：韩信、萧何和张良。韩信遭诽谤，云梦泽被擒，死于钟室；萧何受谗，曾械于牢狱，备受折磨；张良惧祸，托言闲游，超然尘世。而陈平与他们一样，为汉室安邦定国立过汗马功劳，但一生没遭受过起落，而久居相位，且得善终，这与他拥有出奇的权谋之术，深谙官场之道密切相关。

出原阳县城往东北方9公里，路旁一座大牌坊突现眼前，上书"西汉丞相陈平故里"。牌坊以黄琉璃瓦覆顶，上盘彩绘双龙，大有皇家大臣之气，颇显壮观宏伟之形。原阳是片厚重古老的土地，自秦汉至元代，先后出过12位官至宰相，地位显赫的著名历史人物。

过了牌坊，就到了陈平故里阳阿村。村中能说明陈平故里的是那座"陈平祠"，以及祠里殿堂中的那尊塑像，还有流传在村里的许多关于陈平的故事，以及活跃在村民口中的许多鲜活的陈平传说。

陈平少年时家里较穷，父母双亡，他跟着哥哥陈伯，靠着30亩薄田苦度岁月。可陈平是幸运的，他的哥哥虽是一位耕夫，但其眼光和胸怀却在一般农民之上。他看到弟弟聪明好学，全力支持弟弟四处交游学习，自己辛苦耕种，心甘情愿挑起全家的生活重担。

陈平爱好读书，特别喜欢钻研黄帝和老子的学说。为了学到更多更广的知识，还经常外出求学。书读多了，就逐渐产生了报国做大事的志向，读书习文也更努力了。

插图 3-1.1 汉曲逆侯陈公故里碑

《史记》载："阳武户牖乡人也。"嘉靖五年版的《阳武县志》亦载："库上里，在县治东二十五里，即陈平所居之地，又曰户牖乡。"户牖乡，即今河南省阳阿乡阳阿村，村里建陈平祠一座，"汉曲逆侯陈公故里"在陈平祠里。这尊碑为明人天顺年间所立。

不几年，他便成了名闻乡里的饱学之士。哥哥陈伯看到了弟弟的长进，心里很是高兴，觉得今后弟弟必有大出息。可陈平的嫂嫂却不高兴，看到陈平终日读书，不事农活家务，看不顺眼。当然陈伯也明白妻子的心事，只是为了弟弟能学得好，平日里只得忍气吞声，不去计较。

陈平长得魁梧高大、身形俊朗、肤色润白、面容丰腴。一天，吃饭时，正巧邻人前来串门，看到陈平与嫂嫂吃的是麦饼，打趣地向陈平说："家中这么穷，吃了什么让你长得这么白白胖胖，身体健壮。"陈平的嫂嫂终于找到了发牢骚的机会，没好气地说："只能吃麸糠粗粮嘛！"话语中流露出对陈平的极大不满。实际上嫂嫂对陈平的怨气常在人前人后发泄。陈平哥哥陈伯对妻子的心思了如明镜，心中有气，嘴上不说。有一次，妻子又指桑骂槐地数落起陈平，哥哥陈伯越听越气，许久积累出来的怨愤终于爆发出来了，一纸休书递到妻子手中，把妻子赶出了家门。陈平心中非常不安。陈伯为了照顾好弟弟又娶一妻。

男大当婚。在艰苦读书的日子里，不知不觉陈平也到了谈婚娶亲的年龄。可是那些富贵人家不愿意把女子嫁给这个穷小子；而对穷人家的姑娘心高气傲的陈平又看不上眼。在两难之中，他的婚姻一拖再拖，到了30岁，迟迟未能婚配。

有一次，户牖有一家办丧事，陈平人缘好出了名，又识文断字，就被邀请去侍丧。他干活踏实认真，侍丧那几天，都是早去晚归，手脚勤快。陈平的英俊长相和做活的能力引起了富人张负的注意，张负也是来帮助办丧的。这张负家中虽然富裕，只是有一桩心事让他终日不安。

原来张负有一孙女，人才出众，出嫁不久，丈夫病死了。张负又给孙女选婿嫁人，可不久丈夫又病死了。前后共嫁五个丈夫都病死了。人们都传开了，此女克夫，再无人家敢娶她了。其实陈平早知此女情况，并且看上了她，只是因家穷未敢开口。如今，姑娘的爷爷相中了陈平，这真是天遂人愿。

那天，陈平帮人家干完活正往家走，张负尾随其后，一直跟到紧靠城墙的一条偏僻小巷。陈平进了家门，张负才仔细考察起陈平的家舍来。这是一所穷屋茅舍，房子破敝简陋，门帘竟是一片破席。张负低头发现地上有许多车辙，细心的张负看出这是富贵人家的车子留下的辙迹。这个后生家境如此窘迫，居然还有许多尊贵者来访，陈平定有过人之处，绝非凡夫俗子，将来会做大事。张负越想越高兴，拿定了主意，孙女的夫婿就是他了。

张负回到家，见了儿子说道："我想把你的女儿许配给陈平为妻，你看如何？"儿子愕然，说道："我知道陈平是个穷士，在家什么活都不做，大家都笑话他，为何要选他为婿？"张负说："你觉得像陈平这种相貌堂堂的人会一直受穷吗？"儿子只好征求女儿的意见，谁知女儿竟表示愿意。于是，张家就定下了这门亲事。

34

插图 3-1.2 陈平分肉图
（清康熙五彩盖罐）

这尊盖罐是康熙年间的器物，器物画的是陈平分肉的故事。陈平少年时，一次他所在的"库上里"（25户为一"里"）祭祀社神，陈平被推为给大家分祭祀用肉的"社宰"，主持活动。他分肉时非常公允，得到大家的称赞。他语出惊众：将来有机会治理天下，也会如分肉一样称职。

张负看陈平家太穷，没钱出聘礼，办不起宴席，就暗中送去些银两。孙女出嫁前，张负还教育一番，说道："你不要因为陈平家里穷就对陈平不恭顺。对陈平的哥嫂要像亲生父母那样关心照顾。"孙女点头应允。陈平人财两得，自是喜出望外。

陈平自从娶了张家女为妻，真是时来运转。不但妻子温顺娴淑，而且不断得到张家资助，用度一天天宽裕，交游也越来越广泛，乡里乡亲也刮目相看了。

陈平在乡里受到人们的称赞。当地人有个风俗，每年举行一次"社祭"活动，推举"社宰"来宰杀家畜祭祀，祭祀完毕，再负责把肉平均分给乡人。这年大家一致推举陈平当"社宰"，这是很荣幸的事。陈平干得好，分肉的时候分得很均匀。乡里父老称赞说："陈平好个孺子，做事公道，不愧主宰！"陈平感叹道："如果让我主宰天下，我一定会像这分祭肉一样公平！"

陈平并不满足于乡里人的信任而当"社宰"，他胸怀天下大志，等待着出头之日。

2. 乘机出山

秦始皇于公元前 210 年病死，在宦官赵高和丞相李斯的策划下，篡改了遗诏，扶立秦始皇少子胡亥即位。胡亥登上帝位，是为秦二世，因其暴政在秦二世元年（公元前 209 年），陈胜、吴广大泽乡（今安徽宿县）首举义旗，揭竿而起，号称"大楚"。当时的陈县住着一位贵族出身的人，叫魏咎。当年都城在大梁（今开封）的魏国，被秦灭亡后，魏国公子宁陵君魏咎逃至陈地。陈胜在陈地建立政权后，要在陈地立王，认为选魏人为好。于是，派魏国人周市迎请魏公子咎，封为魏王，周市为相。

天下大乱，陈平认为时机已到，应该出去一展身手了。他决心已下，辞别了兄长、爱妻和好友，带了几位乡友投奔了魏咎。魏咎识才，任陈平为太仆，位在九卿，掌握车马。

陈胜义军西进，逼近咸阳，秦二世胡亥派大将章邯率几十万骊山修墓的刑徒迎击义军，义军腹背受敌，多次失利。陈平投奔魏咎时，义军在临济（今河南封丘县东）交战正酣。陈平即向魏王咎献破敌自保之策，魏王不听，有人又向魏王进谗言加害陈平。这时传来陈胜义军被章邯攻破的消息，秦军向魏王压来。陈平见势不妙，感到此处前程无望，于是他不辞而别，悄然离开魏军大营。

插图 3-2 阿房宫图（清代无名氏绘）

阿房宫是秦朝宫殿，史载秦惠文王时在此建离宫，宫未成而亡。秦始皇三十五年（公元前 212 年）再次修建，秦二世胡亥元年（公元前 209 年）继续修建。秦末项羽入关，付之一炬，化为灰烬。至汉代时，这里建上林苑，汉末废毁；南北朝时这里建有佛寺；宋代演为农田。此图为清代画家根据唐代诗人杜牧的《阿房宫赋》中所描写的内容、营造的意境而绘制的。画家所着力表现的是，阿房宫层峦耸翠，重楼又叠阁的宏伟与辉煌。

他出魏之后无所适从，来到黄河边上遇到了一个人，此人就是项羽。

项羽出身于楚国将门，公元前209年九月与叔父项梁杀死会稽郡守响应陈胜起义，西进渡江，并陈婴义军，已拥六七万之众。后立楚王后代熊心为楚怀王。项羽被任上将军宋义的次将，西进至黄河。陈平即投奔了项羽，随项羽北上救赵。后一路西进攻破咸阳，因功受赐，项王赐给陈平一级的爵位。

项羽攻破咸阳，焚烧秦朝宫殿，杀死已经投降的秦王子婴，准备东归衣锦还乡。离开关中时，他不想让刘邦占据咸阳，重新分封诸侯，尊楚怀王为"义帝"，自称为西楚霸王，凌驾于诸侯之上，定都彭城。因对刘邦猜忌，只封为汉王。刘邦未得到关中大怒，趁项羽东归，四师平定三秦，挥戈东进，项羽分封的地处河南北部。殷王司马卬见势背叛了楚王项羽，归服了汉王刘邦。项羽得知十分气愤，即封陈平为信武君，命他率魏王留在楚军中的部下去攻打司马卬。陈平旗开得胜，一举打败司马卬，使司马卬归顺，胜利回师。项羽大喜，任陈平做都尉，赏赐黄金二十镒。

陈平升官不久，汉王刘邦又攻打殷地，司马卬急向项羽求援，项羽再派陈平前往。可当陈平率军还在救援的路上时，司马卬被刘邦大将樊哙活捉，并归降了刘邦。项羽大怒，迁怒于陈平，扬言要杀尽当初平定司马卬的将士。陈平害怕了，也进一步认清了项羽的本性，认为项羽无道，目光短浅，难成大事，决心离开。于是他便派使者把官印和奖赏的黄金交还给项羽。自己只身仗剑，连夜出离楚营，抄小路逃走了。

3. 渡河化险

黄河岸边，夜色如墨，风大浪高，涛声划破黑夜的寂静。一个摆渡的艄公看着岸上树摇影暗，突然传来浊浪之声，心想此刻不会有人渡河了，于是便躲进船舱想喝杯热酒，消除一天的疲劳。刚进船舱，忽听岸上有人喊叫要过河，声音异常焦急："船公，快将我渡过去，行个好吧！"艄公出来看到一个高大的黑影。那人走过来，艄公这才看清此人个子很高，气宇轩昂，心想这个人不是凡夫俗子，有将军的风度。那人见艄公走出船舱，忙快步上前揖手行礼，恳求道："艄公，请行个方便，我会多给你钱两的。"艄公又想，此人语促心急，想必是个逃跑的将官，他身上定藏有金银细软。艄公脸带笑意却暗生歹意，忙把来人让进船舱，心中盘算着：待船到河心，敲他一笔钱财，他必拱手相送。艄公想得高兴，忙解缆开船向河心划去。

这位魁梧大汉正是刚从楚军逃离出来的陈平。原来，陈平决定连夜渡过黄河，去投奔正在追赶项羽的刘邦。

刘邦原为沛县泗水亭长，是个吏员，不是官员。在陈胜、吴广义军声势浩大中，与好友萧何、曹参、樊哙等人于秦二世胡亥元年九月杀死沛县县令，起义举兵反秦。当时反秦的主力是项羽、项梁领导的江东子弟兵，其他一些六国贵族也纷纷起兵自立为王。陈胜被杀之后，秦将章邯打败项梁，渡河攻赵。楚怀王决定兵分两路：以宋义为上将、项羽为次将，北上救赵；以刘邦为将西进关中。并和诸将约定，"先入关中者王之"。刘邦连番征战，终于逼近咸阳，迫使秦王子婴投降，进入咸阳，约法三章，取得民心，退守函谷关以防项羽入关中。

项羽闻讯大怒，攻破函谷关，鸿门设宴欲杀刘邦。但优柔寡断的项羽放走了刘邦，从此全面展开了楚汉相争。刘邦曾一度占领项羽的都城彭城，但项羽回师，将强兵勇，打败刘邦，刘邦退守荥阳一带。于是，楚汉对峙于荥阳一带。陈平得到刘邦的消息，准备去找刘邦。

陈平虽然渡黄河心急如火，但他还是细心的。他发现艄公神色异常，眼露歹意，便提高了警惕之心。驶近河心，风大浪急，陈平暗中拿定了主意，做好了应对的准备。他急中生智，大声向艄公说："你摇得太慢，会耽误行程，我来帮你一把。"说完就开始脱衣服，脱一件就甩到船板一件，然后帮助艄公划船。那艄公看到陈平腰间无物，甩到船板上的衣物也无银两硬物撞击声。他看到行囊空空，大失所望，打消了图财害命的念头，急忙把船划到对岸。陈平穿戴完毕，弃船登岸，向艄公施礼相谢，便消失在黑夜之中。

陈平过了黄河，急如星火，但谁能向刘邦引见自己呢？他想到了一位叫魏无知的朋友，现在事于刘邦帐下。于是，他便向修武（今河南省获嘉县）走去。

这一天，刘邦与部将正在军帐中议事，忽然军吏来报，帐外一男子称是魏将军故交，特来投谒。魏无知忙出帐相迎，一看果然是老友陈平。行礼后便问道："闻足下已事项，今何故到此？"陈平顿首说道："小弟险些不能与君相见。我在项王帐下尚为其用，后又欲加罪于我，这才逃离楚营。"魏无知同情地说道："汉王非项王所比，汉王豁达大度，知人善任，远近豪杰接踵归服。今足下能弃暗投明，我定向汉王力举。"

陈平走进了刘邦军帐，从此改变了他的人生，开启了他人生的辉煌。

插图3-3汉殿论功（明代刘俊绘）

刘邦统一天下，登基为帝，即论功分封群臣，可进行了一年余还不能结束。各位将军都自以为战功显赫，目空一切。为震慑他们的雄傲，就毅然提出功劳最大的是萧何，遭到大家的激烈反对。刘邦以打猎作比说，打猎时追捕野兽的猎狗，而指挥猎狗追逐野兽的是人。所以，你们都是功狗，萧何是功人。于是，不可一世的将军们噤若寒蝉了。明代宫廷画家根据历史记载，生动地描绘了此事件。

4. 终成重臣

刘邦从一个市井无赖到一个大汉王朝的开创者，其成功并非偶然。他在称帝后的庆功大会上做了精辟的总结。他说："要讲运筹帷幄之中、决胜千里之外，我比不上张良；讲镇守国家、安抚百姓、供给粮饷，我比不上萧何；讲率军百万、战无不胜、攻无不克，我比不上韩信。但我能任用他们，发挥他们的聪明才智，这才是取得胜利的原因。"

　　会识人能用人使刘邦走向成功。如今陈平走向刘邦，也走上了一条成功的道路。

　　魏无知把陈平推荐给刘邦，刘邦决定召见他。那天，陈平和其他9个人一起被领进刘邦大帐里。但刘邦只是赐给他们吃顿饭，酒足饭饱后，大家满怀希望地准备听刘邦如何安排，可刘邦只说了一句话："各位吃好了，请回客舍休息吧。"一顿饭只是报到。陈平想，自己混在这一群人中怎么会引起汉王的注意，不能错失良机。他灵机一动，大声说道："臣为要事来投汉王，我要说的事不过今日。"刘邦听此言觉得这人与众不同，就留下陈平。刘邦和陈平一谈，竟喜欢上了这位年轻人，相见恨晚。当谈到对楚王项羽用兵的方略时，陈平根据自己已掌握的情况向刘邦进言，说道："目前，项王正集中兵力伐齐，楚地已成空城，汉军应抓住战机乘虚而入，迅速东进，捣其巢穴。控制了彭城，就可断其退路，其军心必乱，那时击而即溃。项王虽勇，还有何为？"

　　一席纵论，刘邦听得眉开眼笑。便问陈平："你在楚任何官职？"陈平答："都尉。"刘邦说道："我也任你都尉，做我的骖乘。"那时的战车是单辕车，驾车人居中，尊者居左，骖乘居右。骖乘一职在战车行进中要负责车的平衡以防倾倒，更重要的是负责尊者的安全警卫。都尉一职重在负责监督协调各位将领的行动。刘邦任陈平这样的官职表明对陈平的信任和重用，陈平迈出了成功的第一步。

插图3-4 汉高祖入关图
（宋代赵伯驹绘）

楚汉相争中，刘邦一路向西，采取"投降者受封"的策略，势如破竹，所过县郡纷纷投降。最终迫使子婴投降，率先进入咸阳，此时项羽才达潼关。画家抓住这个历史事件的关键，大胆地处理了潼关到咸阳地理空间，表现了刘邦改变历史的伟大胜利。赵伯驹，南宋著名画家，为宋朝宗室。工画山水、花果、翎毛，笔致秀丽，尤长山水。笔法纤细，直如牛毛，极细丽巧整的风致，建南宋画院的新帜。

　　刘邦重用陈平如石激浪，将领们一片哗然，有人议论说道："汉王得到的只是一个楚军逃兵，不知其底细和本领就委以重任，和他共乘一车，还派他监护我们这些功臣老将，实为不妥。"刘邦听后哈哈大笑，反而更加宠幸陈平，让陈平与他一起东进，攻伐项羽。

　　陈平全力辅佐刘邦，楚汉彭城激战，结果汉军损失惨重，横尸遍野，睢水为之不流。刘邦仅剩数十名骑兵逃脱。一路上收拢残兵败将回到荥阳。刘邦又让陈平担任亚将，隶属韩信部，驻军广武（今河南省荥阳东）。

　　陈平恪尽职守，对将官要求极严，将官不能按时完成任务必受惩戒。有的将官怕陈平惩罚，向陈平行贿。于是，有人抓住把柄，在刘邦面前诋毁陈平。特别是周勃和灌婴向刘邦进言诽谤陈平："陈平虽是个美男子，无非如装饰帽子的玉石，好看不中用，纯属金玉其外，败絮其中。听说他在家与嫂私通，投魏王不能容身归顺项王，投项王不得意逃归汉王。听说又借汉王重用之机收受金钱，以送钱多少来派遣差事。这样反复无常的人，大王要细心审查。"

周勃与灌婴是刘邦帐下举足轻重的人物，他们的话使刘邦心生疑团。刘邦立即找来推荐陈平的魏无知询问。刘邦问道："陈平有什么问题吗？"魏无知说："有。"刘邦生气地责备他为何举推荐这样的人，魏无知说道："我推荐的是人之才能，而陛下说的是品行。现在楚汉相争之时，若有尾生和孝己的品行，但对扭转时局的胜败没有任何用处。我举奇谋之士，重在他们的善谋之才。至于私通嫂子，收受金钱，更不值得怀疑。"

魏无知的话虽说得有理，但刘邦还是半信半疑。于是，招来陈平责问："先生，你仕魏不终，仕楚又离，又来投我，讲信义的人就是这样三心二意的吗？"陈平坦然回答道："臣事魏王，因他不用我计，才投靠项王；可项王不信任我，只重用项姓本家，或他妻子的兄弟，虽有奇谋之事不能重用。在楚时我听说汉王你善于用人，故来投奔。我离楚时还印封金，空身投汉，身无分文，我不接受金钱，衣食难济，无可资用。如果大王认为我的计谋可采纳，望你运用；如果认为我无用，大王所赐金钱俱在，可封存交官府，我即辞官而去。至于说到我的家事，纯为无稽之传。"

陈平一席话，既表明了自己的生境和心意，同时又恭维了汉王。语藏机锋，说得刘邦疑云顿散，即向陈平表达了歉意，再次重赏，随后提拔为护军中尉，逐渐成为刘邦的重要谋臣。

5. 巧施反间

至汉三年（公元前204年）四月，项羽把刘邦围困于荥阳城中，已有一年之余。刘邦已到了最关键、最困难的时刻，粮草即要断绝。本来在敖仓有足够的粮草，但项羽把敖仓到荥阳的运粮通道切断了。缺粮少草，拖久必垮，何况项羽抓住时机，对荥阳城发动猛烈攻击，刘邦几乎难以招架，忧心如焚，无计可施。无奈之下，想和项羽讲和，并开出了"优惠"条件，把荥阳以西的地盘割给项羽。项羽还真强硬，绝不让步，必灭刘而后快。

刘邦情绪一落千丈，战事前景渺茫。情急之中，他又去向陈平问计，说道："如今天下纷纷扰扰，何时才得安宁？"陈平很了解当前的形势，胸有成竹地说道："大王不必担忧。项王虽能笼络人，多有归服者，但在论功行赏、授爵位、赐封地时却很吝啬，又有许多有识之士远离了他。现在项羽内部有许多隐患，一旦引发，必有内乱。"刘邦忙问如何"引发"，陈平说道："项王身边仅有范增、钟离眜、龙且、周殷等少数忠心大臣。大王若舍得几万斤黄金，可施计离间他们，项王有妒忌之心，又易信谗言，这样他们内部就会互相猜疑，相互争斗诛杀。大王可乘机发兵，破楚必胜。"刘邦觉得言之有理，随拨四万斤黄金，任陈平支配而去施计。

陈平的第一笔支出便是买通了一些楚军官兵，让他们散布谣言，说范增、钟离眜等大将对项王不满，为项王立功无数，却未得封地称王。所以，他们打算暗中联合汉军消灭项王后瓜分土地而称王。项羽听到谣言后，对那些大将顿生狐疑，并准

SERIES ON THE HISTORY AND CULTURE OF

中原历史文化系列丛书

备暗中派使者进入荥阳城内，以探虚实。

陈平得到消息，立即开出黄金的第二笔费用，用作接待项羽使者。陈平精心布局，准备缜密。那天项羽使者一到，陈平带人列队去迎接，用接待天子的礼数对待。把他们请入客厅后，即命人摆出丰盛的宴席，席上有最高规格的"太牢"大菜，即具备牛、羊、豕三牲的大宴。陈平在宴席上故作神秘地问使者："范亚父派贵使前来有何见教？他与钟离昧将军有书信带来吗？"使者被问得摸不着头脑，只得说："我们乃项王使臣，哪有范先生和钟离昧将军的书信？"

陈平听到此言，故作惊讶，忙说道："我以为诸位使者是范先生、钟离昧将军派遣而来，不想是项王使者。"面色顿时冷落下来，**转身就要离去**，随即命令**把盛宴撤掉，再让人拿来粗劣饭菜招待**。使者受尽屈辱，忍气吞声，回到楚营，如**实禀报项羽**。项羽以为证实了传言，范增和钟离**昧果然**通敌，首先削弱范增的权力。范增建议立攻荥阳城，项羽毫不理会，怀疑其中有诈。范增也听到流言蜚语，气愤地说："天下大局已定，请大王好自为之，请让我这把老骨头带回家乡去吧！"范增递上了辞呈，项羽答应了

插图3-5 刘邦画像

刘邦，中国历史上杰出的政治家、战略家。曾任沛县亭长、沛公、汉王，后成为汉朝开国皇帝，是汉民族和汉文化伟大的开拓者。对汉族的发展、中国的统一强大，以及汉文化的发展有突出的贡献。

他的要求。范增郁郁地离开了楚营，途中因背上痛疽毒疮发作而死。项羽对钟离昧也失去了信任，军中大事不再与之商议。

项羽逼走范增，疏远钟离昧，自毁前程。陈平略施小计，为刘邦除掉了心头之患。后来项羽知道上当，为时已晚，对刘邦恨之入骨，决心猛攻荥阳城。项羽来势凶猛，汉军筋疲力尽，危在旦夕，难以突围。关键时刻，陈平又设一计，使刘邦脱险。

一天深夜，荥阳城东门突然大开，楚军看到城中涌出一队人马。原来这是汉军组织的两千女子，个个女扮男装、身披铠甲、手执仪仗、威风凛凛，她们护卫着一辆刘邦乘坐的"黄屋左纛"车，车前有汉王大旗。有人高喊："城中粮尽，汉王来临！"这时，四周守城楚军都想一睹刘邦模样，蜂拥而来。

项羽得知高兴地前来受降。当项羽带人高擎火把上前一看却是个假刘邦，喝问："你是何人？"那人哈哈大笑，说道："我乃纪信，我主岂降你？"项羽追问："汉王何在？"纪信说："汉王冲出西门而去！"项羽上当气急，抓住纪信将其烧死，两千女兵也全部被杀掉。

6. 计擒韩信

刘邦依陈平计在荥阳成功突围，退守成皋。项羽尾追而至，兵围成皋。刘邦强攻突围，项羽紧追不舍。刘邦退兵广武，坚守不出。项羽连续追击，已疲于奔命。内部受离间之累，失去左膀右臂，内外交困，无奈之下和刘邦议和。双方约定以鸿

沟为界，汉西楚东，中分天下。项羽也释放了掳去的刘邦的父亲和妻子，拔营东归，退回彭城。

项羽走后，刘邦打算西还汉中，陈平和张良力劝趁楚军兵疲粮尽、众叛亲离之时，穷追猛打，乘势歼灭，以除后患。刘邦听从陈平和张良之计，举兵追歼项羽，把楚军围在垓下。楚军四面楚歌，思乡而逃者众多，项羽带少数残兵退到乌江，走投无路自刎而死。楚汉之争自此结束。

汉五年（公元前202年）二月，刘邦在定陶（今山东省定陶县西北）即皇帝位，史称汉高祖。此时，张良已功成身退，陈平成为刘邦身边最得力的谋臣。这时刘邦与各地异姓王

之前的矛盾上升为主要矛盾，而最主要的是韩信。当年韩信攻齐后，手握重兵，威震天下，成为刘、项之外的第三支最强力量，天下悬于韩信之手，投楚则楚胜，依汉则汉胜。韩信伸手向刘邦要齐王之位，刘邦不从，他便自立为王称"假王"。楚汉战争一结束，刘邦立刻收编韩信军队，封韩信为楚王。

汉六年（公元前201年）冬，有人上书举告楚王韩信谋反，刘邦问计于众将，但无良策。于是又请教陈平，陈平出计说应该"缓图"。刘邦焦急，心想谋反之事，何能"缓图"。陈平问道："上告韩信还有别人知道吗？"刘邦说没有。陈平又问："此事韩信本人知道吗？"刘邦摇摇头。陈平接着分析说："如果陛下兵不及韩信兵精，将不及韩信勇，如果执意举兵攻打，就会逼他真的起兵反叛。"刘邦问陈平："事急该如何办？"陈平又出一计，捉拿韩信。

一天，刘邦派使者遍告诸侯们说："朕准备南游云梦泽！"云梦泽是古代天子常巡守、会诸侯的地方。刘邦出游的人马快到楚国，下令诸侯们到楚国西部边界的陈县（今河南省淮阳县）聚集拜见。

刘邦到达陈县后，韩信十分不安。他对刘邦的心思早有觉察，早生提防暗算之心。这次刘邦来，怕是来者不善。可又一想，自己无罪，唯一的过失就是收留了项羽的大将钟离眜，刘邦对此不满。有人给韩信出主意，带上钟离眜的人头去觐见，会得到刘邦的原谅和信任。

韩信正在左右为难，只好这样做。他与钟离眜是老朋友，所以钟离眜从项军中逃出投到韩信帐下。但韩信顾不了这些，找来钟离眜把自己的两难告诉了他，并说出了自己解决的办法。钟离眜怒火中烧，愤恨地说："我来此误投，真不应该。今日你杀我取媚刘邦，明天你会随后而亡。"说完拔剑自尽。而韩信日后的遭遇却被

插图3-6.1 千金一饭图
（明代谢时臣绘）

韩信，家贫，常饿着肚子城下钓鱼。钓鱼处有许多清洗丝棉絮或旧衣布的老婆婆，称为"漂母"。一位漂母出于同情，不断给他饭吃。韩信非常感激她，便说将来必定报答。漂母听了不高兴，表示并不希望报答。后来，韩信为汉王刘邦立下大功，被封为齐王，想起漂母的恩惠，命从人送去酒菜、黄金一千两，以作报答。

插图3-6.2 韩信画像

韩信，西汉开国功臣，中国历史上杰出的军事家，与萧何、张良并列为"汉初三杰"。曾先后为齐王、楚王，后贬为淮阴侯。为汉朝的天下立下赫赫战功，萧何誉为"国士无双"，刘邦评价曰："战必胜，攻必取，吾不如韩信。"后来汉高祖刘邦对他疑忌，最后以谋反罪处死。

钟离昧言中。

韩信提上钟离昧的头颅到了陈县，刘邦哪能因为一颗人头就相信韩信的忠心？刘邦早已准备停当，韩信一进门，武士们一拥而上，兵不血刃，拿下韩信，五花大绑，装入囚车。韩信明白过来，怒言道："狡兔死，走狗烹；飞鸟尽，良弓藏；敌国破，谋臣亡。现在天下已定，我等已无用，固当死。"其实刘邦并无韩信谋反的真凭实据，只讪讪地说："有人告你谋反。"后来只草草地把韩信降为淮阴侯，但控制于京城里。吕后执政时，还是把他杀了。

7. 智救刘邦

刘邦还有一员大将也叫韩信，是韩襄王的孙子，被封为韩王，封地在颍川（今河南省禹州市）。韩王信曾降过项羽，后又逃回到刘邦麾下，因此刘邦对他始终不够信任，认为颍川是中原险要地带，就把他的封地迁到太原郡为韩国，让他身处边郡抵御匈奴。后来韩王信以韩国都城晋阳（今山西太原北）离边塞远，不利打击匈奴为由，要求迁都至马邑（今山西朔州），刘邦准予。当匈奴冒顿兵围马邑时，韩王信投降了匈奴。汉高祖刘邦七年（公元前200年）冬，刘邦率20万大军御驾亲征，击破韩王信，韩王信逃往匈奴。刘邦得胜心喜，准备给匈奴再次重创，进军平城（今山西大同市东北），轻敌冒进，中了埋伏，仓促迎敌，拼命杀出一条血路，退到平城东面的白登山。匈奴单于冒顿派出40万大军，把汉军围困在白登山上。此时，骤然大寒，天降大雪，汉军缺衣少食，许多士兵冻掉了手指。被困三天后，还与外面汉军音信隔绝。刘邦焦虑不安，无计可施，情况十分危急。

一天，多谋善断的陈平在山上仔细观察敌营动静，突然发现敌营里指挥士兵的是一男一女，引起了他的特别注意。他立即派人前去暗探，为何军中有女子。经侦察得知，那个女子是单于冒顿新立的皇后阏氏。阏氏非常得宠，冒顿朝夕不让她离开左右。陈平计上心来，立即见刘邦，献上一计，刘邦令他马上施行。

陈平选出一位有胆识，能言善辩之臣，让他带上许多金银珠宝，特别带上一幅绝艳的美女图，暗中下山，令其一定要见到阏氏。

在一个大雾迷漫的天气里，使臣出发了。他偷偷下山到敌营前，用金钱买通卫

3-6.3 韩信九里山十面埋伏图（清代民间年画）

公元前202年，西楚霸王项羽和汉王刘邦决战于垓下。汉军主将韩信指挥大军迎战从正面扑来的楚军，韩信两翼侧击，暗中围合。夜里汉军中的楚地士兵奏唱楚歌，引起楚军官兵思乡之情，军心顿乱，纷纷逃散，被汉军歼于垓下。

插图3-7 汉高祖刘邦被困白登山

汉初，长城北面的匈奴就乘机南下。公元前200年冬刘邦统率大军二十余万亲征，汉军向北行进到平城（今山西大同市东北）时，被匈奴冒顿单于率四十万精锐骑兵包围于白登山（今大同市东面），并且派大兵分扎在各个重要路口，截住汉兵的后援。雨雪严寒中被困七日，汉军饥寒交迫。最后，陈平献计助刘邦脱险。

兵，要求私下面见阏氏。这阏氏刚被立正，最担心失宠。听说汉军来人指名要见自己，引起警惕，怕被人知道，传到单于耳中，有所闪失，忙悄悄将汉使传入帐内。汉使先送上金银珠宝，言称是汉朝皇帝所赠。阏氏看到礼物，爱不释手，目眩心迷，欣然收下。使者见机行事，乘机献上美女图，说这是汉帝特让阏氏转给单于冒顿的。阏氏展开图画，画上是一位绝色美女，忙问送此画何意。

汉使说道："汉帝被困，愿与单于罢兵修好，所以特向您赠送金银珠宝，请你向单于求情。为了能使单于答应我们的请求，汉帝特选本朝第一美女献给单于。只是因美女不在军中，先把美女图像送来，待后接来美女，即给单于送上。请您把美女图像转交给单于一看。"

阏氏顿生妒意，心中紧张起来。心想这天姿国色的美女让冒顿得到，她定会擅宠专房，夺去冒顿对自己的恩爱，自己就会被冷落失宠。越想越怕，表面装作平静，对汉使说："请使臣放心好了。"忙打发人送汉使返回，以免走漏风声。

阏氏暗中想办法阻止汉朝皇帝送美女过来，那只有答应汉帝的要求，解围放走汉军。于是，阏氏千方百计向冒顿进言，力劝撤军放走汉帝。终于，阏氏说动了单于下令撤军。刘邦被围困了七天七夜终于走出了白登山，急忙引军向南，踏上归途。

刘邦路过曲逆城（今河北省顺平县）时，登城而望，见此城高峻，屋宇绵绵，气势恢宏，雄伟壮阔，感叹道："朕走遍天下，见如此壮阔的城池，只有洛阳可比。"回头他问跟随的御史道："曲逆城有多少人口？"御史说："秦始皇时期3万余户，这些年多有亡匿，今有五千户。"刘邦立即召陈平，封陈平为曲逆候，把曲逆作为他的食邑。自此，陈平为刘邦巩固政权频献奇策，每战必胜，因此所得的赏赐也越来越多，食邑地盘不断扩大。陈平在刘邦身边成为重臣。

8. 轻取重权

刘邦的猛将——燕国相樊哙正在大营中议事，忽听传报京城传旨的使者到，传将军大营外接旨。接皇帝圣旨应在营帐中，这次接旨为何移到营帐外呢？樊哙来不及多想，即领众将出营，来使宣读诏书后，一声令下，把樊哙绑下，装入囚车。

这一幕并不突然，是早已精心安排好的。原来汉高祖十二年（公元前195年），刘邦平定九江王英叛乱归来不久，燕王卢绾又谋反，即任亲信樊哙为燕相国去平叛。樊哙是刘邦之妻吕后的妹夫，当然很信任。可樊哙平定叛乱不久，又有人在刘邦面前诋毁樊哙，说他重兵在握，已与吕后结党。刘邦死后，刘邦宠妃戚夫人和爱子刘如意定遭不幸。刘邦大怒，立即召陈平和周勃，令陈平去燕地斩樊哙，周勃代樊哙领兵。

插图3-8 樊哙画像

樊哙，西汉初开国将领，少时以屠狗为业。刘邦起义反秦时，他为其麾下战将，屡立军功，受封赐爵，为"贤成君"。刘邦率义军攻入咸阳，樊哙力劝刘邦不可恋帝都之享，要封闭宫室府库，还军霸上。刘邦赴项羽鸿门之宴，范增欲杀之。危急时刻樊哙闯入营帐，怒斥项羽背信弃义，救刘邦于险境。刘邦立汉，任樊哙为左丞相，封舞阳侯。

陈平和周勃受命，即刻出发。在路上陈平对周勃说道："樊哙是皇上故交，劳苦功高，又是吕后的妹夫，和皇上连襟。皇上说是杀他，那是在气头上。如果我们真的把樊哙杀了，过后皇上明白过来，会后悔的，那时遭殃的可是我们两个了。"周勃问该怎么处置。陈平说："以我之见，我们拿下樊哙而不杀，绑赴朝廷，交给皇上，或杀或留，听凭皇上发落。"周勃十分赞同陈平之计。快到樊哙大营时，陈平又说，在营帐内捉拿樊哙怕节外生枝，有所闪失，不如营外设坛，召樊哙出营受诏擒住。于是，就有了前文智擒樊哙那一幕。

周勃留燕统兵，陈平带囚车往京城赶，日夜兼程，不敢耽搁。在途中，突然传来刘邦病死的消息，并令陈平、灌婴等臣屯戍荥阳。陈平思忖，怕吕后掌权后，因樊哙事有人进谗。于是决定让囚车继续前进，自己则策马扬鞭飞奔先到京城。陈平跌跌撞撞跑到宫中，跪在刘邦灵前，放声大哭，边拜边说："臣知樊哙功高，不敢加刑，故押解来京，凭主上亲裁。谁料来迟，可悲也！"其实这话是说给吕后听的，吕氏知妹夫未被杀，心中暗喜，忙安抚陈平说："先生辛苦了，先回家休息吧！"

可陈平哪敢离开，他深知现在是非常时期，新主即将主权，随时都有可能有意外之事，特别要防向吕后诋毁自己之人。所以，陈平涕泪交流，表示要报先帝之恩，再三要求留在宫中，以保卫吕后和新皇安全。吕后感到陈平一片忠心，顿生哀怜，一再宽慰陈平，陈平终获吕后信任。吕后果然委以重任，任陈平为郎中令。郎中令是负责皇帝侍从和安全警卫的首长，也就是说陈平掌握了皇宫的警卫部队。吕后又让他担任刚即位的惠帝刘盈的老师，陈平有了亲密接触皇帝的机会。陈平平安地完成了他由老皇帝时代过渡到新主时代的成功转身。

汉惠帝刘盈即位后，其实皇权掌握在吕后手中。陈平自知无力改变现状，便韬光养晦，委曲以自保。吕后加紧迫害刘氏族人，欲封诸吕为王，陈平却违心地表示赞同。吕后权势日炽，诸吕依势横行，刘氏家族恨之入骨，许多开国老臣愤怒至极。陈平认为天下将变，时机来临，暗中联络陆贾、周勃等老臣伺机而动。

汉惠帝刘盈五年（公元前190年），丞相曹参死去，陈平任左丞相，右丞相王陵也是反吕一派。汉惠帝七年（公元前188年），刘盈病死，其子刘恭即位，是为少帝。吕后仍临朝听政，主政于朝。但她对陈平、周勃等元老重臣深感担心惧怕。陈平看透了吕后的心思，主动奏请吕姓人都封官入宫，诸吕掌握朝廷重权。吕氏对陈平消除了防范之心，诸吕权势膨胀。除吕之机在向陈平靠近。

9. 独任一相

左丞相陈平是顺吕后之意捧诸吕，而右丞相王陵却违吕后而言，说高祖曾盟誓"非刘氏而天下共击之"，现在诸吕掌权违背了高祖的誓约。吕氏听此言当然心中不悦，可陈平说的句句正中吕后下怀，他说："高帝平定天下，太后临朝称制，封吕氏弟子为王，没有不妥。"后来王陵徙任为太傅，明升暗降，拜陈平为右丞相，受褒升迁。

由于诸吕擅权，朝臣人人自危。陈平更为担心，如履薄冰。为避祸患而实现除

44

吕大计，他终日纵情歌舞酒色，闭门不出，不问政事，博得吕后信任，诸吕放心，而暗中陈平却在加紧活动。

汉少帝刘恭八年（公元前180年）七月，吕后病重，陈平与周勃除吕的步伐加快了。不久吕后病死，诸吕欲图颠覆刘氏，齐王刘襄则欲自立为帝，朝廷上下一片混乱。陈平审时度势，先剥夺了吕禄北军大权，周勃代之进入长乐宫，控制了诸吕集团。然后除掉南军首领吕产，至此遏制了吕氏集团。

陈平与众臣立迎刘邦之子代王刘恒入宫即位，是为汉文帝。陈平计平诸吕，谋定汉室，避免了一次分裂活动，实为有功之臣。

汉文帝刘恒性情温良恭俭，朴实无华，上台后发扬了高祖、惠帝与民生息政策，以黄老哲学为理念，无为而治，国家稳定，百姓安居乐业，是一位守业敬业的皇帝。

陈平拨乱反正，居功至高，其位无出其右，深得汉文帝的信任器重。可就在这时，陈平急流勇退，要辞官让位，托病奏请。汉文帝惊奇，招来询问。陈平说道："高帝时周勃不如臣，诛灭诸吕，臣功不如周勃。故我甘愿让相位于周勃。"汉文帝念其心诚，即任周勃为右丞相，位居第一；任陈平为左丞相，位居第二。皇帝又特赏赐陈平千金，加封食邑三千户。

插图3-9陈平画像

陈平，阳武（今河南省原阳县东南）人，西汉伟大的谋略家、政治家，西汉王朝的开国功臣之一。楚汉相争中，曾多次策划"反间计""离间计"等妙计奇谋助刘邦。汉文帝时，曾任右丞相，后迁左丞相。曾先后受封户牖侯，曲逆侯（今河北顺平东），死后谥献侯。

有一次，文帝在朝会时了解情况，先问右丞相周勃，说道："全国一年判决多少案件？"周勃说不知。又问："全国一年收入钱粮多少？"周勃仍回答不知。文帝只得转向左丞相陈平，其实陈平也不知这些具体数字，但他巧言而答，说道："案件和钱粮各有主管负责。"文帝追问："主管者何人？"陈平说道："诉讼案件之事陛下可问廷尉；钱粮之事请问治粟内史。"文帝不高兴地说："各有主管，你管什么？"陈平忙说："宰相之责是上佑天子协理阴阳，顺应四时；下则化育万物，使之各得其宜；对外镇抚四夷，统御诸侯；对内亲抚百姓，使卿大夫恪尽职守。"文帝听陈平一番宏论，大加赞赏，周勃十分惭愧。此后不久，周勃自知才能远不如陈平，便托病辞职，文帝即免去右丞相。从此，汉廷陈平独任一相。

汉文帝刘恒二年（公元前178年）十月，陈平病逝，朝野内外，无不悲悼。汉文帝为失去爱卿悲痛不已，下诏追谥为献侯。陈平在复杂的权变中历险且善始善终，此等智慧之人史上少有。

陈平死后，其子陈实承袭爵位，接了陈平的班，后传至陈平重孙辈。陈平重孙陈何因罪被杀。陈氏家族失去了爵位，享受了半个多世纪的官宦之福就此告终。

第四章
公平刚正的
法官张释之

人杰

第四章 ｜ 公平刚正的法官张释之

四

公平刚正的法官张释之

1. 初入仕途

河南省方城县位于南阳盆地东北隅，历史悠久，七千多年前新石器时代就有人类活动。春秋战国时，楚国曾在这里修筑长城，这段长城叫"方城"，县因此而得名。张释之就出生在这里。

在封建社会里，想做官、升官的人，多是顺着、捧着上司，甚至贿赂上司而获得官位。张释之却逆着上司而步步高升。这个上司还是至高无上的皇帝，他与皇帝**的意见相悖一次，就提**升一次。张释之是**我国最早**的法治**实践家**之一。他在任西汉最高法官的十三四年里，不但要求百姓有法必依，就是帝王将相也要依法行事，时称"释之为廷尉，天下无冤民"，这在中国几千年历史长河中亦实属罕见。

张释之的故里是河南省方城县杨集乡胡岗村。胡岗村在县城西北，距城两公里。看上去胡岗村与中国无**数的乡村**一样，是那样平常，那么**平静**。可是，它与其他乡村不同之处就**是在村**旁有一座墓冢，墓主就是张释之。

据史记载，张释之，字季，西汉南阳堵阳（今河南省南阳市方城县）人。他出生于富贵之家，年轻时张家的家产就超过 500 万钱。他自小与哥哥一起生活，初入仕途是他的哥哥为他安排的。由于家里富裕，他的哥哥为他捐钱买了骑郎职位。

骑郎虽然能见到皇帝，却是个看守宫门、传信的小官。就是这样的一个没有品级的小官，他一做就是 10 年，没有机会升迁。他对前途心灰意冷，曾说："这么长时间做个郎官，又消耗了哥哥的资财，实在是于心不安。"于是，感到辜负了哥哥

插图 4-1.1 张释之祠

张释之祠，又称"汉廷尉祠"，坐落于方城县城内，汉式琉璃瓦叠檐，门楼上有"张释之祠"匾额，沿 15 级台阶跨过朱红大门，正前方是一座"汉廷尉祠记碑"，大院内有祠堂、大拜殿等建筑。张释之祠始建年份无考，元、明、清三代先后复建重修，历代贤士历此皆来拜谒。明代南阳知府顾福有《谒张廷尉祠》诗云："晓出方城一驻鞍，先生严像肃衣冠。青山有庙名难泯，赤子无冤死亦安。直道曾匡王法正，片言能济孝文宽。当时酷吏俱尘土，独许廷评入史看。"

的厚望，他想递辞呈打道回府。

张释之还是幸运的。此时朝中有个中郎将叫袁盎，很有识才慧眼。他知道张释之是个德才兼备的年轻人，也许他为人刚直在仕途上不明事理，因此得不到升迁，这样的人离去可惜。于是，就把张释之推荐到了皇帝那里。

此时西汉执政的是汉高祖刘邦之子汉文帝刘恒。这位皇帝性情温良俭让，朴实无华，比他的父亲更有农民特色。他发扬光大了前辈的与民生息、倡导黄老哲学、无为而治、敬业守业的传统，广泛听取不同意见，任用贤良。所以，张释之又幸运地遇了上这样一个识才的皇帝。

50

经袁盎推荐，文帝立即召见他。见到文帝，张释之心里很紧张，小心地趋前陈说治国利民的大政方针。文帝见他所谈之事不是当前之所需，就说："你可说些与现实生活有关的事，不要高谈阔论，提出的事现在就能实施的。"张释之一听此言，心情放松了，就大胆地谈起了秦国为什么衰亡，汉朝为什么兴盛。文帝听得津津有味，大加赞赏，当即提升他为谒孝仆射。

谒孝仆射是个专门负责宫中接待宾客和传达政令的官员，虽然官职不大，也算是坐上了领导的位子，又可接触皇帝，自己的表现皇帝可亲见，升迁的机会多。果然，张释之抓住了一次表现自己才能和思想的机会。

2.巧辩收诏令

张释之任谒孝仆射就成了皇帝身边的臣子，所以常随汉文帝出行。一天，汉文帝兴致上来，要巡游皇家花园上林苑，张释之也随行。汉文帝一行游到皇家动物园，兴致勃勃地观赏了老虎和其他动物。看完后就问前来迎接的上林尉（为主管动物的官吏）。汉文帝问他这园里饲养了多少种动物，每个种类有多少，繁殖和生存的情况如何，一连有十几个问题。这个上林尉大概是失职，或者是不作为的官吏，被问得张口结舌，没有回答一个完整的问题。汉文帝露出不悦之色，上林尉更加紧张，急得左右张望，希望能有个解围的人。也是上林尉运气好，果然有解围之人，就是站在旁边的啬夫，这是个专门管理虎圈的小吏。啬夫看上林尉万分焦急，忙上前准确而详细地回答了皇帝的问题。汉文帝听了很高兴，又连续问了一些问题，那啬夫总能回答得头头是道，说得文帝喜上眉梢。汉文帝发话道："上林尉主管皇家动物园，应当像啬夫这样掌握情况，可他什么也回答不上来，真是太不称职了，不可信赖。"

于是，汉文帝立即让张释之起草诏令，要革去现任上林尉一职，改任这个啬夫为上林尉。

张释之在这个过程中一直静观，他看到这个啬夫虽然职小位卑，但他能夸夸其谈、善于卖弄，想借机攀升之意表现得十分明显。张释之对这种邀功取宠之人非常不满。听到汉文帝的决定，打定主意要皇帝收回诏令。可这是要与皇帝顶着做，危险性不言而喻。

但是，张释之凭着对皇帝的忠心和崇尚实干的人格，想出了主意，不怕冒犯皇上便走上前去，先向汉文帝提出了一个问题，说："陛下认为前朝的绛侯周勃是什么样的人？"周勃是汉高祖刘邦的开国功臣，又是将文帝扶上帝位的主将。文帝答道："他是德高望重的长者。"张释之又问："那么东阳侯张相如是个什么样的人呢？"张相如也是辅助汉高祖刘邦定天下的功臣，文帝说："他是个德才兼备的长者。"

张释之没有直接进入主题，而是委婉地兜个圈子，要皇帝进入自己设好的圈内。他又进一步问："陛下既然知道绛侯周勃、东阳侯张相如都是国家的功臣，可他俩都不善言辞，都曾在回答皇上的问话时张口结舌，无以言对。特别是周勃，皇上不久前还问他全国一年判多少案，收支多少钱财，他回答不上来，但皇上没有因此罢他的官，还能受到人们的尊敬。"

汉文帝点头示意，张释之接着说："上林尉没有答出陛下提出的问题，而具体管理动物的啬夫答出来了，如果为此罢上林尉的职，而提拔啬夫，这岂不是提倡人们都像啬夫那样在皇帝面前伶牙俐齿、喋喋不休地炫耀自己，从而达到嘉奖和提升的目的吗？"

接着，张释之又滔滔不绝地从历史的高度分析秦朝灭亡的原因。说秦王重用的

插图4-2 上林苑驯兽图（局部 西汉墓室彩绘壁画）

此画表现了驯兽的情景。图中3人，右边一人右手执斧，左手握鞭，正在驯兽，旁边伏着一只似熊的动物；左边穿白衣者似驯兽表演的小丑，表情滑稽可笑；着红衣的官吏，侧首看着前方。汉代宫廷中不但有皇家动物园，而且还有专职的驯兽人员和驯兽表演，似今之马戏团。壁画显示出墓主帝王贵族的身份。壁画于1916年在洛阳八里台被发现，对照在洛阳发现的西汉墓室壁画，可推断它制作于西汉晚期。这幅画绘于5块空心砖构成的梯形山墙上，底为灰白色，人物作彩绘。

就是那些舞文弄墨之辈、口蜜腹剑之徒，一心想升官发财，不顾百姓生死，终于招致秦朝在农民起义中土崩瓦解。

张释之话锋一转说："我认为，看人不能只重视他的口辩之才，更重要的是看他的实干精神。如果下面知道了陛下听啬夫口齿伶俐，善于逢迎对答，就要提拔他，人们仿效起来，就会如影随形。所以，请陛下慎重啊！"张释之说得语重心长，汉文帝听得频频点首，十分称道。于是，文帝断然收回诏令，并诚恳地说："还是卿家言之有理啊！"汉文帝说完，立即把张释之请上御车，同车而返，这对一个普通官员来说，是莫大的荣誉。一路上，汉文帝又仔细询问了秦朝治国的弊端，张释之也一一据实回答，皇帝更高兴了。

回到宫中，汉文帝下诏，提拔张释之任公车令。这个职务专事警卫皇宫正门，传达宫内外事务，责任重大。

3. 拦截太子

张释之任公车令所把守的宫门，称为司马门。依照汉代宫廷法令规定："诸出入殿者，公车、司马门者皆下；不如令，罚四金。"也就是说，凡是出入皇宫经过殿门或司马门者，不论其官职大小，必须下马、下车步行而过。如果不遵守此令，就要罚钱，交四两黄金。这个门卫制度够严的。

汉文帝的三公子刘启被立为太子，一天他和梁王同**乘一辆车**入宫，当车过司马门时，**他俩并没按规定下车**，**扬鞭驱马**，径直往宫里闯。张释之**最看不惯有法不依**的人，太子和梁王不下车步行，就是无视皇宫法令。所以，他当即追上前去，制止太子和梁王，使其不得乘车进入皇宫。张释之硬是挡住了他们，太子和**梁王看**到张释之如此认真，也只好认服，按照法律规定，**接受了**张释之的惩罚，分别交了四两黄金。张释之还抓住此事不放，仍不让太子和梁王入，还要进宫上奏汉文帝，太子和梁王不遵皇宫律令，就是对皇上不敬。这件事在宫中上下引起了轰动，也惊动了汉文帝的母亲薄太后。薄太后即召文帝询问情况。汉文帝急忙前去见母，摘掉皇冠谢罪说："我教子不严。"并表示了深深的自责。

薄太后立即下诏书，赦免太子和梁王之过，派人赶到宫门下诏。张释之拿到赦免诏书，才放太子和梁王过去。

插图4-3汉廷尉祠记碑

汉廷尉祠记碑耸立于方城县张释之祠内，碑高2米余，宽约1米，碑底赑屃昂首仰望。赑屃，又名龟趺、霸下、填下。龙生九子，赑屃为长，貌似龟而好负重，有齿，力大可驮负三山五岳。多为石碑、石柱之底台及墙头装饰，属灵禽祥兽。碑端为盘龙碑帽，上书"汉张廷尉祠记"。下图为汉廷尉祠记碑之碑帽。

张释之拦截太子和梁王的车辆，薄太后没有袒护孙子，汉文帝不但没有怪罪，反而更赏识张释之，并且拜他为中大夫，这个职务专门负责宫中朝政事务，表现了对张释之的信任。不久，汉文帝又提拔张释之为中郎将，职责更大。每当皇帝出巡，均由中郎将担任护驾。

张释之因在上林苑反对皇帝的意见而被提升为公车令，因在宫门阻拦太子入朝而被提升为中大夫，后又升至中郎将要职。

4. 劝皇帝节俭

汉文帝同历史上的其他皇帝一样，非常重视自己陵墓的修建，生前就选择好葬身之地，建好墓室，有时还亲自去视察一番。汉文帝的陵寝之地选在了霸陵。

一天，汉文帝在张释之等文武大臣簇拥下到霸陵巡视自己坟墓营造的情况，他的宠妃慎夫人也跟随在侧。

汉文帝等人登上霸陵的北坡，文帝向北望去，顿生感慨，指着远方对慎夫人说："那是你的家乡邯郸呵！"说完，就让慎夫人鼓瑟，乐声起，文帝应和着韵律唱起了歌，凄悲的歌声传出他对人生感叹的情怀。他更加精心地安排自己的后事，并提出了营造棺椁的要求。

汉文帝要求造棺椁时，要用北山之石做椁，棺与椁之间的缝隙，要用细碎的苎麻丝絮屢合来填塞，上面涂黏漆。这样，棺椁就牢不可破，无人可动。

皇帝的话刚出口，跟随的大臣们交口称赞，说皇上想得周到。这时，只有张释之没有表态。

等到平静下来，张释之上前奏道："陛下要想到，如果陵寝内陪葬着珍贵之物，足以诱引人的贪欲之心。这样，棺椁即使封铸南山造就，还是有缝隙的。如若里面陪葬简朴，即使不用山石做椁，也会安全，不用忧虑。"

张释之与皇帝大唱反调，一席话否定了汉文帝提出的要求，一时百官鸦雀无声，都为张释之捏一把汗。

可是，汉文帝不同于其他皇帝最突出的特点就是提倡节简。所以，张释之的一番道理震醒了文帝的本心。他不但没加罪于张释之，反而赞赏了他。此事过后不久，汉文帝又提升张释之为廷尉。廷尉，在汉朝是最高的法官。

张释之的劝说，影响了汉文帝的一生。汉文帝临终时下遗诏："朕闻之：盖天下之万物之萌生，靡有不死。死者，天地之理，物之自然，奚可甚哀！当今之世，咸嘉生而恶死，厚葬以破业，重服以伤生，吾甚不取。"汉文帝认为人死是自然规律，

插图4-4 胡奴门吏汉画像石（方城县出土）

方城及周边地区出土的汉画石像中，有大量的胡人形象，例如"胡奴门""胡人持节使者""胡人阉牛""胡人执钺门吏"等像。公元前123年，张骞随大将军卫青出征大败匈奴，因功被封为"博望侯"。公元前119年，张骞二次出使西域，开始把中原的丝绸等物品带往西域，并且把西域的葡萄、胡萝卜、石榴、番茄等果蔬带回中原，在方城有一种特别的树，中原的其他地方未曾发现的特有树种，称为"胡柳"。此树种生长在新疆。这表明，张骞通西域后，方城与西域来往频繁，不但把西域物品带到中原地区，而且大量胡人将印度佛教也带进来了，"胡奴门吏汉画像石"就是有力的印证。

可怕的是那些怕死的人，劳民伤财而厚葬一个封建皇帝。能具备这种豁达大度的生死观，难能可贵。这与张释之的影响分不开。

所以，汉文帝在张释之的反对意见声中，不但不予以怪罪，反而一路提拔，这是开明皇帝的明智之举，更是张释之的幸运。

5. 勇判惊马案

张释之做了最高司法官廷尉，更是公平执法，一丝不苟，就是皇帝也不迁就。有一天，张释之随汉文帝出行，按规定皇帝所经过的道路禁止一切行人通行，如果有人胆敢强行或冲撞，那就要治罪，甚至杀头。尽管道路已实行"戒严"了，可意外的事故还是不期而至。当皇家大队浩浩荡荡前进，文帝的御车行到中渭桥中间，突然从桥下窜出一个壮汉。只见他慌里慌张，如无头苍蝇乱闯，一下撞在了汉文帝御车的骖马上。骖马被撞受惊，又叫又跳，险些把皇帝从车上掀翻下来。那人急跑，想夺路逃去。刚反应过来的皇家卫队骑兵立刻追上将其抓住。汉文帝惊魂未定，非常恼怒，下令立刻把此人交给廷尉张释之治罪。

张释之刚被提拔为廷尉之职不久，按常理此时先不考虑法律而要顺皇帝之意重判这个人才是明智之举。可张释之却是先维护法律的尊严，所以，必须先审问此人，把案情搞清，而后依法治罪。

张释之立即提审，那个撞车的人战战兢兢地陈述道："我就是这个县的农民，进城走到这里，正碰上官府清道，禁止行人通行。我当时心里害怕，无处避开，就慌忙躲到这桥下了。在桥下等了好久，心想没事，就出来上桥，谁知正撞上皇帝的御车，就赶快跑开，不料又撞了御马。"

张释之问明了情况，认为这个老实巴交的农民只是无意违反了清道禁令，这是偶然过失，依法律应处以罚款。所以，张释之按"跸先至而犯者，当罚金"的规定判处。"跸"，就是皇帝出行前，要在所经路上清道，禁止通行。张释之罚了那人四金，就把人放走了。

判处完惊马之案，张释之立刻把情况上奏汉文帝。汉文帝一听龙颜大怒，此人必从重治罪，怎么还把人放了，便愤怒地说道："这个人竟敢惊吓我的御马，真是胆大包天。幸亏我的这匹马驯服温顺，要是换了别的马岂不是把我摔下来了吗？如

54

插图4-5 折槛图（南宋佚名）

《折槛图》是一幅优秀的人物画作品，画的是西汉忠臣朱云反对奸相张禹与汉成帝冲突的情景。一次，朱云上书求见成帝，当众臣面揭露奸相张禹拿奉不谋政，要皇帝赐尚方宝剑杀奸臣。汉成帝怒其毁谤自己的帝师张禹，令御史推下殿斩之。朱云死死抓住御殿栏槛不放，栏槛被折断。左将军辛庆忌站出来死保朱云，朱云方免遭杀身之祸。《折槛图》典型地表现了如西汉文帝时张释之与成帝时朱云为国为民直言敢谏的忠臣形象。此图描写御林军拖朱云，朱云死抱栏槛强辩，成帝侧身坐龙椅，长须飘洒，眼露凶光，与朱云目光针锋相对。奸相张禹手捧笏板得意地站在成帝身边，歪头佞笑。左将军辛庆忌躬身为朱云求情的场景。

此重大案情，你怎么只判他罚金就放走他？"可是，一心秉公执法的张释之并没有因为皇帝的震怒而退缩，他冷静而从容地奏道："国家定的法律是要皇帝和全国百姓共同遵守的，惊马之案依据现行的法律，就应当处以罚金。如果超过法律而按陛下旨意办案，那么法律怎么能取信于民呢？况且，如果陛下下令立即处理那个惊马的人，这个案子也就算了。可是现在陛下把此案交给臣来审理，我这个廷尉的职责就是掌握量刑的轻重，是主持天下公平的执法的人。既然陛下把此案交给臣处理，我就要履行自己的职责，定要依法来办案，公平执法。"

接着，张释之又从执法的重要性强调自己的职责。他说道："我是最高的法官，一旦断案稍疏忽，出了差错，全国各地的执法官量刑时也会随心所欲增减刑罚，执法就会混乱。执法一乱，百姓们就会手足失措，无所适从，请陛下深思明察。"汉文帝一听言之有理，即认同了张释之的判决。

6. 以法判盗贼

张释之不怕权势，依法判结惊马案后，不久又接了一起更棘手的盗窃案，这是他自任廷尉以来遇到的又一重大案件。

宗庙在封建社会历来是最高统治者权力的象征。宗庙中的一切器物都有法律保护，如果有人偷盗宗庙中的珍宝、服饰、器物，就要被判处斩首之刑，并"弃市"以示众。可偏偏有人无视如此严苛的法规，冒着死罪而去偷盗。

一天，汉高祖宗庙中神座前的玉环失踪了，经查是为贼所盗。事关皇权的尊严，不敢隐瞒，立即报告给了汉文帝。

汉文帝龙颜大怒，立即下令捉拿盗贼并严惩。皇帝诏令一下，全国上下一齐行动，很快就把这个窃贼抓住了。汉文帝把此案交给了廷尉张释之承办，并特别要求严加惩治。

张释之接到宗庙盗窃案后，觉得涉案人员所为事实清楚，证据充分，法律规定明确，就依法将此盗贼斩首，暴尸街头示众。

当张释之把判决处理结果上奏皇帝时，没想到汉文帝却勃然大怒。汉文帝以严厉责问的口气说道："这个盗贼胆大妄为，无法无天，竟贼胆包天地偷盗先帝的神圣器物，我把他交给你处置，是要你严加惩处，判灭族之重刑。可你却按一般案件处理，只是按法律条文规定，上报判处的意见，这样做怎能维护先帝高祖的至高尊严呢？也违背了陛下尊奉祖先、恭孝先帝的心意。"

张释之面对汉文帝咄咄逼人的责备，感到又一次遇到了正确执法的考验。但他毫不退缩，更无畏惧。他急忙上前叩首谢罪上奏，但据理力争，进行辩驳，说道："依照法律判处窃贼弃市，这已属最高之刑了。如果今天不按法律来判，而依心意判其赎刑，那么，明天若有人胆敢盗掘先帝陵墓的一把土，前者之罪仅为后者之罪的万分之一，陛下将何以治罪呢？"

汉文帝听了张释之的辩白，虽然怏怏不乐，但显然又克制了自己的情绪。之后，

他即到太后那里陈述了此事，征求太后的意见，太后也认为依法办事是对的。汉文帝听了太后的意见，赞同了张释之依法判案的做法。

张释之刚正不阿、公平执法，一时传为美谈，名闻朝野上下。中尉条侯周亚夫、梁国相山都侯王恬，都对张释之执法公正十分赞赏，前来与他结为好友。

7. 辞官归乡

张释之顶着权贵甚至皇权的压力秉公办案受到人们的称颂。但有一次却顶不住压力了，只好顺从皇帝之意审理案件。

有一次，扶助高祖刘邦定天下的大功臣周勃被人诬告想谋反，汉文帝大怒，着即诏令张释之办理此案，要把周勃押到京都长安问罪。

张释之很了解这位灭吕扶汉的功臣，为人老实，忠于朝廷，绝无造反之心。也许是他有点爱嫉妒，而得罪了人，被谗言诬告蒙冤。但谋反之罪案情重大，他未敢为周勃申辩，只得顺从皇帝之意，把周勃送到长安审理。

周勃在沙场上勇猛刚毅，冲锋陷阵，是位大将。可是他来到公堂之上却表现得有点无能。他因不善言辞，不会为自己申辩，往往在陈述中张口结舌。张释之了解他的为人，并不用刑逼供，只能暗中保护，很多审问不了了之，并且暂押狱中。这看似顺应了皇帝之意，实际上还是坚持秉公办案，只是故意拖延时间为本案争取机会。

终于皇帝内外调查周勃所为，一直没拿到真凭实据。这时，薄太后也介入了周勃一案，经太后过问，才真相大白，命张释之无罪释放周勃。

张释之在廷尉任上工作了7年，能遇上开明宽厚的汉文帝及薄太后为他公正执法创造了良好的外部环境，是很幸运的。可是，汉文帝死后，即位是汉文帝的第三子刘启，是为汉景帝。这位汉景帝当太子时，张释之也不过是个看守宫门的公车令，他竟敢依法阻拦太子的车入宫。如今太子即位当了皇上，他想到曾得罪过皇帝，内心产生了几分恐惧。

张释之惧怕景帝报复，便假称有病，欲辞官归乡。但友人奉劝他，这样会令皇帝不高兴，即使回乡也有可能招来杀身之祸。最好的办法就是疏通与景帝的关系。于是，张释之找到了喜好黄老哲学的处士王生，王生给他出了一个主意。

那天，王生被景帝召见，张释之随百官上朝。张释之乘机向景帝诚心诚意道歉谢罪，景帝还算开明，没有责怪他。王生看时机一到，忙把张释之喊出，当着三公

插图 4-7 张释之画像

张释之，西汉文帝时官拜廷尉，为九卿之一，主管刑狱，是汉代最高司法官，也是史书上第一位被正式立传的司法官。身为"普天之下，莫非王土"的封建社会里的司法官，他提出"法者天子所与天下公共也"的执法理念，以及不凌弱、不阿于权贵的执法精神，为史家所称道。司马光在《资治通鉴》中称赞："张释之为廷尉，天下无冤民。"班固《汉书·叙传》中称："释之典刑，国宪以平。"司马迁更是赞他："有味哉，有味哉"。

56

九卿的面，王生对张释之说："你替我把袜子脱了。"张释之看他是个老者，就跪下为他脱下袜子。过一会儿又对张释之说："你把袜子再穿上。"张释之又给他穿上。在场的公卿大臣们看到张释之对待一个普通老人如此恭敬，更加敬重他的人品。

过后有人问王生为何当众羞辱廷尉，王生说："张廷尉是德高望重的大臣，我不知如何报答他为百姓做的好事，就甘冒戏弄朝臣之罪的危险，耍弄他，想借此提高他的声望。"

张释之毕竟得罪过汉景帝，他在汉景帝即位后只干了一年多，就被贬官为淮南王。张释之很理智，淮南王也不想做了，不久托病辞官返乡了。他最终病死在故乡，葬于方城胡岗村故里。

张释之的儿子叫张挚，字长公。他是朝臣的后代，也做了官，官职一直做到大夫。他继承了父亲的秉性、品格，绝不迎合权贵显要，但还是被罢官了，直到死再没有被任用。

东汉语言学家许慎

第五章

人杰

SERIES ON THE HISTORY
AND CULTURE OF

中原历史文化系列丛书

五

东汉语言学家许慎

1. 出生于龙尾

文字是传承人类文明的载体。世界有四大古文字体系：古埃及的象形文字、古巴比伦的楔形文、印第安人的玛雅文和中国以商代甲骨文为代表的汉字。可惜的是前三种古文字都湮没在历史的长河中，唯独中国的汉字虽经五千年风雨的冲刷，但在文明的征途上承续至今，而且为中华民族主流文化的延续和发展起到了无可替代的作用。

在源远流长的中国语言文字发展史上，一部彪炳千秋、辉映华夏的语言学著作《说文解字》为汉语的发展做出了伟大贡献。《说文解字》的作者是东汉的许慎。

许慎，伟大的经学家、文字学家、语言学家。据《后汉书·儒林传》记载："许慎，字叔重，东汉汝南召陵人也。"出生地是东汉豫州汝南郡召陵县万岁里（今河南省漯河市郾城区黑龙潭乡许庄村）。郾城县是个小镇，后并入漯河市成为市的一个区。当地老百姓说，召陵是个好地方，这里有灵气，古代有圣人到过这里。所说的圣人就是孔子。

插图5-1孔子问津图（明代仇英绘）

孔子周游列国正要离开楚国叶邑时突然迷路，让子路问津。画面中前一巨石，石面墨色多变，呈饱和状添其厚重感，石旁及孔子坐车后，杂树多而不乱，枝干屈虬多姿相映成趣。孔子端坐车中虽迷路却安详如常，一童侍立于侧。前方子路恭立问路，耕者作指点欲语状。远方以耕地万顷、水波间隔、空白空间、天边山峦为背景，层次分明。仇英，明代著名画家，吴门四家之一。出身画工，少年聪敏，与唐寅、祝允明亦交谊甚厚。其画风骨劲俏，笔法细润。成熟时期的画作格局稳健，笔法细密、严整，工细雅秀，色彩艳丽，意境含蓄深远，用色趋向于淡雅清丽，具有文人画的笔致墨韵。

孔圣人圣迹至此，使这片土地有了神圣的光环，所以此地出贤能之人就不足为奇了。许慎就被人们称为"字圣"。

许慎在《说文解字·后续》中说了自己的家谱："曾曾小子，祖自炎神，缙云相黄，共承高辛。大岳佐夏，吕叔作藩，俾侯于许，世作遗灵。自彼组召，宅此汝解。"

原来许慎的祖先是远古时的炎帝神农，神农的后裔辅助过黄帝的缙云、共工、高辛以及夏禹的大岳和周武王时的吕叔，被封为许侯，以许姓世世代代沿袭下来。后来许姓人迁往召陵（今河南漯河市郾城县），选择了召陵境内的汝水之溪定居下来。许姓人世代繁衍，聚居于此，称万岁里，后改为许庄。所以，《后汉书》记载："许慎，字叔重，汝南召陵人也。"

许慎约生于东汉明帝永平元年（公元 58 年），他天资聪慧，不但读书勤奋，而且敦厚诚实。据查考史籍，先秦两汉时代，小孩入学多在 8 岁左右。汉代小孩入学后以识字为主，并且兼读六书。公元 61 年时，许慎刚 8 岁，是入学的年龄。入学后，许慎读的书有李斯的《仓颉篇》、赵高的《爱历篇》、胡毋敬的《博学篇》及司马相如的《凡将篇》。通过学习这些书，孩子能认字 5000 多个。到东汉明帝永平元年（公元 63 年），许慎 10 岁了，开始读《孝经》和《论语》。《孝经》是那时书馆里论述封建道德、宣传宗法思想的教材。汉代有古文《孝经》和今文《孝经》两种，前者是用古文写的，后者是用汉代的隶书写的。而今文《孝经》去其繁惑，进行修订后成为东汉时期书馆里通行的版本。许慎读的就是这个本子。在书馆学习期间他善于思考、勤学好问、博闻强识，并能把所学知识融会贯通。

人杰

汉代大力提倡以孝治天下。从他在《说文解字》中对"孝"的解释可以看出，《孝经》这本书对许慎影响很大。他解释说："孝，善事父母者，从老省从子，子承老者。"他把"孝"作为自己做人的准则，认为孝为百行之首、道德的根本。他身体力行，事亲孝，处事廉，为人和。少年的许慎已成为乡亲们孝的楷模，誉满乡里。

《论语》是当时宣扬以仁义礼让为治国之道、以宗法和尊卑维护封建秩序的经典书籍。许慎学习《论语》极为刻苦，领会深刻。从他的《说文解字》中可查到，书中引用《论语》作为解释依据的达到 31 处。

到 11 岁，许慎又翻开了《尔雅》一书开始诵读。《尔雅》是中国最早的一部讲字义的词典，"尔雅"的意思是解释词义要近于雅正，合乎规范。读通《尔雅》了，就能读通古籍经典著作。许慎读《尔雅》读到了精通的程度，在他的《说文解字》中引用《尔雅》的内容有 21 处。

《后汉书》上说许慎"少博学经籍"。许慎从 13 岁开始读五经和诸子百家学说，以及天文、数学、医学、史学等"经籍"。汉代人们学习读书，多为专攻一经。而许慎却兼学多种经籍，并且研究很深，收获颇丰，时人赞誉他"五经无双许叔重"。可见，在同龄人中学问与之无人可比。许慎广读博学积累了丰富的知识，为他以后著书立说打下了坚实的基础。

2. 勤于政务

许慎治学为人之优，传到汝南郡守那里。郡守也是以才取人，就选拔他做汝南郡功曹。郡功曹是郡守的助理，是副手，但责任是重大的，他要协助郡守办理全郡的政务，那一年他才 21 岁（公元 75 年）。他在此任上工作认真，态度严谨，为人称道。《汝南先贤传》是这样评述他的工作情况的："为郡功曹，奉上以笃义，率下以恭宽。"说明许慎在协理郡守工作、处理郡之政务中工作认真，对上级责任强，对同僚礼让，对下级谦逊。勤于政事，廉洁奉公，严于律己，宽以待人。

东汉十分重视举孝廉，任功曹之后方可举孝廉。《汉书·安帝》中说："视事三以上，皆得察举。"有三年以上的功曹工作经验，才有资格入选。公元79年，25岁的许慎已在功曹任上干了四年，正值朝廷下诏选举贤才志士，举孝廉也须严加考核。由于许慎品学兼优，在任上干得出色，在严考中被推举为孝廉，并授予沛国县长。

章帝建初八年（公元83年），皇帝下诏辟士四科，选取四个方面各有专长的人才任四种职务。许慎便放弃沛国县长一职到京应四科之辟，由于他品德高尚、为官清正廉明、勤于政务，符合诏书中的第一科"德行高妙，志节贞白"的条件，补为"太尉南阁祭酒"之职。"南阁"是太尉、司徒、司空等官员办公的地方，因为这些官员权高位尊又称为"黄阁"；"祭酒"原来是对老师宿儒的称呼。祭酒应是太尉府中的秘书长，朝中举行大型宴会或大型祭宗时，他还管举酒祭祀土神。被任命为祭酒官职是当时知识分子所能享受到的最高礼遇。"太尉"与"司徒""司空"并称"三公"，是皇帝的股肱重臣。许慎初入京就身居太尉府南祭酒之要职，足见他在品德和学识上都有过人之处。这一年，许慎29岁。

插图 5-2 许慎画像

《后汉书·儒林传》介绍许慎说："许慎，字叔重，汝南召陵人也。性淳笃，少博学经籍。马融常推敬之。时人为之语曰：'五经无双许叔重'。为郡功曹，举孝廉。再迁，除洨长。卒于家。初，慎以《五经》传说臧否不同，于是撰《五经异义》，又作《说文解字》十四篇，皆传于世。"

许慎在京城做南阁祭酒，并没有停止研究学问。不久，他又投师于贾逵。贾逵是西汉名儒贾谊的后代，是刘歆的再传弟子。贾逵是东汉著名的经学家，尤其长于"古文经学"研究，造诣很深，曾任左中郎将，位至侍中。贾逵在北宫白虎观和南宫台讲授"五经"，并奉皇帝诏书遴选一批高材生，许慎以优异的成绩中选。从此，他的事业和学业并驾齐驱，发扬光大。

原本许慎"博学经籍"，五经造诣很深，当时的经学大师马融就十分赏识他，常向人推举他。马融博古通今，擅长古文经学，他教授的学生常有千余人。所以，许慎能受到马融的称赞，足见其学识渊博。

这个时期，许慎经常被中宫的近臣邀请讲授经书。这样，他就有机会阅读更多的书籍资料，并且开始了他的著书立论的工作。

元和元年（公元84年），许慎开始撰写《孝经孔氏古文说》，这一年他31岁。第二年，他又开始撰写《五经异义》一书。

3. 论争见决心

秦始皇"焚书坑儒"，古代的儒家经典几乎损坏殆尽。到了西汉，儒家学说获得了独尊一统的崇高地位。特别是汉武帝为了巩固其统治地位，加强了学术思想上的统一，接受了精通儒家学说的董仲舒的建议，罢黜百家，独尊儒术，结束了战国以来百家争鸣的局面。儒生们以儒家经典作为自己的必修之学，研究儒家经典之学的人层出不穷。

汉武帝之后，出现了"今文经学"和"古文经学"之争的局面，一直延续到东汉。

"古文经学"是指汉武帝末年，人们从孔子的旧宅中发现了汉代以前的《尚书》《礼记》《论语》《孝经》等逃过焚火大劫的数十篇经典，还有汉末朝廷命刘向和刘歆父子在民间搜集的先秦时遗书。这些经典和遗书都是用六国文字写的。至汉代时六国文字已成晦涩的"古文"。古文经学家强调要真正理解儒学精髓，为此学界侧重训诂，重视语言事实。

"今文经书"，是指西汉时的一些老儒生，凭记忆口授由弟子记下的儒家经书。这些经书是用当时通用的隶书记录的。今文经学家喜爱对经书做牵强附会的解释和宣传迷信的经纬之学。

64

秦始皇焚书之后，许多古书都已不存，经学的本来面貌越来越混淆不清了。特别是孔子之后，各家对"六经"的解读有很大分歧，争论不休，并且有许多谬误渗入其中。

对经学有深入研究的许慎，重在对简明质朴的古文经学的研习。而且他又投师于经学大师贾逵，对当时经学出现的混乱局面，十分担忧。

有一次许慎请教老师贾逵，说："老师，那些古经典就没有办法恢复它的原貌了吗？"

插图 5-3 东汉刑徒墓砖隶书铭文（偃师市出土）

20 世纪 60 代初，从五百多座服役刑徒的墓中，出土大量砖刻，砖长 48 厘米，宽 24 厘米，厚 12 厘米。铭文先用朱笔将铭文写在砖上，然后依朱笔字迹刻出，当是民间书法家或工匠用刀随意刻成。铭文都是自右向左写刻，全部用隶书。主要记录刑徒的部署、无任或五任、来自郡县狱所、生前判罚的刑名、刑徒姓名，最后是死亡年份日期。笔画间纵横错落，有奔放不羁之意趣，可谓隶书楷化之雏形。

贾逵说道："当然有办法。如果能从文字和语言方面加以梳理和考证，完全有可能再见古文经学的真正面貌。但这项工作谈何容易啊！"

老师的话对许慎触动很大。从此，他更加勤奋深研经学，并且着力于对语言和文字的研究。在此期间，他萌生了编一部字书的念头。后来任太尉南阁祭酒时期，他把自己编字书的想法付诸行动，写了一部辩驳经书之意的书，叫《五经异义》。经面世好评如潮，名振京城。

这时，他的老师贾逵感到自己的学生大有潜力，就告诫他说："要彻底解决经学之事，一定不能停留于辨析具体的语句。你的《五经异义》写得很好，但没有突破老套的局限。"显然，老师是担心自己的学生在成绩面前停步不前。于是又鼓励他继续努力，指出研究方向，说道："经书用文字记录，而文字是用形、音、意来传递文字的本意。所以，你要在这些方面有所突破，就能真正解开经学之谜。"

贾逵一番语重心长的教导触动了许慎内心深处的欲望，编写字书的决心更加明确，更加坚定了。

4. 凄婉的传说

许慎为编写新的字书，深钻经学，特别是以科学求实的态度，研究字词的本义，力求追本溯源。

有一天，京城突然刮来一阵大风，刮出了一件宫中奇事。大风过后，一个姑娘被刮到宫里，人们一看，这姑娘美如仙女，窦太后非常喜欢，就把姑娘收养在宫中，因为是大风刮来的，就封为天赐公主。后来，窦太后就把天赐公主许配给了她十分欣赏的许慎为妻。许慎与天赐公主情深意厚，恩爱有加。窦太后知道许慎正在研习古文字词，有一次，窦太后心血来潮，招来这位女婿，让他解释一下自己的姓氏"窦"。许慎上前直言道，"窦"的本意是"洞"。窦太后进一步问为何，许慎讲起了典故：在商纣时代，窦姓祖先因犯事逃跑被官府追杀。在逃亡中无路可走，危急时刻钻进了狗洞，追兵没有找到，保住了性命。其后人为了纪念祖先因钻狗洞而获救，就以"洞"为姓。后来，洞姓人认为叫"洞"听起来不雅，就改为"窦"字，于是窦姓诞生了。

插图5-4 金文拓片

商代甲骨文已具备了汉字形、音、义的特点，此后，金文、大篆、小篆、隶书等字的形成和发展使汉字逐渐成熟。其中金文是铸刻在殷周青铜器上的铭文，也叫钟鼎文。金文有殷金文、西周金文、东周金文和秦汉金文之分。甲骨文笔道细，直笔多，转折处多；金文笔道肥粗，弯笔多，团块多。

许慎讲得认真、生动，却有些书生气。他没有注意讲述的场合和对象。果然，窦太后听了之后心中不高兴。她的本意是想叫许慎讲一下窦姓的来历，在众人面前显示自己的姓氏是何等的高贵。可是，许慎竟当众把太后的窦姓与"钻狗洞"连在了一起。

毕竟是自己的女婿，窦太后想给许慎一个台阶下，让他再解释一下。可许慎用他研究字词本意的思维方法，态度太认真，还是不改变原来的解释，窦太后恼火了。以犯太后的名讳之罪把许慎贬官回乡。后来，有坏人进谗挑拨，窦太后又给许慎以赐死之罪无人敢救，能救他的只有一人，就是他的爱妻天赐公主。

天赐公主明白，直接去求情不会有好结果，她就想了一个办法。她与家人商议好，安排妥善，建了一个墓，当着大家把一棺木葬于墓中，并报给窦太后说许慎病死。窦太后相信了，没有再追究。

其实许慎没死。天赐公主修墓时，暗中让人在墓穴中修建了主室和侧室。从此，许慎就在墓室中继续研究经学，写他的书。天赐公主每天晚上给他送饭，陪伴他写书。终于，许慎的不朽之作《说文解字》在墓室中诞生问世了。尽管是个传说，但足见许慎写《说文解字》的艰苦。

5. 定稿问世

今文经学家认为经书是圣人之言，字字句句蕴含微言大义，大可经世致用，因而常断章取义，任意引申比附。而许慎在习研古文经学中认识到，解说经书要重视语言文字之学，弄清文字的结构、读音。因此，他更精心地向老师贾逵求教文字知识，系统地研习象形、会意、指事、转注、假借、形声等"六书"的造字方法，以及文字的形、音、意之间的关系，提高了文字上的理论修养。同时，他广泛涉猎上古时期的宗教、文化、政治、经济等各方面的知识，拓宽了知识领域。他开始撰写中国也是世界上第一部字典《说文解字》。此时约为和帝永元八年（公元83年），是他在太尉南阁祭酒任上、师从贾逵之后。

许慎的老师贾逵、经学大家马融等许多学者给了他大力支持，不但给他找来很多相关书籍资料，还对书的撰写体例、一些字的注释做深刻的分析，提出有价值的建议。

66

许慎在撰写中毫不懈怠，为了把准一个字的意义，他常常要翻阅大量的文献，查阅不到的，或有疑问，就亲自去找这方面的专家虚心求教，有的还要不辞辛苦地去实地考察验证。当一字不解时，或无法确定解释的语义时，许慎常常茶不思，饭不想，一旦发现了佐证便欣喜若狂。

终于，在和帝永元十二年（公元100年），《说文解字》的初稿完成了。可惜第二年，他的老师贾逵去世了，此时儒学又处于低潮。但他治学严谨矢志不移，在变故中继续修改完善初稿。

《说文解字》草成后，许慎因此誉满京都。汉安帝永初四年（公元110年），太后诏马融、刘珍等人校书东观。由于许慎通达诸子百家著作，精通天文地理知识，被拜为校书郎甲，校定东观皇家图书秘籍，包括五经、诸子、传记、

插图 5-5《说文解字》书影（十五卷 清刻本）

《说文解字》的书名许慎解释说："仓颉之初作书也，盖依类象形，故谓之文。其后形声相益，即谓之字。文者，物象之本；字者，言孳乳而寖多也。"仓颉开始造文字时，大概是按照万物的形状临摹，所以这种图画似的符号叫作"文"。这以后，那形与形、形与声结合的符号便叫"字"。"文"，就是描绘事物本来的形状，"字"的含义是说滋生、繁衍。此为清代王庆麟批校本，书中王氏们满目，眉端行间批校千言。

百家艺术等书籍。这又给了他一个良机。在校书期间，他翻阅了更多的典籍，涉猎更广，学识更精深，极大地丰富了修改中的《说文解字》。但为使这部书籍更加完善、更加准确，他继续深究迟未能定稿。到公元119年，发生大灾荒，全国发生地震的地方有42处，并伴有大风、冰雹、干旱。朝廷为了安抚百姓，稳定民心，准备加强基层领导，在三府属下官员中挑选州官、县令补充基层管理之需。

此时，许慎在东观校书已达一年，他被选中，派到洨县（今安徽省固镇县）任县长。这年他已是65岁了。然而，一生致力于研习经典、著书立说的许慎，对于从政做官，感到十分陌生，毫无兴趣。更让他惦记的是他竭尽全力写成的《说文解字》一书，尚未完成修改定稿。于是，他毅然辞职，以年老多病体弱为由，退出官场，

回归家乡，进入书房，全身心地投入到修改书稿的工作中。

许慎这一修改书稿，就是十余年，在勤奋捉笔的岁月中，头发熬白了，身体累垮了。到公元121年，终于审定告罄。从初稿到定稿许慎用了21年，我国第一部用六书理论系统来研究汉字的构成与意义的专著《说文解字》问世了。这一年，许慎67岁。

为何叫《说文解字》呢？"文"，在我国古代是指独体的象形字和指事字，它基本可显示出事物的原本形象；"字"则是由"文"引申和衍生的形旁和声旁组合而成的形声字与会意字。许慎在书中阐释的就是所有汉字的原本之意，故名《说文解字》。许慎在《说文解字》中以汉字的基本构造为出发点，创造了540个部首，把收录到的9353个单字分别归纳在540个部首中。

《说文解字》是我国首部系统分析字形和考究字源的字书，从而奠定了中国古代字书的基础，对中国的文字学乃至对中国文化的发展都有着重要影响。

6. 遣子献书

公元121年秋，这天阳光洒满由汝南通向都城洛阳的大道。在车来人往中，急驰着一辆公车，车上坐的是一位年轻人。只见他端然而坐，神情专注，目视前方，面露焦急之色。他的身后有两个仆人模样的人看护着一只木箱。这个年轻人就是许慎之子许冲，他是奉父亲之命到洛阳向皇帝献书的。

那只木箱中装的就是父亲花了20多年心血刚刚完成的《说文解字》。许冲回头看了一眼，更觉责任重大。他忘不了累病的父亲躺在病榻之上，把这部书交给自己的情景。他深知这部书的重要作用，这虽是一部字书，但他对朝廷经学体系、治理国家将产生深远的影响。在他自己写的《上说文解字表》里，对父亲的巨著作了很高的评价："慎博学通人，考之于逵，作《说文解字》，六艺群身之诂皆训其意，而天地鬼神、山川草木、鸟兽昆虫、杂物奇怪、王制礼仪、世间人事莫不毕载。"

许慎完成了《说文解字》的撰写与修改定稿后，病倒在床上。他不能亲自将其献给朝廷，便把这部浸透了21年心血的文字学巨著和《孝经孔氏古文说》一并交到儿子手上，派遣儿子到洛阳。

许冲马不停蹄，到达洛阳。《说文解字》一到洛阳，消息便不胫而走，一时沸

插图5-6《说文》系统图
汉字学的开山之作《说文解字》问世之后，逐渐形成一门专门学问，此后，对这本巨著的研究峰起，卓有成就。其中最著名的研究者有南唐的徐锴所著的《说文解字系传》，清代段玉裁的《说文解字注》，清代乾隆年间文字训诂学家桂馥的《说文解字义证》，清代语言学家、文字学家乾隆年间王筠的《说文句读》《说文释例》，清代雍正年间大学者朱骏声的《说文通训定声》等。后四位研究者为著名的"说文四大家"。此图即为清代桂馥所设计的"《说文》系统图"，图中有东汉许慎，五代宋初文学家、书法家徐铉，清人徐锴等人。

沸扬扬满京城，特别是学界，更是惊喜不已。许多学者急不可待地纷纷跑到许冲住处，想先睹为快。消息传到宫中，汉安帝立即召见许冲。许冲带书进宫，终于代父亲把书交给了皇帝。皇帝见书，大加褒奖，并着即令人审阅。历时一个月，《说文解字》审阅完毕，并上奏皇帝，皇帝给予了充分肯定。

农历十月十九日，宫中黄门太监饶喜到了许冲住处下诏，让他即到宫中。许冲奉诏进宫，在北宫南面的侧门接受了皇帝的嘉奖诏命，皇帝奖赏四十匹布。皇帝在诏命中还特别交代，许冲不用谢恩了。

有人这样评说，中国的文字有二斗一，孔子只认一斗七，其余都为许慎所识。此言之意，许慎可与孔圣人媲美，可见许慎在中国人心中的地位。由此人们尊他为"儒林所宗""百世之师"，称他为"字圣"。

"字圣"许慎除《说文解字》外，还著有《孝经孔氏古文说》《五经异义》《淮南子注》《汉书注》《六韬注》《五经通义》等。

许慎约于汉桓帝建和元年病逝，死后葬于故里许庄村。

7. 墓园

据说，许慎死时朝廷并不知悉，坊间也几乎无人知晓。后来，曾入"乡贤祠"。一代"字圣"去世和墓葬是如此的平静和低调令人感叹不已。来到许慎故里许庄东侧的"许慎陵园"一看，他的墓正如他的死，不事张扬。它在人面前耸立的是一座文化丰碑，体现了一代"字圣"兼收并蓄的大家风范。

走进墓园，迎面立着一尊铜塑像。许慎方面大耳，目光深邃，慈祥沉静，似乎

插图 5-7 许慎墓

"日动一厘，夜长三尺"，民间传说东汉许慎的墓原先高不过1米，逐渐长到今天的5米。又传"许圣人坟墓辛龙脊，地下有一股好风水，脚蹬大沙河，南枕蔡（上蔡）和襄（邓襄）"，虽经千年风雨剥蚀，至今墓冢仍达5米多高。许慎墓位于漯河市郾城姬石乡许庄村，墓冢前，正中是康熙四十六年郾城县知县温德裕所立的"汉孝廉许公之墓"，碑垯上书"公讳慎，字叔重，召陵人，为郡功曹，举孝廉；再迁除洨长，卒于家。所著有《五经异义》及《说文解字》十四篇传于世，祀乡贤"；下边落款为："康熙丁亥三月三原后学温德裕立。"右边的"许夫子从祀文庙碑记"为光绪年间郾城知县王凤森所书，全文记叙的是许慎的功绩。

68

ELITE

人杰

闪烁着智慧的光芒；飘逸的短髯、魁梧的身躯显示出文化巨人的伟岸；左手后背，右手自然下垂，一卷在手，尽显他的儒雅与博学。

再往里去便是墓冢了。墓高约 5 米，上面长满绿葱葱的树和草。墓周围用石块围砌，直径约 16 米，高约 1 米余。一条宽约 2 米的通道，绕墓一圈。还有墓后那片苍翠葱茏的柏树林把墓冢衬托得生机盎然。

墓前有 3 尊石碑，中间为知县温德立《汉孝廉许公墓》碑，石碑上有许慎生平简历和立碑人的记载。关于立碑有一个传说。

相传，清代康熙四十六年（公元 1707 年）三月，在一个春日融融的日子里，郾城县知县温德裕到县城东部查看民情。当路经石碑西边时，他的坐轿突然颠动起来，轿夫失控，竟把温知县颠下轿来。轿夫们非常惊慌，忙把他扶起挽到轿内，但温知县没有怪罪轿夫。他稍有沉思，问一年长轿夫："这一带可有古圣先贤遗迹？"轿夫指着西南高岗上的大土冢说："那是许圣人的坟墓。"温知县忙追问："是不是写《说文解字》的许慎？"轿夫说："就是他。"

温知县恍然大悟，原来到了许慎的故里。他慌忙下轿，疾步走到许慎墓前，立即跪下，作揖磕头，说道："后生小子温德裕，不知许老夫子于此长眠，路经本该拜褐，却不下轿，实是冒犯圣贤，不知天高地厚，实在是与孔孟之道相背。"说完，亲自给墓冢培土添坟，一片虔诚。

温知县巡查返回府衙，即为许慎刻碑，亲自撰写碑文。石碑正中书"汉孝廉许公之墓"，右边用正楷摘录《后汉书·许慎传》，略有改动，写道："公讳慎，字叔重，召陵人，为郡功曹，举孝廉；再迁除交长，卒于家。所著有《五经异义》及《说文解字》十四篇传于世，祀乡贤。"后边落款："康熙丁亥三月三原后学温德裕立。"温德裕是陕西省三原县人。

另两尊石碑一是清代光绪二年（公元 1876 年）郾城县知县王凤森所立，碑顶横书"百世之师"，碑文王凤森亲撰《许夫子从祀文庙碑记》，全文记述许慎的功绩。另一尊是顺治十三年（公元 1656 年）郾城知县荆其惇重修碑。

走出许慎陵园，回望绿意盎然的园区，远看许慎故里许庄村，放眼这片辽阔的土地，一种肃然敬仰之情油然而生。许慎故里历经 1800 多年的沧桑，一定会如他所研究总结的汉字一样永放光芒。

第六章
多才多艺的
文学家蔡邕

人杰

多才多艺的文学家蔡邕

1. 不为皇帝鼓琴

在中国文学史上，有一个名垂千古的才女，博学多才，通晓音律，聪颖好学，记忆过人。其所作《悲愤传》感动了无数人，她就是东汉末年的蔡文姬，她的父亲就是多才多艺的文学家蔡邕。

蔡邕，字伯喈，陈留圉（今河南省开封市杞县）人。东汉顺帝刘保阳嘉二年（公元 133 年），蔡邕出生于一个世代官宦之家。十四祖蔡寅辅佐汉高祖刘邦而被封为肥如敬侯，为人正直忠君。六世祖蔡勋西汉哀帝时，以孝廉任长安邰长。王莽专政时，被授为厌戎地方的郡守。但他对着绶印仰天长叹说："我为汉臣，我的名字在汉室策上，死亦当归汉室。"于是，带领全家逃入深山。蔡邕生活在这样一个家庭中，自幼就受到良好的教育。《太平广记》引《商（殷）其小说》中说："张衡死月，蔡邕母始怀孕。此二人才貌甚相类，时人云：邕是衡之后身。"是说蔡邕是汉代大科学家张衡转世。这虽是传说，却说明了蔡邕天资不凡，聪慧过人。蔡邕和蔡文姬，是中国文学史上少有的父女文学家。

SERIES ON THE HISTORY
AND CULTURE OF

中原历史文化系列丛书

实际上，蔡邕小时候在家庭的熏陶中勤奋博学，不仅懂得辞章，而且熟谙数术，精通天文，妙操音律。他 20 岁时，拜师名噪当时的朝廷重臣胡广，蔡邕因此亦名声在外。蔡邕多才多艺，但时代却给他这个文质彬彬的文人以多舛的命运。蔡邕生活的时代，正是东汉由盛到衰之时，颓势尽显，皇帝昏庸，宦官专权，长期以来所积累的矛盾达到极点，一场巨大的社会动荡正在酝酿。

汉桓帝刘志执政时受外戚梁冀的欺压。梁冀借帝王之尊，官拜大将军，在朝中横行霸道、滥杀无辜、无恶不作。桓帝早想除掉梁冀，可是宫外无可靠之臣，宫内到处是梁冀安插的耳目。桓帝只好将徐璜、左悺等宦官并封为万户侯，人称"五侯"。"五侯"并不比梁冀好，他们心胸狭隘，仰仗权势胡作非为，致使民愤载道。

插图 6-1.1 文姬归汉图（金张瑀绘）

卷画文姬归汉图突出描绘归汉的行旅场面，画家将故事集中为一幅，大胆取舍，整幅取势，略去背景，用飞扬的线条画出风沙弥漫的漠北，一队人马迎风行进。真切地描绘出长途跋涉的气氛和朔风凛冽的塞外环境。画面气势开合起伏，高低错落，虚实相衬，极有韵致。人马是直观的、实在的，风沙是联想的、虚幻的。通过实在之物的品味，展开广大的联想空间，构图奥妙。人疏密错落，互相呼应，人物表情个性鲜明，衣带飘忽，动感很强。画家笔墨遒劲简练，富于变化，设色浅淡丰富，典雅和谐。

蔡邕对宫廷中的激烈矛盾早有所感，特别是他的恩师——太尉胡广因为与梁冀的私交，在梁冀被除后也被贬为庶人。这些对蔡邕震动很大，他不想卷入这种政治矛盾的漩涡。然而，已经名闻朝廷的蔡邕躲之不开，避之不及，特别是妙操琴音给他带来了麻烦，使他处于无奈之中。

桓帝延熹六年（公元159年），掌握大权的中常侍徐璜为了讨好桓帝，想到了擅长鼓琴的蔡邕，就想召他入京为皇帝献琴取乐。主意已定，徐璜立即下令，命河南陈留（今河南杞县）太守火速催促蔡邕到京城，为皇帝鼓琴弹唱、娱宾遣兴。

插图6-1.2 沉香木雕听琴图笔筒

按说能得到朝廷的垂青那是多少人求之不得的，对蔡邕来说也是展露才华进阶的千载难逢的机会。但是他没有兴趣。蔡邕接到传令便陷入极大的矛盾中。他胸怀"拔萃出群，扬芳飞文"大志，怎能到京城那个政治漩涡之中去混世呢？但是，地方官为了讨好朝廷催逼很紧。蔡邕不得已，在一个秋凉的日子只好踏上了西去京城的路。这一年，他27岁。

一路上，他心情郁闷，天气不好，秋雨绵绵，道路泥泞。特别是沿途看到饥寒交迫、残喘苟活的贫苦百姓，有的殒命路旁，他百感交集，抑郁难消，心情更加沉重。再想想自己，此去京都纯属当权宦官强征，为娱乐皇帝所为，心中充满愤恨。他走到偃师，再也不想前进一步了。他想出了一个办法，中途称病回家了。

为此，他写了一篇《述行赋》，以抒矛盾、愤恨及困顿之胸臆。赋文序中说："心恨此事，遂托所过，述而成赋。"表达了对自身遭际的愤懑、对人民的同情、对国事的忧虑。

2.《熹平石经》

蔡邕第一次进京中途而返回家后，不问时事似乎是着意静下心来，用心收集乡邦文献，潜心研读东方朔、扬雄、班固等人的作品，以寻求心灵上的慰藉。

然而，他毕竟自幼受到浓郁的传统文化教育，不会离群索居，时时关注着乡贤在朝中的升降起伏，留意京都政局的变化。说明他内心深处涌动的还是从政仕途之路，只不过在等待时机的到来而已。时机可遇不可求。果然，蔡邕的官运不期而至。

东汉灵帝熹平四年（公元175年），他以议郎之职位列朝班，但最让他上心的事还是儒家经本和六经文字。他认为，这些泛黄的古籍历时久远，字里行间讹误横飞，已被那些俗儒、腐儒们曲解谬传，糟蹋得面目全非了。为了不贻误后学，他以极强的历史责任感请旨皇帝，要对古籍经文重新校勘，并得到了皇帝的批准。

重新校勘古籍经文是一项艰苦的文化工程，而且颇具规模。但是蔡邕凭着自身

古人认为，音是心声，《乐记》曰："凡音者，生人心者也。情动于中，故形于声。声成文，谓之音。"儒家认为，内容健康、节奏和谐、纯正感人的"音"称之为"乐"。强调"乐"对于人性品格潜移默化的作用，"礼"来规范人的外在行为，从而符合德的要求；"乐"的韵律可调适人的性情，从而在内心树立起德的根基。"礼乐"的教化，就可达到举止谦恭、内心仁德、表里如一的君子风范。多才多艺的蔡邕是以封建之礼来规范自己的大儒，通晓音律是为必然。这件以沉香木雕成的笔筒，为清代中期的艺术作品。笔筒外壁的图案是古人绘画中很喜爱的"听琴图"，图案中一老者树下抚琴，旁有二人听琴，悠扬的琴声，让三人沉醉。

深厚的文化功底、对古圣先贤的深刻理解和虔心敬重，加上高度的责任心，接到批准立刻扎进了故纸堆里。蔡邕的校勘工作异常艰巨，常常夜以继日，秉烛夜读。酷热的夏天，不顾汗流浃背；寒冷的冬天，不怕天寒地冻，终于完成了所校勘的经籍。正定文字全部竣工之后，他又亲自提笔书写经文于石碑上。

蔡邕精于篆、隶两体，尤以隶书造诣为最，为当时书法名士称道，同时他又创造了一种新的笔体。当时，汉灵帝命工匠正在修理皇家藏书馆"鸿都"，他看到工匠用扫帚粉刷墙壁，从中受到启示。在写字时，笔画中丝丝露白，似用枯笔写成，名曰"飞白书"，为一种独特的书体，对后世影响很大。梁武帝评价他的书法是："骨气洞达，爽爽如有神力。"

他在石碑上书写后，由石匠雕刻，共刻46块石碑，置立于东汉最高学府太学门外。因为是汉灵帝熹平年间完成，故史称此碑为"熹平石经"。经石上的字结体方正，字字中规入矩，一丝不苟，点画布局匀称工稳，无懈可击。用笔方图兼备，刚柔相济，端美雄健，雍容典雅。蔡邕不愧一流书法国手。

"熹平石经"内容有《尚书》《周易》《春秋》《公羊传》《鲁诗》《仪礼》《论语》等，成为最早的官定经书。其书法为汉隶典型代表。"熹平石经"一树，立刻震动了京都学子，慕名而来者络绎不绝，每天的观者和摹写者"车乘日千余辆，填塞街陌"，竟以千计，盛况空前。这尊中国历史上第一部"汉石经"，奠定了蔡邕"文化教主"的地位。太尉马日磾由衷地赞叹道："伯喈，旷世之才！"

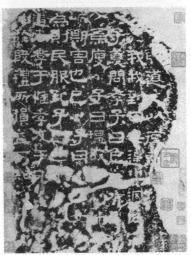

插图6-2《熹平石经》
汉武帝视儒家书籍为经典，作为判断是非标准与决策的依据。儒学被定为官学，必须有一部标准本作为评定正误的依据。"熹平石经"共镌刻46碑，立于洛阳城南的开阳门外太学讲堂（今河南偃师朱家圪垱村）前。碑高1丈许，广4尺。"熹平石经"字体方平正直，中规入矩，极为有名。

3. 被诬入狱

相传，汉灵帝光和六年（公元178年），宫中有一只母鸡，一夜之间变成了公鸡，接着京都地区又发生了地震。此后，雷霆疾风、摧树拔木频繁发生；地震、陨雹、蝗虫之害连绵不断。皇帝认为这是国家不祥之兆，心中惶惶，不知所措。

一天，灵帝早朝，问朝堂大臣们，这些怪异现象的出现有何征兆，如何消灾避难。大臣们面面相觑，大多支支吾吾，不敢发表意见。有的战战兢兢说几句，也只是敷衍而已。

这时，率直的议郎蔡邕站了出来。"议郎"一职本来就是参与议政的官员，他尽职尽责地谈了自己的看法。灵帝为了能更详细地了解蔡邕之见，特地密诏他，让他呈一奏章，详述灾异原因以及消除灾异的办法。由于东汉末年连续发生党锢之祸，因言遭祸者不计其数。所以，灵帝特别表示，以"秘事奏闻"对待蔡邕的奏章，这种奏章除皇帝外，任何人不得过目。

蔡邕消除了顾虑和担忧，写了《对诏问灾异八事》秘密奏章。蔡邕在奏章里大胆直言，指出各类灾异，实属亡国之兆。究其原因是奸佞小人干预朝政，暗指皇太后和外戚专权，建议皇帝任用贤臣忠良，远离太监、侍从等奸佞小人。奏章中还写进许多忠良大臣的名字、太监小人的姓名。奏章指陈时弊，笔力雄健。虽然有迷信色彩，但其本意是借题发挥，为的是切中要害。

汉灵帝阅过秘奏，感到蔡邕所述是实情，认为当前国家时局出现了严重问题。但因积重难返，解决问题力不从心。他仰天长叹一声，起身去更衣。此时，站立在灵帝身后的中常侍曹节乘机偷看了奏章。曹节看到蔡邕痛斥的是他的宦官同党的名字，于是曹节很快把看到的内容，转告给了他的同伙，引起了宦官集团的极大不安，就想伺机报复。首先向蔡邕发难的是炙手可热的中常侍程璜。程璜勾结阳球捏造罪名，在皇帝面前把蔡质、蔡邕叔侄一并告下。

汉灵帝立刻让尚书向蔡邕发诘状，蔡邕马上上书皇帝，为自己申辩。但昏庸的灵帝不查清事实，不辨是非，听信谗言，把蔡邕及其叔父蔡质抓了起来，囚于洛阳监狱。随后，以"仇怨奉公，议害大臣"之罪，判蔡邕死罪。

消息传出，卢植等大儒为之请命，中侍常吕强是清正公忠的侍臣，也为之力辩，并以身家性命作保。汉灵帝在一片为蔡邕请命声中深感蔡邕的奏章是自己鼓励所写，蔡邕为此遭祸心存内疚，即命吕强传令免除蔡邕死罪。但活罪难逃，罚蔡邕全家同受钳，充军到朔方（今内蒙古包头西北的五原安阳县）。

然而，程璜、阳球等人仍然不放过蔡邕，欲置于死地而后快。阳球派出刺客，要在蔡邕叔侄流放途中，将其杀害。好人总有好报。这名刺客知道所害的是正义忠直良臣，便佯装遵命，拿了钱财，逃之夭夭。阳球并不甘心，又以金帛贿赂榕戎所监守官，监守官知道发配来的人是忠良之士，就将详情告知了蔡邕，并要他们小心多加提防。这样，蔡邕及其叔父才避免了杀身之祸。

蔡邕被流放的第二年四月，被赦。被赦免还与他的著书有关。蔡邕任校书东观之职时，曾与卢植等人拟撰《后汉书》。所以，蔡邕在狱中上书皇帝，陈述要继续完成《后汉书》的撰写，得到批准。被赦免后，本可返乡，但由于蔡邕性格耿直倔强，无意中又得罪了中常侍王甫之弟王智。蔡邕深知祸将难免，惧怕仇家加害，走投无路，只好流浪江浙，远迹吴令。

蔡邕这一年是47岁。他的第二次京城生涯，就这样悲惨地结束了。

76

插图6-3蔡邕书法艺术《夏承碑》拓片

《夏承碑》全称《汉北海淳于长夏承碑》，著名汉碑之一，为蔡邕所书。东汉建宁三年（公元170年）立。据宋赵明诚《金石录》记载："碑在洺州，元祐间，因治河堤得于土壤中。"明成化十五年（公元1479年），广平知府秦民悦发现此碑仆倒于府治后堂，建"爱古轩"把它遮盖起来，碑的下半截110字，已为后人剜剔。明嘉靖二十二年（公元1543年），因筑城为工匠所毁。两年后，知府唐曜于漳川书院（紫山书院），取旧拓重刻一碑置亭中。原14行，行27字；重刻碑高2.59米，宽1.24米，文13行，行35字。有额，碑末有"建宁三年蔡伯喈书"，一行八字及唐曜重刻题记，皆正书。此碑结字一反汉隶常态，结构多呈长方形，结字奇特，隶篆夹杂，且多存篆籀笔意，骨气洞达，神采飞扬，别具一格。

4. 识料制琴

蔡邕带着家人流浪于江浙一带，辗转漂流，四海为家，不但担心仇人加害，更有衣食之忧。然而，多才多艺的蔡邕，即使在备尝艰辛的流浪中也不时闪耀着光芒。他还是位制作乐器的高手。他精于琴艺，不但善鼓，而且善制器。一次到了会稽高迁亭，看到屋顶上东边第16根竹椽，立即产生一种特殊的感觉。他感到这根竹椽是制作笛子的上好材料，立即取下做了一支笛子。笛子制成，吹奏一曲，果然奇声独绝。

琴、棋、书、画是中国古代衡量一个人文化素养的最高标准，四大艺术中琴为首。琴，是中国历史上最古老的弹拨乐之一，今人称之为"古琴"，或叫"七弦琴"。据传，古代有名扬天下的"四大名琴"。

周代名琴"号钟"，因琴音洪亮如钟声激荡、号角长鸣，故名。相传杰出的琴家俞伯牙弹过，不过他谢知音摔碎的不是此琴。"号钟"传到春秋时通晓音律的齐桓公手中，他弹奏此琴时，往往使听者泪流满面。

春秋名琴"绕梁"，取"余音绕梁，三日不绝"之意命名，可见此琴音韵之美，音色之绝。据传，此琴为一位叫华元的人献给了楚庄王。庄王得琴，终日弹奏，陶醉其中，竟七日不朝。王妃樊姬规劝，幡然醒悟，但"绕梁"之诱，难以抗拒。为了国事，忍痛砸碎，世人羡慕的一代名琴，成为绝响。

西汉名琴"绿绮"，为汉代文学家司马相如之琴。司马相如以辞赋扬名，亦是弹琴妙手，他的一曲《凤求凰》竟使卓文君夜奔住所，缔结良缘，传为千古佳话。据说，此琴是梁王请他写赋，他赠《如玉赋》一篇。梁王把收藏的传世名琴作为了回赠。

第四个名琴就是蔡邕亲手制造的"焦尾琴"了。

流落江浙的蔡邕到了吴县（1995年该县撤销）。有一天，他借宿旅店，忽然传来一阵"噼噼啪啪"的燃烧声音。辨音感极强的耳朵，使他有了一种特殊的感觉。他忙去前看，看到一人正在做饭，架起的大锅下面火势正旺，木柴在烈火中噼啪爆响。他忙走上前去，果然发现烈焰中有一块梧桐，丰富的经验告诉他这是一块可制琴的上好材料。蔡邕看着正在燃烧的这块梧桐木，非常惋惜，十分着急，立即向主人为木求情。得到允许，他不顾正猛的火焰，急忙把木料抽出来，掸灭火苗，反复端详，爱不释手，连声感叹："太可惜了！"

主人看到他的举动十分诧异，蔡邕忙做解释说明，主人笑着说："原来如此，请你拿去好了。"蔡邕如获至宝。后来，他用这块已燃烧了一截的梧桐木制作了一

插图 6-4.1 梅下横琴图（明代杜堇绘）

梅下横琴图描绘一位士人于山坡平台上抚琴赏梅的雅趣。老梅虬曲如苍龙盘空，红梅绽开，远望，云雾之中峰岫。这位士人倚坐树干，手抚琴弦，悠然望梅。一旁两童子一个煮茶，一个捧盏。画家刻画人物精细，衣褶劲利流畅，山峦树石柔和精巧。杜堇，明代画家，号古狂，人物、花鸟、山水无所不能。

插图 6-4.2 听琴图（清代佚名）

蔡邕是一位超凡的音乐家，他是操琴的高手，是理解琴韵的知音，又是一位制造琴器的匠师，"焦尾琴"是他操琴、听琴、制琴的最杰出的作品，几乎无人可比肩。从这幅画中可见古人听琴之韵味。画面居中听琴者"左琴右书"，文人雅士之态。他端然而坐，神态安静，双目凝视，已醉入琴韵之中；这琴音似乎使那只狗也静伏下来。操琴人低头弹奏，也沉在自己的音律里。他的琴声似乎从苍老的大树下，向山水之间飘逸。画家将琴音妙韵与古树山水交织一起，传递出听琴人和抚琴人内心的情绪波澜，弥漫着久远古朴的人文气息。琴声为主题，画家把"此时无声胜有声"的琴音意境，刻画得淋漓尽致；大树的悠古，背景的简洁，几案上的书香，优雅的琴声，营造出清幽淡远的氛围。

张古琴。他把烧焦的部分作为琴尾，给它取了一个非常雅致的名字：焦尾琴。"焦尾琴"因是才艺双全的文人蔡邕亲手所制，而取材和制作方法又很特殊，因此名闻四方。特别是那珠圆玉润的琴声，丰富细致的内蕴，令人叫绝。

"焦尾琴"，在东汉末年蔡邕惨遭杀害之后，仍完好地保存在皇家内库。三百多年后，为齐明帝所得，珍藏于国库里。相传，齐明帝有一古琴高手叫王促雄，琴艺超群，技压当时。一次，齐明帝要欣赏王促雄的琴艺，特命人取出珍藏多年的"焦尾琴"让他演奏。王促雄一曲一曲地弹，齐明帝一曲一曲地听，一连五日，齐明帝陶醉如痴。最后，王促雄即兴创作了《懊恼曲》献给明帝，明帝大喜。直到明朝，昆山人王逢年还收藏着"焦尾琴"。

5. 录辨琴音

汉灵帝时，蔡邕被诬遭害，逃至江南，流落浪迹 12 年。到东汉最后一个皇帝汉献帝刘协继位时，长年漂泊在外，他思乡之情难抑，于是返回故里陈留（今河南杞县）。蔡邕与家人一回到家乡，就受到父老乡亲的热情欢迎。

夏季的一天，一位乡邻登门相邀，说乡亲们准备了丰盛的酒饭为他洗尘。他很感激老友的盛情，欣然赴宴。

蔡邕动身晚些，他走到宴会门口时，宴会已开始。他刚要抬脚进门，突然屋内传来琴音。通琴善听的他立即驻足听了起来。

传来的琴音令人神怡，让人心动。蔡邕正在欣赏此柔美妙音，突然，琴音如阴风骤至，似暴风袭来。他顿感琴声中透出一股杀气，暗暗吃惊。刚刚逃难避害回来，他还心有余悸。心想，既然请我喝酒，为何又隐藏杀机？他生怕这是一场鸿门宴，越想越怕，转身即走，急忙离开。

守门人看到蔡邕掉头离去，立即上堂报告说，蔡君方才进院，站在门口听琴，片刻转身就走了。主人不知何故，急忙出来追赶。蔡邕听到后面有急促的脚步声，意识到有人追来，心中越发紧张，加快了脚步。主人追上，再三请回入席，蔡邕执意不回。主人生拦硬扯才强行把他请入宴席。

蔡邕虽然坐在宴席上了，但心中仍忐忑不安。他警惕的眼光一扫，看到这么多都是故交老友，心想都是乡里乡亲的不会对自己做出什么事吧。在座的客人看到蔡邕神色紧张，疑惑不解，热情顿减。主人亦是百思不解，为了解开大家所虑，打开僵局，就亲切地问蔡邕缘故。蔡邕坦诚地说，刚才在门口听到琴声，隐有杀气，顿有惧怕之感，才折身而回。此言一出，满堂大笑，更多人莫名其妙，一曲琴音，竟差点把才华满腹的蔡邕吓跑！这时，刚才弹琴的老者站起，捋捋胡须解释道："原来是为我的琴声突变。适才我正在轻松弹琴，突然抬头向外看去，见树上有一只螳螂，正悄悄地向一只鸣蝉靠近。那蝉鸣叫不飞，那螳螂欲扑未动，气氛紧张。我心里怕蝉飞掉，螳螂失掉机会；怕螳螂扑空，白费心机，于是，心中暗暗为螳螂使劲，不知不觉地这种心情传到手指，琴声就表现出来了。这就是你听到的杀机吧！"蔡邕听后，茅塞顿开，不禁大笑，忙向大家表示歉意。大家对蔡邕听琴辨音之能，惊叹不已，佩服之至。

蔡邕听琴，能欣赏琴音于声内，理解琴音于弦外，成为千古美谈。

插图 6-5 仙翁琴会图轴（清代周棠）

古琴又称七弦琴，春秋时期已是成熟的乐器。琴，是典型的富有中国古典人文色彩的乐器。古琴神奇莫测，空灵淡远。琴曲，无一曲无典故，无一曲无来历。弹琴人有什么样的心境，就会传出什么样的琴音；听琴人对琴音的不同理解，就会有不同的心境。清代画家周棠，山阴（今浙江绍兴）人，官光禄寺署正。写意花卉酷似徐渭，山水则师石溪、石涛。晚年专画石。张之万称之为清代画石第一。能诗，兼工隶篆，善刻印章。

6. 董卓重用

蔡邕带领全家往返于吴会、泰山之间，生活无着，全靠亲友接济，在乱世中飘零，苟全性命。但他重返京都、再登政坛的愿望深深埋在心中，也在一直做着积极的准备，此间，他依然和京都贤臣雅士保持着一些联系。

汉灵帝中平六年（公元189年）四月，灵帝病死，其子轻佻无德的刘辩继位，是为少帝，其母何皇后。其舅何进掌握大权。何进为铲除宦官专权，与中军校袁绍密谋，调一批外地军阀进京，其中有西凉军阀并州牧董卓。可还没等到各路军阀统兵到京，何进就被宦官杀死。袁绍等将军进京杀死全部宦官，太监张让带领刘辩、刘协兄弟逃出洛阳，途中被带兵前来的董卓截获。

董卓裹胁着皇帝刘辩、皇子刘协进入洛阳，烧杀奸淫、无恶不作。董卓把持朝政、毒死少帝刘辩，立陈留王刘协为汉献帝，自命为大司空，位列三公。

董卓控制朝中大权后，为了扩大自己的威望，力擢天下名流。此间，大臣李儒把有"匡世逸才"之称的蔡邕推荐给了董卓。董卓立刻下令召蔡邕到朝任职。但是，有着敏锐政治嗅觉的蔡邕深知"世路多险，进非其时"的道理，便称疾不就。董卓虽然淫暴凶狠，却有谋略，他看透了蔡邕的目的。一听蔡邕拒绝入朝，凶残本性勃然大发，大骂说："我力能族人，蔡邕遂偃蹇者，不旋踵矣。"董卓竟以灭族相威逼，又派人登门催逼。蔡邕难以抗拒董卓的淫威，被迫就范，终于委身于"汉贼"的智囊团，上了贼船。

董卓很欣赏蔡邕的才学，给了他很高的待遇和职位，慷慨地提拔重用他。先任他为"祭酒"，这是掌管文化的官员，又命他为"侍御史"，紧接着保荐为"尚书"，所以史称为"三月之间，周历三台"。

80

蔡邕在董卓手下也阻止了董卓的非分之想。董卓独揽大权后，曾被手下人尊为"尚父"。董卓和蔡邕商量，蔡邕劝阻说："姜太公辅佐周公，受命灭商，可得此号。你之威望不可与他相提，我认为不可称尚父。"董卓采纳了蔡邕的建议，没有接受"尚父"之称。董卓出行要乘豪华车辇，蔡邕认为不合理，董卓也听从了他的意见。董卓常让蔡邕为其鼓琴赞事，蔡邕常借琴音相助。但刚愎自用是董卓的本性，他对蔡邕的大多劝谏不予理睬。蔡邕看得清楚，想得很明白，董卓的未来不会有好的结果。蔡邕心生惧怕，就想逃跑了事。有一次他与从弟蔡谷谋划说："董卓这个人性情刚烈，

插图6-6对牛弹琴图（清代原济绘制）

"对牛弹琴"本为讥笑说话不看对象者，此图演义为"知音难觅"之意。画家在画款上自题中说："世上琴弦尽说假，不如此牛听得真。"意味深长，"牛声一呼真妙解"孤寂落寞心境，悄然而现。画中人物抚琴自吟，而目视画外；卧牛背向，倾听琴声，表达主旨鲜明而含蕴。原济，清初画家、画学理论家，僧人，名朱若极，原济为法名。擅画花果竹兰，兼工人物，而山水画尤长，与弘仁、髡残、朱耷合称"清初四僧"。

难以相处，我想东奔兖州，再远遁山东以待时机，你看如何？"蔡谷说："你的外貌和气质都与一般人不一样，每次你出门许多人都围过来看你，这么引人注目，你想逃掉，实在很难。"蔡邕不但才学出众，而且仪表清朗，风度翩然。蔡邕觉得从弟言之有理，就打消了逃跑之念。初平元年（公元190年），蔡邕被拜为左中郎将。

7. 屈死狱中

董卓在洛阳骄横跋扈、胡作非为，引起朝臣和地方大员的强烈抗议和反对。逃到东方的军阀袁绍、曹操等人发起反董大同盟。公元190年各地讨董大军齐向洛阳进军，董卓自知无力抵抗，于是挟持着皇帝刘协，驱赶着数百万百姓，迁都长安，洛阳成一片焦土。那时蔡邕也到了长安，并被董卓封为高阳乡侯。蔡邕登上了他政治生涯的顶峰。

董卓到了长安，更是变本加厉，放纵淫乐，诛杀政敌，大失民心，朝中许多大臣

必欲杀之而后快。时隔一年司徒王允与孙瑞密谋策划收买了董卓义子吕布，巧设"连环计"，于初平三年（公元192年）杀掉了董卓，铲除了同党，王允总理朝政，权倾一时。

这时的蔡邕从理智说，他知道董卓该杀，杀董卓大得人心。然而，蔡邕是个至性至情的文人，不管董卓出于何种用心，董卓重用过他，敬重过他，所以，对董卓之死不会无动于衷。有一次，他去拜访王允，谈到董卓被杀之事时，不由自主地发出一声叹息，略有惋惜之情。对董卓恨之入骨的王允敏感地看到了蔡邕的表现，勃然大怒，大声斥责说："董卓乃国贼，几乎倾覆汉室。你蔡邕身为汉臣，对董卓之死理应愤恨，可你心怀私情，忘记大节，反为此贼伤痛，岂非和董贼一样，共同为逆吗？"王允不容蔡邕申辩，立命左右抓捕蔡邕，送交廷尉治罪。

蔡邕在狱中向王允陈辞谢罪，请求保留性命，让自己继续写完《后汉书》。许多大臣也为其求情，为他的才学惋惜。太尉马日磾闻知，策马而至，向王允求情说："蔡邕是旷世奇才，深知汉史，应让他继续完成《后汉书》的写作，成就一代大典。蔡邕素有忠孝，如治罪无名，会失民心。"王允不听，说道："武帝没杀司马迁，致使写出谤书《史记》；今国运中衰，再不能让他写这种书了。"王允以"阿附董卓"之罪名，把蔡邕投入大牢。最终，蔡邕带着未完成撰写汉史的遗憾屈死狱中，这一年他60岁，但他为世人留下一位多才多艺的女儿蔡文姬。

蔡邕死后，许多官员缙绅和读书人，闻蔡屈死之事，痛哭流涕。王允也后悔了，但已晚矣。

蔡邕死后葬于长安。建安十三年（公元208年），蔡邕的女儿蔡文姬自匈奴归汉后，将父亲的灵柩从长安迁葬于蔡邕故里河南杞县，距陈留镇三里的桃花洞（原名蔡庄），并为父撰文立碑。

第七章

「竹林七贤」

的大哥山涛

人杰

第七章

『竹林七贤』的大哥山涛

"竹林七贤"的大哥山涛

1. 山涛之药

魏晋期间，在中国北方黄河之滨的山阳（今河南省焦作市修武县一带），在那郁郁葱葱的竹林之中，活跃着一个特殊的群体，他们是陈留阮籍、河内山涛、河南向秀、籍兄子咸、琅琊王戎、沛人刘伶、山阳嵇康，共七位知识分子，成为一个不同凡响的文人组合，史称"竹林七贤"。山涛是七贤的大哥。

山涛的故里是河内郡怀县（今河南省焦作市武陟县）。武陟县位于河南省的西北部，在太行山之南。据史料记载，太行山以南的北方地区自古便生长竹子。魏晋时期，长住京城洛阳的达官贵人最爱北上河内郡境内，在太行山南麓的青山绿水间垂钓、山野中饮酒，更有一帮文人贤士聚集竹林高谈阔论。

出武陟县城东行不远，即到山涛的故里大虹桥乡小虹村。村民说，小虹村历史悠久，是大禹时代所建，无以考证，但山涛庙与山涛墓却是实实在在地存在着。小虹村虽小，却有东西小虹村之分，其间是小虹学校，那就是山涛庙所在。山涛庙后学校的操场上，有山涛墓，墓前有碑，上书"晋侍中吏部尚书山公之墓"，为清代所立。村民说，过去山涛庙很大，村口耸立着大型石牌坊，进入村中，道路两旁立有石人石马。往里有12座古墓，包括山涛之父和山涛墓，仅山涛墓方圆五里。在岁月的侵蚀中，昔日气象已成一抔黄土。斯人已逝，辉煌不再。

山涛的父亲山曜曾担任宛句（今山东菏泽境内）县令。但山曜早亡，日趋贫穷。然而，山涛却继承了父辈读书的习惯，自小发奋读书，立志要跻身仕途。所以他满腹经纶，学问名闻乡里。山涛虽有学问，却无出仕门路，一直在家种地务农，是一

插图 7-1.1 竹林七贤图
（清代沈宗骞绘制）

魏正始年间，七位贤士常聚山阳县（今河南辉县、修武一带）竹林之下，喝酒、纵歌，肆意酣畅，世谓"竹林七贤"。血腥统治下，他们不能直抒胸臆，而采用比兴、象征、神话等手法，隐晦曲折地表达思想感情。沈宗骞，字熙远，号芥舟，清代画家。早岁的书、画，小楷、章草及盈丈大字，皆具古人神致魄力。画山水、人物传神，无不精妙。著《芥舟学画编》，足为画道指南。晚年则纯用焦墨。

个地道的农民。山涛的家乡虹桥镇地处黄河与沁河之间的河滩上，泥沙厚实，土地肥沃，最适于怀山药的种植，其中长得最好的是山药中的薯蓣。山涛家祖祖辈辈以种薯蓣为生。据传，当年竹林七贤到山涛家里相聚时，山涛家贫，没有鱼肉好酒招待朋友，就用糖或蜂蜜来炒鲜山药。炒好的热山药端上桌，贤士们用筷夹起，扯出缕缕不断的糖丝，色艳明亮，入口甜而脆香，大家交口称赞。这就是中国人爱吃的一道传统名菜"拔丝山药"。

以种山药为业的山涛尽管满肚子学问，可到了 30 岁还没取得功名。乡亲们就劝他说，现在朝中管大事的是你表姑夫，你去找他一定可弄个一官半职的。

山涛的表姑夫就是河南温县人司马懿。司马懿的夫人是山涛的姨亲，论辈分山涛应叫她表姑。因此，山涛和司马懿还有点血脉关系。传说，掌握朝中大权的司马懿，此时正在家养病。山涛似乎开了窍，就决定到表姑夫那里走动一下。但没有什么可拿，就带了些自家地里的土特产薯蓣（山药），到了司马懿老家温县祥云镇。进门后表姑不让见司马懿，说姑夫病了。山涛忙问何病，表姑说，四肢麻木，不能动，是痹病。山涛一听高兴了，说带有薯蓣，能治好姑夫的病。表姑哪里肯相信。后来，司马懿还是吃起了薯蓣，而且很显奇效，他四肢瘫痪的病居然好了，还能领兵打仗。

消息传出去后，河内怀县的薯蓣价格暴涨，行销四方。司马懿为了向皇帝表忠心，把薯蓣作为贡品献给朝廷。在礼单上不写"薯蓣"，而标明"山药"，意指山涛送来的药。从此，河内郡怀县出的薯蓣改名为山药，后来人们更具体地叫"怀药"或"怀山"，名播四方。种山药的人把山涛当成神奉拜，拜了"山涛爷"，就能发大财。

2. 明察时局

山涛是个大器晚成的人，他明察事理，并不急于入仕。直到魏正始五年，在他 40 岁时，人到中年，才走上仕途。最初只是一个郡的主簿，后因举孝廉，被辟为河南从事之职。可是，山涛任此职并没多久。

山涛的姑父是司马懿，山涛做河南从事时，常到他家走动，这一来二往，对朝中之事了解得就多一些。这时正值司马氏家族与曹魏集团争权斗争最激烈的时候，司马懿为积蓄力量，暗中策划，辞朝在家养病。

一天，山涛又来表姑家。这一次他发现了表姑夫司马懿生病的真相。原来表姑夫并非真病，是在装病，更不是老糊涂。当晚他就住下了，夜里他与同僚石鉴同宿一室，石鉴睡熟了，可山涛却睡不着。他想到当前司马氏与曹氏斗争很激烈，也很残酷，

插图 7-1.2 司马懿画像及其手书《阿史病转差帖》

司马懿，河内温县（今河南省焦作市温县西南）人，曹魏时期杰出的政治家、军事家，是辅佐了魏国三代的托孤辅政之重臣，后期成为掌控魏国朝政的权臣，是曹丕智囊团的主要人物。善谋奇策，多次征伐有功；对屯田、水利等农耕经济发展有重要贡献。司马炎称帝后，追尊为宣皇帝。史书评他"少有奇节，聪明多大略，博学洽闻，伏膺儒教"。后人有诗赞他："开言崇圣典，用武若通神。三国英雄士，四朝经济臣。屯兵驱虎豹，养子得麒麟。诸葛常谈羡，能回天地春。"司马懿是书法家，擅草书。《阿史病转差帖》的释文："阿史病转差未。皆外曹尚患。之白。书法。"

ELITE

人杰

越想越害怕，就起身推醒石鉴说："现在是什么时候了，你居然还睡得这么香。"接着他把自己的担忧告诉了石鉴，石鉴听了却无动于衷。山涛一声叹息，立即起身，连夜离开，隐居去了。

十多年后，魏元帝曹奂咸熙元年（公元264年），曹氏江山气数将尽，司马懿之子司马昭独揽大权，代魏的大局已定。此时，善于明察时事的山涛倾心依附司马氏，并被举秀才，从此官运一路亨通。先任郎中，后平蜀地作乱的钟令有功，晋爵晋公。

山涛出仕的第二年（公元265年）十二月，司马昭暴死后，其子司马炎逼魏元帝曹奂禅让，是为晋武帝，改国号为晋，史称西晋。

原来，山涛一直主张司马昭应立司马炎为太子。当司马炎代魏称帝后就任山涛为大鸿胪，加奉车骑都尉，晋爵新沓伯。出为冀州刺史，入为侍中，迁吏部尚书、太子少傅、左仆射等职。晋武帝越来越信任并重用他，他的官越做越大，而他的才能也得到了施展。

在司马昭时代，司马昭手下有三个干臣：钟会、裴秀、山涛。钟、裴二人争权夺利，互不相让，矛盾尖锐。山涛则处于二人之间，平心静气以待之，使之各司其职，各得其所，钟、裴二人对山涛也无敌对情绪，相安无事。

山涛与晋武帝司马炎的关系应该说是历史上一段"君臣相依"的佳话。山涛在任上尽职尽责，不谋私利，一贯坚持原则。而晋武帝认为他资历深，人品优，处理朝政稳重得体，所以，对他青睐有加，优待有加。但山涛对政事有所厌倦，就以母亲年老，侍奉老母为由辞官，但武帝不许。又曾以自己体衰为由要求归乡，仍未获准。如此多次请辞退休，一连上表数十道，情动于衷，言感于表，然而晋武帝都不为之所动，坚持留任。

山涛的老母亲辞世了，山涛即返故里奔丧。按常理山涛应该在家尽孝居丧，但晋武帝好像怕他不返朝堂，随后就下诏书升迁，把他从太常卿升为吏部尚书，逼他快去就职。

山涛在职位上忠于职守，勤勤恳恳。七十五六岁时他又想向皇帝请辞，晋武帝又升他任右仆射，继续执政选拔人才的大权。但是山涛决心远离朝政，坚辞不任。晋武帝的态度比他还坚决，亲自写诏书，诏书结尾有八个字："君不降志，朕不安席。"武帝深情地表示；你要降低自己的志向，你不答应我的任职，我睡不安稳。在皇帝真切留贤的感召下，山涛不得不上任就职。不到两年，

插图7-2.1 山涛画像（取自清代沈宗骞《高逸图》）

山涛画像取自于清代画家沈宗骞所绘竹林七贤图残卷，残卷所剩四贤，山涛即为其一。

插图7-2.2 竹林七贤亭遗址碑

七贤爱竹，常在竹林饮酒赋诗。竹林七贤亭遗址碑，于博爱县月山镇皂角树村南边竹林中发现，高约2尺，宽约1尺。碑阳面书"竹林七贤亭遗址"七字，落款为"宣统己酉年立"。见碑不见亭，据《博爱大事记》载：清朝宣统二年，村保长张澄怕久之遗址迷失，特立"竹林七贤亭遗址"碑。

晋武帝又拜他为司徒，已是朝堂三公之尊，位极人臣。

山涛官越做越大，年事越来越高，仍在请求辞官归乡。晋武帝感到再继续留他任职就不近情理了，便准许了他的请求。

3. 品德如金玉

山涛为官40年，对司马王朝最大的贡献，就是为其选拔了一大批德才兼备的官员。山涛先后两次领导管理、选拔、任用官员的部门，先是任吏部尚书，后又除以尚书仆射加侍中管理吏部。山涛举荐人才不专权武断，先要广泛地调查，认真鉴别筛选，史书说他"甄拔隐屈，搜访贤才三十余人"。《晋书》描述他选才的方法是："前后选举，周遍内外，而并得其才。"

山涛选用贤才，忠于职守、坚持原则、重视调查研究。平时他十分注重对官员们的工作能力和个人才能作深入了解。所以，他选用官员凭的是实际需要，绝不弄虚作假。若某一官职空缺了，根据调查所掌握的具体材料，先把自己认为合适的人选确定下来备选，并把这些人选的材料整理出来。材料既有候选人的优缺点，也有山涛自己的评价。然后上报皇帝参考，秉承皇帝懿旨，做出决定。当时，人们把这种人事材料叫《山公启事》。这样的方法不但做到对选用官吏心中有数，而且保证了所甄别和选拔的官员质量。

据史书记载，山涛选才用人很准确。他在任上前后选用的官员数量很大，级别很广，差不多涉及各级百官，从没有不适合的人入选，皆为真才实学者。

有一次，在用人上山涛与皇帝产生了分歧。晋武帝要任用陆亮做吏部郎，并为此下了诏书。但山涛根据自己所掌握的材料认为陆亮才干不足以出任此职，担任左丞尚可。为此，山涛不顾及个人利害，不怕犯上，竟据理与皇帝争辩。然而，皇帝的意志不可扭转，旨意难以更改，陆亮最终还是被安排到吏部郎的职位上。但是，不久这个吏部郎陆亮因为受贿而被免官了。大家更加佩服山涛识人辨才的能力。

当然，也有人向皇帝进谗言，说山涛举荐人才的方法不慎重，甚至说他不具备选才的能力。山涛对此不予理睬，行之自若，但往往事实印证了山涛的选择是正确的。大家无不为之心悦诚服。

晋武帝不仅对山涛的忠心尽职、处理国政之才能十分欣赏，而且对他清廉节俭、

插图7-2.3 东晋风流图
（局部 元末方从义绘）

《东晋风流图》描绘岸边的水榭，溪山环抱，近有山石，用麻皴画笔法，以粗放简率线条勾画，呈现墨染明暗，显出凹凸感的艺术效果。雾中的竹影，以淡墨勾点，或隐或现，稀疏有致。对岸小溪自远处流来，激起江水重重波纹。岸边点以杂草，水墨挥洒，苍茫深远。水榭上坐的是王羲之。从整个画卷看，画家笔法雄放，浓淡晕染，清奇之气飘逸而出，放纵潇洒，无尘俗气。方从义，元末画家，上清宫道士。擅画云山墨戏，笔致跌宕，意境苍茫。

不贪财货的气节赞赏有加。

山涛虽身居高官，权大如山，但家中生活很清贫。晋武帝知情后，就特别赏赐给他一些财物，但赏赐的都不多。这让人不可思议，似乎也是一个谜。到东晋时，有人解答了这个问题。

东晋谢安曾问身边的人说，晋武帝赏赐给山涛财物，为什么每次所赏都那么少？他的侄子谢玄回答说，那一定是因为受赏赐的人希望得到的东西就不多，因而被赏赐的人才忘掉了赏赐的东西并不多这样的事实。谢玄的回答很巧妙，从一个侧面证明了山涛不贪求。

不贪求的官，才会不受贿。山涛从不接受礼物。山涛为官40年，宠辱不惊，以廉洁简约而安身立命，反对受贿收礼。他在吏部尚书任上时，求官送礼的人络绎不绝，但都被他一一挡回。有一次，一个叫袁毅的县令，因为大肆搜刮民财怕人告发，向许多朝中大臣行贿，他也给山涛送去礼物。趁山涛不在家时悄悄送去100多斤真丝，他以为别人不知，山涛收下便可给他办事。

山涛回家得知县令送真丝的事，并没有声张，也没有退回礼物，而是让家人把真丝封存好悬挂在屋梁之上。不久，袁毅案发获罪，不少官员受到牵连。袁毅给山涛送真丝的事也被皇帝知道，皇帝立刻派人到山涛府中查询。在山涛府中到处搜查，看到屋梁上悬挂着的一包东西，取下打开一看是真丝，这就是那个县令送的贿赂。100多斤真丝虽然已为虫蛀，但封印依旧。皇帝得知大为称赞，人们更钦佩他的清廉，并称他为"悬丝尚书"。"竹林七贤"之一的王戎，曾评价自己的好友山涛说："山涛如未经琢磨的玉，又如没有冶炼的金，贵在内里的高贵质地。"

4. 绝交不绝情

司马昭于景元元年（公元261年），杀死小皇帝曹髦之后，为逃脱弑君的罪名，尽力拉拢利用有社会影响的文人贤士。山涛由于和司马氏有亲戚关系，接受了司马氏集团的官职。司马昭于第二年就让山涛拉嵇康出仕。山涛代吏部侍郎给嵇康写了一封信，推荐他到朝中做官。

嵇康是曹丕的异母兄弟沛穆王曹林的女婿，与曹魏宗室联姻使他曾得到一个时期的官运，先做郎中，后拜为中散大夫，虽为闲散小职，但也是个享官。所以，在

插图7-3 晋武帝司马炎画像（唐代阎立本绘）

晋武帝司马炎，司马昭长子。公元265年，继父晋王之位，数月后逼魏元帝曹奂禅让帝位，国号晋，定都洛阳。公元279年，他又命杜预、王濬等人分兵伐吴，于次年灭吴，统一全国。建国后采取一系列经济措施，太康年间出现一片繁荣景象，史称"太康之治"。但灭吴后，逐渐怠情政事，奢侈腐化。公元290年病逝，谥号武皇帝。

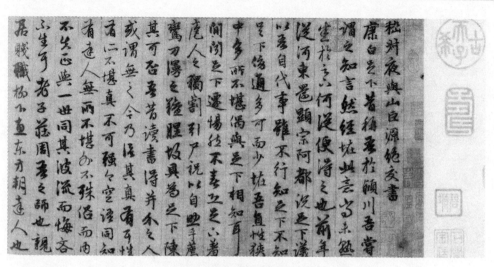

ELITE

人杰

插图7-4 赵孟頫书《与山巨源绝交书》

山涛，字巨源，由选曹郎调任大将军从事中郎后，想荐举同是"竹林七贤"的好友嵇康代其原职。狂放不羁的嵇康闻知，给山涛书信一封，断然拒绝了山涛的荐引，此书是一篇名传千古的散文。赵孟頫是元代初很有影响的书法家。赵孟頫的此篇作品，以行书开始，慢慢转入行草相间，反映出书法家情绪的波动。作品中字体遒媚、秀逸，结体严整、笔法圆熟，是传世名作。

司马氏集团控制朝中大权时，他毅然带领全家隐居，与向秀打铁去了。当他得到山涛举荐他的消息后，非但没有感激之情，甚至断了朋友之情。他写了一封与山涛断绝来往的信，这就是那封历史上著名的《与山巨源绝交书》。巨源，是山涛的字。

嵇康在绝交信中，或自嘲，或讽人，以夸张的笔法，一气列举了九条自己不适于做官的理由，说自己是俗人，与俗人共事受不了；自己常否定商汤王、周武王，菲薄周公和孔子等，为当今礼法所不容。他对山涛的做法不满，极力贬损山涛为人，毫不留情地表示了要与山涛划清界限，断绝朋友之交。

山涛对嵇康的断交信持何态度呢？这封信极大地伤害了山涛，许多人认为山涛趋炎附势，对他产生了误解。

但面对来自挚密朋友的攻击和曲解，山涛表面上却毫无反应，他既不写信辩解，也无言语流露。他用沉默承受着一切误解、委屈和羞辱。山涛此举如一团迷雾留给了历史，让人们产生了无尽的猜想。以山涛和嵇康的情趣和志向为基础的友情而言，嵇康的绝交信并非真的想与山涛绝交。他深知当朝两个政治集团斗争的严峻与险恶，自己虽躲避起来，但仍担心朋友的命运。于是用痛骂的方法，表明自己不适合做官，也为山涛脱却干系，起到了保全朋友的作用。山涛和嵇康是互为理解的，各有领会。嵇康不顾自己的名声，山涛宁愿受屈受冤。二人是用心来表达朋友之间的真情。

嵇康给山涛的这封信招来了横祸，惹恼了司马昭，后来由于小人的挑拨，嵇康被抓入狱，判为死罪。在临刑前，他对儿子说："有巨源在，你就不是孤儿了！"这时，在嵇康心中最相信最可靠的朋友，非山涛莫属。这种托孤之谊不是一般人情交往所能达到的。

果然，山涛不负嵇康所望。嵇康死后，山涛冒着危险，悉心照顾嵇康一家老小，更是把嵇康的儿子嵇绍视如亲生。20年过去了，山涛和嵇康家的友谊一直未断。嵇绍长大成人，为人"清远雅正"。山涛慧眼识才，就上书晋武帝司马炎说，他的父亲之罪与儿子无关。嵇绍品德高，有才华，应重用。举荐嵇绍任秘书丞，晋武帝应允了山涛的请求。嵇绍知道此事后就问山涛："我是出来做官好，还是隐居山林好。"山涛深情地说："我为你考虑此事很久了，天地之间，四时在变化，还有消长在更替，又何况人呢？"山涛鼓励嵇绍大胆出仕。

20 年，山涛对嵇康的思念何等深厚，说明他们之间的友谊从未中断过。山涛为嵇康的下一代尽心尽情，成为千古佳话。

山涛的智慧、为人和才干可见一斑。晋武帝司马炎也很看重和佩服，山涛虽屡次辞官，但都未获准，相反还屡屡升迁。直到山涛年事已高，出于人之常情，晋武帝才放他辞朝还乡。

晋武帝太康四年（公元 283 年），山涛卒于家乡，年 79 岁，并葬于家乡。

人杰

第八章
狂放不羁
的文人阮籍

第八章
——
狂放不羁的文人阮籍

狂放不羁的文人阮籍

1. 才貌双全

阮籍，字嗣宗，陈留尉氏（今河南省尉氏县）人，是西晋初期"竹林七贤"中最有声望的一位文学家、音乐家。

尉氏是个古老的县，因是战国时秦国大将尉缭子的封地而得名。在县城小东门有一段南墙，相传当年阮籍常在此吟诗讴歌长啸，抒发他对人生的感怀。后人为了表达对先贤的仰慕，在此筑台纪念，名"啸台"，又叫"阮籍台"。

阮籍的故里是尉氏县城东南 30 里处的阮庄，阮姓村民说，阮姓人性格倔强，人格高洁。对他们的先人，钦佩有加。阮籍的父亲叫阮瑀，字元瑜，为"建安七子"之一，是有很高声望的文学家。他文采横溢，又精通韵律。当曹操的军队打到阮瑀家时，爱才求贤的曹操慕名想纳阮瑀于麾下，就派人寻找。原来，谙于世事、明哲保身的阮瑀为避兵祸早已远离政治，在曹操到达之前，就背着老母逃进深山。曹操探知后，求贤若渴，就采取了放火烧山的极端方法，逼阮瑀出山。阮瑀走投无路，一出山被曹操所获，并以音乐做媒，用美音妙律打动了阮瑀的心。阮瑀投身于一代枭雄帐下，以其敏捷的才思、赋诗拟檄、马上立就之能得到曹操的赞赏，在曹操麾下草拟军书檄文，为曹操所信用。

可惜，一代才子英年早逝。阮瑀病死后，撇下孀妻孤子，阮籍时年 4 岁。曹家也许是念及阮瑀生前的功业，保留了阮瑀遗孀孤子的待遇，使之生活无虞，但家境仍是清苦的。在阮籍 10 岁时，曹操去世，社会的动荡有增无减。然而，阮籍秉承了父亲的才华，从小就聪明过人，好学不倦，8 岁即能属文，崇尚道德高尚的古圣先贤，以颜渊和闵子骞为榜样；而且庚至年少，便习武练剑，技艺精湛，志向高远。他青年时代，是一位仪表堂堂、貌丰体伟、风度翩翩的美男子，虽沾染了一些浮华公子的习气，但他"济世之志"的远大抱负从未放弃。

阮籍年轻才俊，爱游山玩水。有一年秋季，他游玩到河南荥阳，登上了广武山，显然他是慕名而游此山的。

当年，楚汉相争时，西楚霸王项羽率楚军驻扎在广武山的东面，汉王刘邦的军队则驻扎在广武山下的西边，中间有一条河，这就是有名的"鸿沟"。以"鸿沟"为界，两军对峙，互不相让。

此时的阮籍面对鸿沟，迎着秋风，想到当年对峙于此的刘、项，那时他们各怀雄心壮志，是何等的威武雄壮。又想到时下风雨晦暗的现实社会，以及曹氏与司马氏的残酷斗争，不禁长叹："时无英雄，使竖子成名！"

在他心目中，刘邦、项羽是英雄，而眼下司马氏家族用政变之术篡夺政权，令人憎恨。当走下广武山时，他似乎找到了自己的人生目标：既然这群竖子成名了，自己虽非英雄，也不愿依附于这些竖子。

然而，司马氏独专朝政，滥杀异己，阮籍虽有志于济世，但感到世事不可为。于是采取了不涉世事是非、明哲保身的态度或闭门读书，或酣醉不醒，更是常常缄口不言。

魏文帝黄初年间，有一次阮籍跟着叔父去逛关东。他们来到兖州，刺史王昶是当时的大名士。他听说阮籍博学多才，很有才华，就想结识这个青年人。于是在官府里宴请叔侄，聊了一天，却没说一句正经话，闭口不谈时事。王昶大惑不解，感慨万千，认为这个年轻人不可测度。按当时的风气，要想入仕途为官，必得名流推选，才得品评上等高第，然后由朝廷和官府征召做官。在世人看来，能得到王昶一类名人奖誉一句半句都是求之不得的。而阮籍不显山不露水，对此不屑一顾，人们认为他是"痴"。可他的族兄阮文业却有与此相反的看法，他认为阮籍此举非但不痴，而且是超乎常人的智慧和才学的表现。

在"竹林七贤"中，他不像嵇康那样对司马氏决绝，也不像王戎、向秀那样投靠司马氏。他不得已时接受司马氏的官职，但他"身在曹营心在汉"，把做官当成游戏。他要做一个真正的隐士：隐身、隐心、隐言。

插图 8-1《竹林七贤及荣启期》砖印壁画

这幅壁画在墓葬主室后部上方，左右两壁对称，每壁各半幅，每半幅上绘四个人物。右壁为上，左壁为下。右壁半幅依次是嵇康、阮籍、山涛、王戎；左壁半幅依次为向秀、刘伶、阮咸、荣启期。从右至左前七位，正是"竹林七贤"；第八位是东周高士荣启期。由于壁画左右两半幅，从内容到形式都要对称，所以，就选取了与竹林七贤"越名教而任自然"主张一脉相通的荣启期，荣启期具有崇尚自然的达观精神。画中人物手不离杯，各现醉态，各具性格，形象地表现了魏晋风度。

2. 不仕保身

也许因为阮籍受到了他父亲阮瑀避世保身思想的影响，也许因为青少年时，目睹了争权夺利的血淋淋的现实。所以，虽然他满腹学问、人品出众，且有济世之志，但他不愿入仕，总想远离官场。然而以他的出身和才华，还是引起了官场的注意和重视。第一个把他引上政坛的人就是曹爽。魏文帝曹丕死后，他的儿子曹睿在司马懿的辅佐下登基，是为魏明帝。司马懿为魏南征北战、灭蜀平叛立下汗马功劳，权势日重，其野心昭然。此时的阮籍已是一个风度翩翩的帅哥，他对曹氏与司马氏的斗争看得很清楚。

96

魏明帝曹睿无子，所以死后他的侄子曹芳即位，是为魏齐王。这时，魏齐王曹芳只有8岁，曹睿把他托付给司马懿和曹爽辅佐。此二人一个功勋赫赫，一个出身皇家，这两个人在8岁的幼主身边展开了争夺权位的厮杀。

阮籍30岁了还没有做官。魏齐王曹芳正始三年（公元242年），太尉蒋济开府征召幕僚，闻知阮籍很有才学，就向幕属王默询问，证实了传言，第一个被征召的就是阮籍。此时，阮籍已经32岁了，曹爽与司马懿的明争暗斗已开始，并逐步升级。作为明哲保身的阮籍，绝不愿涉入政治斗争的漩涡。蒋济也知阮籍异常的脾性，担心请他不动。出乎他的意料，阮籍收到征召之命后，就写了一封言辞委婉的《奏记诣太尉蒋济》表达推谢之意，并亲自送到洛阳城路口白都亭，传吏率转呈给蒋济。蒋济看了《奏记诣太尉蒋济》非常高兴，认为自己是曹魏老臣，德高望重，还是有面子的。虽然送来的是婉辞《奏记》，但这是半推半就的表示，是礼貌的谦让，阮籍能亲自登门送来，说明他等着自己来挽留呢！

蒋济越想越高兴，着即派人去白都亭迎接阮籍，可到了白都亭不见人影，听吏卒说送《奏记》的人早就走了。蒋济得到禀报，感到失了面子，下不了台，怒颜顿起，把气撒在了王默头上。王默吓破了胆，立即给阮籍写信，苦苦劝他立即应召。阮籍的亲友也纷纷前来劝说他赶快就任，以免招来不测之祸。阮籍虽然不愿做官，但也不愿丢命。无奈之下，就去蒋济府中报到，做了蒋济的僚史。他在职期间，

插图8-2 阮籍画像（取自唐代孙位《高逸图》）

阮籍（公元210—263年），字嗣宗，三国曹魏末年文学家、思想家，“竹林七贤”之一。陈留尉氏（河南开封尉氏县）人，曾任步兵校尉，世称“阮步兵”。崇奉老庄之学，政治上则采谨慎避祸的态度。阮籍是“正始之音”的代表人物，其中以《咏怀》82首最为著名。阮籍透过不同的写作技巧如比兴、象征、寄托，借古讽今，寄寓情怀，形成了一种“悲愤哀怨，隐晦曲折”的诗风。阮籍亦长于散文和辞赋。

才华毕现，后来又升任尚书郎。但阮籍的内心深处还是根深蒂固的不仕思想主导着自己。所以，做官不久，他认为此非久留之地，便托病辞职，毅然而归。他的第一段短暂的仕途就这样匆匆结束了。

阮籍对仕途的冷淡与他年轻时的济世志向格格不入，这是他洞悉曹氏集团与司马氏集团斗争的残酷现实所造成的。无常的官场、政治的变化已使他从一个与世寡合的儒者变成一个老庄哲学的追随者。曹爽与司马懿争权的斗争，已达到了你死我活的白热化程度。双方都在策划翦除对方的羽翼，都想置对方于死地而后快。

曹爽凭着皇族子弟的身份想削弱司马懿的权力，给司马懿挂了个“太傅”之职。太傅是皇帝的老师，地位尊贵，可无实权。司马懿将计就计，装病在家，积极备战。这时，曹爽和司马懿都想拉拢名人，以壮自己的声威。曹爽对司马懿装病信以为

SERIES ON THE HISTORY
AND CULTURE OF
CENTRAL PLAINS

中原历史文化系列丛书

真。借机气势极盛，广招名士，以扩大提高自己的名望。于是，他想到了阮籍，并立即征召阮籍做自己麾下的参军。阮籍虽有短暂的官场生涯，但此时他已敏锐地感到以司马懿为代表的旧门阀士族集团的伪善阴险，以及曹爽政权的岌岌可危，断然谢绝了曹爽的征召。曹爽和司马懿都在窥视着对方的动向，以寻找消灭敌手的机会。这机会终于被万事俱备的司马懿抓到了。齐王曹芳喜平元年（公元249年），也就是阮籍谢绝曹爽的第二年春天，齐王曹芳要到洛阳郊外去拜魏明帝陵墓，曹爽带领1000人随同前往，借机游猎。等曹爽一出皇城，司马懿随即发动政变，控制了洛阳城，诱捕曹爽，罗织罪名，将曹爽兄弟及心腹干将全部处死，并诛三族。自此，曹魏军政大权全部落入司马懿手中。

人们很佩服阮籍的远见卓识，而阮籍也受到了司马氏集团的青睐。

3. 违心做官

阮籍不愿做曹氏集团的官，但他不敢不接受司马氏集团的征召。司马懿除掉曹爽独揽朝政后，立即征召名声大振的阮籍，任他为从事中郎。阮籍在曹爽与司马懿腥风血雨的斗争中看到了司马懿慈善面孔后面的狠毒之心。他怕日后遭到报复，不敢拒绝任职，朝中发生的一件事使他记忆犹新。

司马懿在广召名人时，有一个上党人叫李喜的被征召，可李喜拒绝了。司马懿对他还算客气，没有为难他。后来司马懿派儿子司马师率军东征，特召李喜任从事中郎。李喜一呼即应，乖乖地就任。司马师狡黠地问他："过去我父亲召你，你不来就任，现在我让你来就职为何一呼就到？"李喜直言相告说："过去你父是以礼对待我，所以我才以礼辞谢；现在你是依法征召，我怕用法治我，因此我来了。"

从这个事中阮籍明白了，司马师比他老子更加肆无忌惮，一旦被他选中效命，除了以性命相搏外，无论是积极对抗，还是消极软拒都是无用的，最终受害的是自己。司马懿排斥异己，杀害名士，残酷无情。阮籍看在眼里，惧在心中，只好低头就范，接受了司马懿的从事中郎一职。

司马懿死后，其子司马师独揽朝政大权，不久就废掉了齐王曹芳，又扶年仅14岁的曹髦即位。曹髦是曹丕的孙子，东海王曹霖之子。司马师死后，朝廷大权又落到他弟弟司马昭手中。

"司马昭之心，路人皆知。"如他的父兄一样，他也是恶霸和枭雄。曹髦如他股掌中的傀儡，洛阳满城都明白，他要篡位当皇帝了。

司马昭明白，要实现自己的野心，就要重用人才，特别要重视大名人。这些大名人不一定"实用"，但可"虚用"。即以他们的声望、社会影响点缀门楣，获得重贤任能大得人心之美誉。例如他对"竹林七贤"的态度各异，对能识时务、心向官场的山涛和向秀委以官位；对纵酒昏放、癫狂无度的刘伶和阮咸宽容大度；对死硬对抗则处以极刑。于是，司马昭对不软不硬的阮籍竭力拉拢。阮籍能说会道，谈锋一出，口若悬河，滔滔不绝。然而，他谈的道理清空奥妙，听起来头头是道，而且风致有趣。可听过之后，仔细一想，都是玄而又玄的话，似乎什么都说了，又似乎什么都没说，让人摸不着边际。司马昭与他交谈后感叹道，天下最谨慎的人，就是阮籍。每次和他交谈，他的话玄妙而深远。他没有评论过时事，没有褒贬过人物，真是谨慎到极至了。

司马昭并不苛求他，任他放诞，他提出要求尽力满足，能用时就用上。公元260年，司马昭杀害了曹髦，觉得篡位当皇帝的条件还没成熟，就把曹操之孙燕王曹宇之子曹奂找来，命令他继位，是为魏元帝。魏元帝景元四年（公元263年）冬，司马昭为自己篡位创造了条件，加紧了称帝的步伐，给自己加为晋公，并赐九锡，完成了以"禅让"方式篡权的准备。通常加封辞让之后，再由百官劝进，方成大礼。为了遮人耳目，就要有人出来捧场，装装样子。于是，他想到文采斐然的阮籍。他要阮籍为自己写一

篇"劝进文"，以示自己是被劝说后才加官晋爵的。阮籍既有声望，文笔又好，由他出面"劝进"，最有说服力。司马昭指定阮籍写"劝进文"呈上，可阮籍既不拒绝，又没明确表示，一次次以"沉醉忘作"为借口，不予理睬。这一天，阮籍正在朋友袁孝尼家做客，两人饮酒正浓时突然来了朝中专使，是司空郑冲指派来索要文章的，声言拿不到文章不走。阮籍此时正有了九分醉意，他用朦胧的醉眼看完郑冲的亲笔信，沉默不语，内心处于不能推辞又不敢不写的两难中。他只得慢慢地拿起笔，使者看到他的手颤颤抖抖，对他握笔行文和阐述文思产生了怀疑，也许是怕他写出不合格的文章，便劝说他，待酒醒之后再写吧！

阮籍抬眼一看，一声冷笑说，趁醉尚不清醒，方可草就；一旦酒醒，怕我手中这杆笔就不听使唤了。信手挥笔，不假思索，文思泉涌，笔走龙蛇，一气呵成，全文一字不改，一篇言不由衷、文辞瑰丽的"劝进文"跃然纸上，观者无不叹服，称其为"神笔"。司马昭看了也非常满意。

司马昭对阮籍的行为从来不认真对待。在他任司马昭参军时，一天有人到司法官署报案说有人杀母。阮籍一反无喜无嗔的常态，大骂道，这个畜生，应该杀父，怎么杀母呢？这个玩笑开大了，这是大逆不道。偏巧那天司马昭听审，在场的官员惊恐失色。司马昭责问阮籍说："杀母是不可赦的最大恶行，你怎能鼓励他呢？"阮籍回答说："禽兽只知母，而不知其父。杀父是禽兽之类，杀母连禽兽都不如！"听了他的回答司马昭只好作罢。

插图8-3竹林品古图（明代杜堇绘）

中国文人钟情于竹，寄情于竹，以竹喻志，以竹的品格为楷模，形成了灿烂的"竹文化"。"竹林七贤"游于竹林之下，开竹林之宴，聚竹林之欢，发竹林之狂。苏东坡"宁可食无肉，不可居无竹"恋竹成性，陆游"好竹千竿翠，新泉一勺水"视竹温润多情，郑板桥"养成数竿新生竹，直似儿孙"以竹为亲。明代画家杜堇此幅《竹林品古图》，以细腻的笔法描绘了竹林中文人雅士们聚于竹庭之中的场景，在品评古玩字画，场面生动，人物情态高逸，与竹互为映衬。

4. 狂放不羁

阮籍不愿做官，却不得不进入官场；害怕在政治漩涡中自身难保，而偏偏身陷漩涡无法摆脱。他会说却不敢说，他不愿为却不得不为。所以，他内心十分孤独郁闷，在这种心境中，他演绎着自己特殊的人生故事。他不仕、谈玄，而最突出的是他的狂放与怪诞。

阮籍喜欢孤独云游，有一次游汲郡（今河南汲县）苏门山，远远看到山顶巨石上有一个人，正静坐眯眼调息养生。阮籍就同他打招呼，但那人不应。他们相对而坐，阮籍向他讨教问题，他不作答。阮籍与他谈黄帝、神农玄寂之道，论夏商周之圣德，他仍不语。阮籍很郁闷，便对着那人长啸一声，准备下山。那空灵悠远的啸声、清丽激越的音调震动了那人，他似乎听到一种长久压抑、不可排遣的心理郁结。他微笑着对阮籍说，请你再来一次。阮籍激动地屏气凝神，长啸一声，其声深沉致远，久而不散。

阮籍看那人不再说什么，便引身而退，转而下山。至半山腰，山谷中忽然啸声传来，声音优美宏壮，荡气回肠。阮籍回头望去，原来是那人在山顶长啸不已。他的啸声韵律和谐，回旋林谷；如鸾凤和鸣，沁人心脾。阮籍听之入神，渐觉胸意泉涌，酣畅淋漓。

阮籍回到家中，那人的啸声还余音绕耳，如醍醐灌顶，顿开茅塞，心情澈越，挥毫写了一篇文章，叫《大人先生传》，表达了他对那位高人的仰慕，抒发了他从那位高人洒脱飘逸的啸声中得到的感悟。那位高人就是苏门山的真人孙登。后人为了纪念阮籍长啸之美谈，特建"阮籍啸台"。阮籍啸台在今尉氏县城里。史书记载啸台原"高15丈，阔2丈，有层3楹"，在明嘉靖十四年（公元1535年）、清乾隆十四年（公元1749年）和民国四年（公元1915年）曾多次重修，后在日寇进犯尉氏时被毁。现局部已修复。阮籍的长啸是他直抒胸臆的"杰作"，给后人留下了品味不尽的解读空间，那么他的哭更是淋漓尽致地表达了他内心的隐痛与哀伤，哭出了一个美男子的另一种可爱。

在一条荒僻的小路上，传来一阵马蹄声，一辆破旧的马车孤独地前行。原来上面坐的是阮籍。只见他手不握缰绳，手中端着一杯酒，晃荡欲饮。信马由缰，漫无方向。车终于停下来，因为路到了尽头。阮籍发现再无路可走顿时号啕大哭。他又驱车掉头而返，车轮颠荡着将他带向另一条道路，若是穷途，又是大哭。这大哭传递着他的无奈、痛苦、凄凉。

插图8-4 车骑图（局部西晋时代绘画）

西晋崇尚清谈，喜爱出游，流连于山水之间，不但饮酒赋诗，还爱作画，因此，留下大量的出行图和车马图，此图即为一例。这幅图中，共画了八乘车，有骑从24人。其中七乘车均为白盖"轺车"。古代军中的车，只一匹马拉的车，谓之"轺车"；两匹马拉的车，称为"轺传"。八乘车中有一乘车位于中间，驾车的有3匹马，车后簇拥5人，这种车称为"主车"。从车骑图中，反映出魏晋风度的一个侧面。

他为心苦而哭，他也为美的失去而哭。有个兵户人家的少女，没出嫁就死了。阮籍听说这个女孩很有才华，又非常美丽。他二话没说急忙跑去吊唁。他与这家人素不相识，更没有见过这个女孩。他到了这女孩的灵堂上大哭起来，旁若无人，边哭边诉，情同亲人。哀悼、倾诉完后，如释重负，站起来回头走了，若无其事。而那哭声中包含着对美的迷醉和为美易逝的惋惜之情，包含着对生命脆弱的感叹。有一次，他的嫂嫂要回娘家，阮籍不顾封建社会"男女授受不亲"的礼数，竟大大方方地去送行；更不理会叔嫂之间不能对话的规矩，还和嫂嫂说长道短。他做得是那么自然，那么坦荡。可遭到那些坚守礼教的"道学夫子"的指贬，阮籍理直气壮地回敬说："礼岂为我设也！"

还有的人想拿阮籍的所谓对母不孝陷害他，因为司马昭标榜以孝治天下。有一次，阮籍与友人下棋，忽报母亲去世，友人知其事母至孝，劝他速回，可他坚持下完棋，然后饮酒二斗，放声大哭，吐血数升。母亲下葬那天，他还食烹猪一头，饮酒二斗。他的异常之举，只有他的朋友裴楷理解，深知阮籍为方外之士，不会崇尚世俗之礼。在治丧期间，他还去参加司马归的宴会，仍无所避忌地吃喝，在场的司隶何曾实在看不下去了，指责阮籍纵情悖理，对司马昭说："大王以忠贤治政，以孝治国，可有人母新丧，全孝在身，却在此大鱼大肉，这实在是有伤教化。"何曾的意思很明白，要治罪阮籍。在座的官员都为阮籍捏了一把汗，可阮籍却泰然自若，吃喝自如，若无其事。而司马昭因以其名望维系人心，仍然给阮籍最大限度的宽容和袒护。

5. 纵酒避祸

中国封建社会的名贤文人、隐士才子大都与酒结下不解之缘。在魏晋时代，那些文人名士更是把饮酒从单纯的满足口腹之欲赋予了新的内涵。阮籍饮酒致醉，忘却世事，戏弄官场，只为摆脱现实的烦忧。

阮籍常借醉酒，掩饰自己的真实面孔。他不得已无奈地步入官场，做过司马懿的太傅从事中郎、司马师的大司马从事中郎、司马昭的大将军从事中郎、曹髦的内侯散骑常侍。但他从来都是与司马氏集团同床异梦、面和心不和。可他又怕招来是非，惹来杀身之祸。

阮籍有一女，容貌秀丽，聪慧伶俐。司马昭为了笼络他，想纳他女儿为媳，就数次托媒人登门说合求婚。阮籍对其用意心知肚明，但又不敢明拒，怕得罪了司马昭招致不测；若是答应亲事，会有攀附权贵之嫌，有损自己的名声。他左

插图8-5竹林拨阮图（南宋无名氏）

此图为南宋时期一幅精品绘画。画中溪边竹林里，有三位文士对坐于兽皮垫上，他们身着长袍，姿态各异：一人执瓶，一人扶阮接杯，一人昂首凝视。另画两个小童，一童子侍候，一童子跪伏溪边汲水。人物生动传神，衣纹细劲流畅。竹林老树，疏密远近，层次分明，错落有致。全幅构图丰满而不雍塞。

右为难，进退维谷。无奈之中，他想出了一个绝招。于是，他天天喝酒，一醉方休。来提亲的人见他烂醉如泥，不省人事，无法开口。改日提亲人又来，见他仍是沉醉不醒。如此多次，来人都没有提亲的机会。阮籍一连喝了60天，醉了60天。司马昭对他奈何不得，只得作罢，不再提联姻之事。

司隶校尉钟会，是司马氏集团的重要谋士。此人是个投机钻营、趋炎附势的小人，阮籍素来深恶痛绝，不屑与之为伍。他对阮籍耿耿于怀，总想借故整治加害阮籍，但苦于无机可乘。于是，钟会就别有用心地到阮籍家做客，故意与阮籍谈时论世，询事问人，企图在阮籍交谈中找出破绽，抓住把柄以治罪。阮籍洞察其心，知其目的，钟会每到便置酒相待，虚与委蛇，从不论及政事和当朝人物，而且举杯开怀痛饮，以酒塞言，一醉到底。钟会每每是怏怏而去，一无所获。

阮籍醉而乱礼，乱的是他一向蔑视的礼法。街坊邻居中有个长得很漂亮的少妇，当街卖酒，他不顾男女有别之礼数，经常到那里喝酒，而且一喝必醉，醉了就倒在美丽的少妇旁边酣睡。卖酒少妇的丈夫最初还对他起有疑心，可是日子久了，他仔细观察，没见阮籍有丝毫异常表情和行为，也就不以为然了。少妇的丈夫似乎读懂了阮籍的内心痛苦，对他表示了同情与惋惜。

阮籍的纵酒烂醉，是他避世自保的法宝，实质是他内心伤痛的宣泄。他酣饮、痛饮、狂饮；不计时间、不拘场合、不分对象，有酒必饮，饮而必醉，陶陶然，忘其形骸，在醉眼蒙胧中寻求精神的慰藉。

6. 游戏官场

阮籍身不由己，屈身就职，把官场当作游戏之所。尽管他不屑于当官，却有两次主动要官。

有一次，阮籍与司马昭谈话时，也许是有意而言，他对司马昭说："我曾到过东平一游，那里的风土人情很好，我可以去那里任职。"司马昭一听很高兴，这阮籍给他官他都不愿意当，现在居然主动要官了。于是，就派他去东平做太守。阮籍

上任之日，一不坐轿，二不骑马，又不像其他上任官员心急火燎地一路兼程。他骑了一头小毛驴，慢悠悠地如游山玩水般到了东平。到了任所，没有隆重的接待仪式，他也无任何就职演说。到了官衙，一看办公场所一人一屋，他觉得很不方便，效率低。

102

插图8-6 阮籍啸台

在河南省开封市尉氏县城内一汪清水的东湖之畔，有一座不规则圆形土堆，即"阮籍啸台"。据记载，原"高15丈，阔2丈，有层3楹"，为黄土夯筑。据县志记载，古啸台历经明、清和民国，曾四次维修，但终因年深日久，仍免不了风雨剥蚀和水土流失。今存遗址直径约为23米，高约10米，上有平台直径约9米。阮籍嗜烈酒、善弹琴，喝酒弹琴复长啸，得意时忽忘形骸，即刻睡去，"我今欲眠君且去，明朝有意抱琴来"。"啸"，即撮嘴吹口哨，为古人一种音乐，有专门的乐章，早已失传。苏轼等名人曾到此登台赋诗，怀念名士。苏轼作诗为："阮生古逛达，遁世默无言。忧余胸中气，长啸独轩轩。高情遗万物，不与世俗论。登临偶自写，激越荡乾坤。醒为笑所发，饮为醉所昏。谁能与之较，乱世足自存。"

于是，他就做了上任后的第一件事，也是最后一件事，他下令把相隔的墙壁全部拆掉。这一拆，官衙里办公的环境大大改观，宽敞明亮，办公时无人敢偷懒耍滑，工作效率大增。

做完拆墙这事之后，待到第10天，他就自动卸任还朝了。也许他把东平的山水游遍了，便骑着毛驴回洛阳了。

还有一次张口要官的记录。史书是这样记录的：他听说步兵厨营有酿酒高手，贮存的美酒佳酿已300斛。于是，他就要求去当"步兵校尉"。于是按他的要求任他为"步兵校尉"。可他到任之后，从来不问政事，终日以酒为伴，饮酒为乐。之后，只落了个"阮步兵"的称号。

阮籍在官场谨慎至极，从不随意褒贬人物，但对人物的评价与对待，与众不同，不是用嘴而是用眼。据说，阮籍的眼里瞳仁黑白分明，而且眼球能做一种特殊的运动，上下翻转自如，黑白变换巧妙。当他正眼平视看人，眼球居中，眼圆黑多，这叫"青眼"；当他侧视或向上看人，眼球旁置，眼白居多，这叫"白眼"。他青眼对人，表示欢迎、尊重；他白眼而视，表示轻蔑、憎恶。

阮籍的母亲故去时，守丧时来的吊唁者很多。一天，有个叫嵇喜的官员来了，他是"竹林七贤"之一嵇康的哥哥。此人在官场名气不小，但阮籍对此人没有好感。嵇喜吊丧时，他不但不哭，反而以白眼相视，表情木然。嵇喜甚是不快，怏怏而回。嵇康闻知哥哥的遭遇后，立即提酒携琴赶去吊唁。阮籍见是自己的竹林好友，以表达喜爱、尊重之意，热情相迎。正因为阮籍善用眼神示喜恶，后来才有"垂青""青睐"之说。

阮籍在那个特殊的乱世中放诞不羁、傲然自得；内心却伤痕累累，充满痛恨。他只能在压抑和妥协中小心谨慎地去应付着人事，心灵遭到一次次创伤。就在那次被逼为司马昭写《劝进文》时又一次违心而为，再次受到精神重创，从此他忧愤成疾。两个月后，即景元四年（公元263年）冬，病死家中，时年54岁。

1987年，在尉氏县王老村东南角（即阮籍墓附近），挖出一座墓碑，其正文为"魏关内侯散骑常侍阮君嗣宗之墓"，上下题款为"大清嘉庆十二年钦差兵部兼河南巡抚，提督军门实授浙江巡抚古尉氏阮元敬书"。

人杰

诗人潘岳
美貌俊才的
第九章

美貌俊才的诗人潘岳

1. 战乱中出生的美男子

潘岳，西晋诗人，字安仁，小名檀郎，其故乡是三国时期著名的官渡之战古战场的所在地中牟（今河南郑州市中牟县）。他是在魏晋朝政更迭的战乱中出生长大的。公元247年，潘岳出生了。这一年是曹魏正始八年，潘岳出生于中等门阀之家，他的祖父潘瑾在汉末和曹魏时为安平太守；他的父亲潘芘官至琅琊内史；他的叔父潘勖为汉末时的尚书右丞，是建安时期著名的文学家。当年汉献帝封曹操为魏公并加封为九锡时所发表的《册魏公九锡文》，就是出自他的手笔；潘岳的从兄潘满曾任平原内史，才学和品行都被人称道；他的族侄潘尼与他年龄相近，以文学才能出名。潘岳在这样的家族中成长，可谓得天独厚，自幼就受到良好的教育，特别是在文学上所受的熏陶对他后来的文学道路起了决定性的作用。

潘岳出生之后两年，朝政又发生动乱。曹魏正始八年（公元249年），司马懿发动政变篡夺了皇权。这时的潘岳只有七八岁，他虽小，但在家乡已经颇有名气了，被人称为"奇童"。在他13岁时，国家政局又发生了变化，执掌政权的司马师病死了，由他的弟弟司马昭接替主政。

公元263年，司马昭突然中风，暴病而亡。他的长子司马炎于曹魏咸熙二年（公元265年），硬逼曹奂让位，另立国号为晋，史称"西晋"，司马炎为晋武帝。18岁的潘岳也由曹魏过渡到晋朝，这时他已出落成一个风度翩翩、风流倜傥的俊美公子。他才学高，人品好，更出众的是姿容俊丽，眉目清秀，口方鼻直，唇红齿白。

年青俊秀的美男子潘岳最有兴趣的是出城打猎。这样的美男子本来粉丝就多，

插图 9-1.1 潘岳雕像

潘岳，西晋著名文学家，也是中国历史上有名的美男子。南朝宋刘义庆《世说新语》中描写："潘岳妙有姿容，好神情。少时挟弹出洛阳道，妇人遇者，莫不连手共萦之。"潘岳不仅长了副锦绣皮囊，还写得一手锦绣文章，是个很小就显露出文学天赋，被乡里称为"奇童"，恃才傲物的翩翩少年。他当过县令，任过京官，颇有政绩。但在政坛屡升屡降，饱尝宦海艰辛，学会了趋炎附势。唐代诗人元好问批评潘岳："心画心声总失真，文章宁复见为人。高情千古《闲居赋》，争信安仁拜路尘。"

这在崇尚美的西晋，并不稀奇。潘岳每每出猎时，站在马车上，手持弹弓，潇洒不羁，玉树临风，俊美逼人。他的马车行驶在洛阳大道上，粉丝们奔走相告："潘岳出来了！快去看呀！"霎时间，倾慕潘岳的女孩子都跑出家门，争先恐后一睹这位美男子的风采。女子们被潘岳俊丽的容貌所吸引，被他的潇洒风度所倾倒，看之不够，观之不尽。

看得眼迷心动，竟舍不得让潘岳走掉，干脆来个玉手相拉，把潘岳围起来尽情地观赏。有时，潘岳乘车出猎回城。姑娘们发现了，就追着他的车子看，一面呼喊着，一面往他的车子上扔水果。当他回到家里时，已是满满一车水果了。

插图 9-1.2 挟弹游骑图
（元代赵雍绘）

图中一贵族男子戴乌纱帽，着红衣白裤，骑黑白骏马，徐徐前行，手执弹弓，悠然仰望，似在搜寻猎物，气度不凡，风度翩翩。花马丰肥圆厚，神态生动柔美，姿势舒展自如。旁边双木挺立，枝叶疏秀。整个画面人与马造型准确，形神兼备，气韵流畅；背景简洁空灵，幽静悠远。画家不但把"散淡闲适也风流"的君子之风，酣畅淋漓地表现出来，而且将古朴典雅的诗情画意渲染无遗。作者赵雍是元代画坛领军人物赵孟頫之次子，官至集贤待制、同知湖州路总管府事。同他父亲一样，山水、花鸟、人物、鞍马等无所不能，并精鉴赏、能诗文。

潘岳被姑娘们追捧，羡慕死那些青年男子了。有的青年竟模仿潘岳的样子在姑娘们面前表现，想以此法招来姑娘们的倾心爱慕，但结果适得其反。有一个青年男子叫左思，比潘岳大3岁，也很有才华。左思文采斐然，辞藻壮丽。他创作的《三都赋》，许多大夫争相赏阅，以至出现了"豪贵之家竞相传写，洛阳为之纸贵"的罕见局面。这样一位文才可与潘岳媲美的文学青年，与潘岳的容貌比起来，可用丑陋无比来形容了。可左思不与潘岳比自己的强项，偏偏要与潘岳比容貌，真是"扬短避长"了，他要像潘岳一样得到美女的芳心。

有一天，左思在家里着意打扮修饰了一番，学着潘岳的姿态，手持弹弓，走上洛阳大道。他哪里晓得，在姑娘们的心中，弹弓已成为美男子潘岳的象征了。所以，今天姑娘们远远地看到一位手拿弹弓的青年姗姗而来，又兴奋起来，都聚拢过来，等着看自己心中的偶像潘岳。

左思越走越近，姑娘们这才看清楚出现在面前的竟是一个獐头鼠目、气质猥琐、面容丑陋的男人，活脱脱的一个小老头嘛。失望的姑娘们好像被骗受辱似的一时恼怒起来。而左思呢，看到这么多的漂亮姑娘围拢过来，心中的喜悦自不必说，激动的心情按捺不住。正当他准备接受姑娘们的赞美和追捧而得意之时，在猝不及防的情况下，随着一声："呸！"吐沫如雨点般袭过来，左思满脸满身都是姑娘吐的口水。他一边擦脸，一边后退，狼狈不堪地逃回家里躲藏起来。

还有一位叫张载，也是与左思齐名的文人，其文才被大家所称赞。他的容貌也与左思一样有名，也和左思一样做了一次傻事，学着潘岳的样子出游，想取得姑娘们的青睐，结果比左思更惨。姑娘们看到他那丑陋的容貌，简直到了不可容忍的地步，不仅用吐沫赶他走人，连小孩子也跟着扔石头砸他，下场之狼狈无法言说。

可见当时潘岳的俊美可谓无与伦比。

ELITE

人杰

108

2. 爱情专一

俊秀清丽、才华横溢的美男子潘岳倾倒了众美女，但历史上却找不到他追慕美女的记载，也无绯闻艳事的逸闻。有记录的事实却是他对妻子忠贞不渝的感情。

12岁就被称赞为奇童的潘岳被杨肇看上了。杨肇，历任西晋大将军、荆州刺史、折冲将军等要职，封东武戴。杨家是魏晋时代的名门望族。

杨肇为自己女儿相中了潘岳。当然，他看中的不只是潘岳漂亮的脸蛋，更重要的是潘岳自幼良好的家庭教养以及他聪慧的天资。潘岳后来的许多文学作品都证明了他的出类拔萃。而且杨肇与潘岳的父亲潘芘又是至交。

一天，潘芘带上12岁的儿子潘岳去拜见杨肇。到了杨府，杨肇一见潘岳，十分惊喜。他对潘岳的美誉早有耳闻，今日一见，果然名不虚传。他自是心中暗喜，遂萌生了佳念，想为女儿选婿。当即向潘芘表明心意，要把女儿许配给潘岳。潘芘也喜不自胜，与杨家联姻自然是门当户对、天作之合，就满口答应了下来。

到了谈婚论嫁的年龄，潘岳并没有结婚。晋武帝司马炎四年（公元268年），20岁的潘岳被拜为太尉府，举秀才，高步一时，到外地做官去了，未婚妻杨氏留守家中。潘岳与杨氏感情甚笃，杨氏对他也情深意厚，二人两地苦苦相思。像潘岳这样出众的美男帅哥，要才有才，要官有官，独身在外，且不说是姑娘追恋的对象，就是依他本**人风流倜傥能做**到守身如玉实为不易。可历史上对**潘岳这段生活**，没有留下只字片语的绯闻，传颂的全**是他对未婚妻深深的思恋**。文人有文人的思念方式，**潘岳在这段思念未婚妻**的日子里常用诗来表达自己内心的爱意。他写的《内顾诗二首》中有一首是这样表达的："静居怀所欢，登城望四泽……漫漫三千里，迢迢远行客。驰情恋朱颜，寸阴过盈尺。夜愁极清晨，朝悲终日夕。山川信悠永，愿言良弗获。引领讯归云，沉思不可释。"两地远相隔，情思悠悠长。登城四望，归路茫茫，思妻之心油然而生，挥之不去，悲从中来。这是何等深厚的夫妻感情。

潘岳就在这种绵绵思念的感情折磨中度过了7年相恋相思的日子，直到晋武帝司马炎太始八年（公元275年），27岁的潘岳进入司空贾充府成为僚属之后才结束了独身生活，与杨家小姐牵手走入洞房。婚后，他与妻子情笃意厚，恩恩爱爱，夫妻携手度过了20年的幸福生活。不幸的是在他46岁时，儿子病死。7年后，晋惠帝元康八年（公元298年），妻子在洛阳德宫病逝。这一年，潘岳52岁。双重的打击，使他摧心断肠，心灵受到巨大的创伤。他用诗表达出来，作为他心灵重创后的一种修复。妻子去世后他即为妻子守丧。按当时的礼制，为妻服丧一年后必须离开妻子的坟茔，回到朝廷上复职。潘岳按期回朝，为了排遣依然强烈的哀思，一连写了三

插图9-2康熙五彩潘安掷果盈车图纹凤尾尊

潘安，即潘岳。据《世说新语》载，潘岳每次出游，总有不少女子被他的美貌所迷，手牵手地围着他的车子，又向他的车子投掷水果，常常"掷果盈车"而归。此件五彩凤尾尊上的绘画，表现的就是这个题材。此器件形体制硕大，喇叭口，颈部长，鼓腹长腰，足底外撇，剪影优雅。绕腹一周绘潘安故事图，瓶体鼓腹收腰处曲面上，画十几个男女人物，错落有致，不拥挤，无变形，构图得体。绘在鼓起的器腹上故事图，意趣横生。

首《悼亡诗》，围绕着与亡妻幽冥永隔的深深悲伤，一往情深、婉转凄恻地表达出自己痛不欲生的感情。

以后，潘岳又写了《杨氏七哀诗》《悼亡诗》等六篇诗赋，寄托了无尽的哀思。潘岳悲伤不断，诗意绵绵，创作了中国文学史上最多也是最感人的悼亡诗。它是潘岳用真情和才华写就的一束忧郁之花，是百结断肠缠绕、碧血热泪写就的哀伤绝唱。

潘岳用饱蘸着哀情的笔写成的悼亡诗奠定了他在中国文学史上的地位，开创了悼亡诗的先河。后人专以"悼亡"为题来写哀悼亡故的妻子诗作，正始于潘岳。

3. 怀才不遇

晋武帝司马炎年轻时颇具雄才大略，他接受前朝教训，实行了"无为而治"较为宽松的立国之策。所以，当时国家较为安定，经济呈繁荣之势。

太始四年（公元268年）四月，司马炎躬耕籍田。籍田，是举行的一种昭示"以农为本"的国家大典，对老百姓起到"劝农"的示范作用。大典时皇帝亲自去扶犁耕田，颇有"作秀"之意。皇帝作秀，潘岳抓住了一个展示自己文才的绝好机会，写了一篇《藉田赋》，极力颂扬晋武帝的作为。

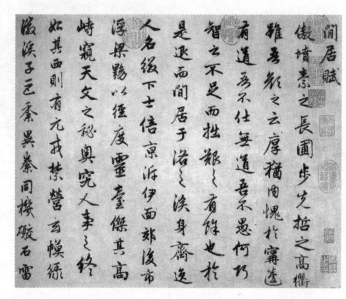

插图9-3赵孟頫书潘岳之《闲居赋》

潘岳50岁时因母病去官，回顾30年的宦官生活，仕途沉浮，心灰意懒，顿生归隐田园之念，写《闲居赋》以抒怀。他总结自己为官经历：八次调换岗位，一次提升官阶，两次被撤职，一次被除名，一次没就任，三次被外放。此篇散文由元代书法家赵孟頫书写，笔意安闲，气韵清新，通篇行楷结合，方圆兼备，体态优雅，体现赵氏书法艺术书卷气和富贵气。赵孟頫被称为元代书坛射雕手。《元史·赵孟頫传》云："孟頫篆隶真行草，无不冠古今，遂以书名天下。"他一生临池不辍，作品累累可观，指不胜屈，《闲居赋》为其中佼佼者。

这篇文赋写得辞藻清艳、文采富丽、铺陈渲染、形象感人。此赋一出手，声振朝野，很受时人推崇。恃才傲物的潘岳，一时名冠京城。树大招风，他年轻名盛，很快遭到许多人的嫉妒，受到排挤，十年未曾迁职。在他沉沦下僚的岁月里，他想投靠前朝重臣贾充，而贾充出于自己利益的种种考虑，并未起用他。再加上他的岳父杨肇家族，虽为名门望族，可也已失去了昔日的尊贵地位，开始衰落，已无能为力相助这位佳婿了。

潘岳虽出身于中等门阀士族，但很看重自己的家世。他心里本质的东西是要投入政治，踏入仕途。所以，这个时期的官场失意对他的打击很大，仕途不顺让他时时处在抑郁凄凉的心境当中。32岁的他已头染白发了。

潘岳写《藉田赋》4年后，晋武帝司马炎太始八年（公元272年），他终于进入了司空贾充府内，成了贾府的幕僚，这给他带来了一线希望。

晋武帝司马炎咸宁四年（公元278年），潘岳兼任虎贲中郎将。但是特别看重名位势力的他感到自己的政治理想并没有如愿，他仍然有沉迹下僚的压力，终日郁郁寡欢。这年秋天，面对凄清的秋凉，他写了一篇《秋兴赋》，感叹时序变迁，年华渐逝，而自己的前途渺茫，甚至产生了隐居遁世的念头。

有一天，他郁闷至极，写了一首具有讽刺性的童谣，贴在了阁道旁的柱子上，这样的诗又称"阁道词"。结果，惹恼了一些当权的大臣。当然，潘岳在童谣中也是有所指的。

此时，"竹林七贤"之一的山涛正在尚书仆射任上，主管选举，为晋武帝司马炎所宠，此外被宠的还有王济、裴楷与和峤。潘岳在那首童谣中写道："阁道东，有大牛。王济鞅，裴楷辖。和峤刺，不得休。"他把这几个人比作拉车的牲畜。大牛是指山涛，王济把这头大牛套车驾辕。"辖"，是指拴在驾辕牲口屁股上的皮带、布带，这里指裴楷在后面伺候。和峤则忙得跑前跑后。这首诗如一幅漫画，尽现三人逢迎的丑态。其中"大牛"山涛为皇帝效忠卖命之态毕现，并暗含其他三人是受山涛控制的。

潘岳为自己酿造了一杯苦酒。结果，他被排挤出朝廷，外放做一个地方芝麻官，出任河阳（今河南洛阳市）县令。可以想象得到，潘岳的心情是何等的苦闷。以他的恃才心态，出任此职大有流落河阳、怀才不遇的感觉。还好，到河阳县不久，他遇上一位能人，舒缓了他糟糕的心情。这位能人是谯人孙少宏。孙少宏少时家中孤贫，颇有音乐天才，善于鼓琴；并且他的文才亦高，写得一手好文章。潘岳与他可谓志同道合，兴趣爱好十分相投。潘岳爱孙少宏身怀才艺，孙少宏同情潘岳的遭遇，多方照顾潘岳；而潘岳非常赏识他，诚心诚意帮助他、提携他。他俩成了挚友。

4. 河阳一县花

潘岳不但人长得美，也特别爱美，自幼就爱美成癖。他在河阳县（今河南孟津县）任县令的时候，一到县城看到老百姓很穷，心中很难过。河阳县属半丘陵地势，十年九旱。他下决心改变这里的面貌。河阳县南临滔滔黄河，北依绵绵邙山，夹在一河一山中间的是一望无际的平川沃野。眼观此境，他心中出现了一则古人的治世格言："五谷宜其地，六畜宜其家，瓜瓠荤菜，百果具备，此乃县之福矣。"这片土地不正是河阳县的造福之地吗？潘岳决定不用传统的办法去种植农作物，而是广栽桃树李树，绿化荒山。方针已定，他首先大张旗鼓地宣传。当正月里官衙门口唱大戏时，他让许多人在戏台周围放风筝，风筝上都挂上大标语，上写"广种桃李"。经过几年的努力，每年春天一到，河阳县境内绿满山川；到了秋天，山川桃李果实累累。春华秋实装扮了河阳的山水田野，也给全县百姓带来了丰厚的经济收益。

潘岳不但美化了河阳山水，还引领百姓在道路两旁、田间地头、农家小院等空闲地方，植桃李、种花卉。他身体力行，在自家花园种果栽花，他的花园成了人们的典范。从此，河阳县被誉为"河阳满县桃""河阳一县花"，百姓们戏称他为"花县令"，一时传为佳话。

更妙的是，潘岳还利用自家的花园解决了一桩民事纠纷。

有一天，公堂上来了两个打官司的人。他俩来到公堂之上，互相指责，针锋相对，互不相让。潘岳立即询问了案情，原来两人是邻居，因一桩小事产生了矛盾，到公堂后仍争吵不休，互不服气。潘岳难平二人的怒气，无法断案，遂心生一计。潘岳让衙役把二人带到自家的花园里，交给他们一只尖底水桶，一根扁担，一条井绳，命他们从花园的一口井中汲水浇桃李和花卉，衙役在一旁监督。

起初，两人极不配合，好不容易从井中把水汲上来，刚往地上一放，尖底桶就倒下，桶中滴水未存。为了完成任务，无奈之下，只好一人汲上水来扶稳水桶，另一个人忙穿上扁担，然后一同上肩，步伐一致，抬到树前花下浇灌。就这样，一桶桶、一趟趟二人渐渐配合默契了，浇得也顺当了。当满园的桃李和花卉浇完时，二人你看我，我看你，无话可说，脸带愧色，不再争吵了。

回到公堂上，潘岳问："你们的官司还打下去吗？"二人异口同声地说道："不打了。"接着，潘岳断清了案情，明确了各人的责任，二人心服口服地回去了。于是，县大人"浇花息讼"的故事，一时传遍河阳县。潘岳花园中那口井也被人们誉为"浇花井"。

潘岳在河阳县为官一方，造福一方，深受百姓的拥戴。县里有几位老人受乡亲之托，给潘岳送去一棵翠柏，表达心意，并附上一首诗。诗中写道："根深枝叶翠，河阳百姓心。岁岁盼峥嵘，代代留芳馨。"赞美之情，溢于言表。

潘岳见柏读诗大喜，马上在县衙门前挥锨挖土，栽种柏树，浇水施肥。栽好柏树后，他在树前当众立誓，一定要做一个清官。潘岳栽树立誓，百姓拍手称快。人们路过这棵柏树前，都会给树浇点水，爱惜备至。

如今在洛阳市的吉利区，尚有"浇花井"和"立志柏树"的遗迹。那里有一个小村叫"花园头"，潘岳当年的花园就在小村旁边。据说村头田野里，有"浇花井"的遗址。从遗址向西南3里处是冶戍村，村南有棵柏树，大部分枝条光秃无叶，只有村东的柏树枝叶茂盛。据说，那柏树生长的地方就是当年潘岳官衙的所在地。那棵柏树每隔60年伸向一个方向的枝叶就会败落，而另一个方向的枝杈则泛青，并能生出绿叶，老百姓称之为"转枝柏"，把它看作神树敬奉。

潘岳在河阳当县令政绩显著，后来被调回朝廷，他满怀希望等待着升职。但是一等就是4年，等来的是小小怀县县令的任职书。到任之后，他心情孤郁，写了《在怀县作》两首诗，以表达身居小县城的落寞伤感。尽管如此，他对自己的工作还是谨守本分，力除弊政，做出了政绩。当时，这个县的客栈设置了"逆旅"，造成漏洞，"败乱法度"，藏污纳垢，管理混乱，有人认为应当废除。潘岳则指出，"逆旅"的设置有利于商贾的往来，不能废除，应加以整顿。最终，他进行一番整顿后，扭转了"逆旅"混乱的局面。

潘岳以与传统"重农轻商"不同的独特思想，在河阳县任县令时取得了政绩，留下了良好的口碑，为调回京师创造了条件。

5. 辞官奉亲

晋武帝司马炎统一全国后，无为而治，与民休息，生产得以发展，经济有了很大的繁荣。但是后期却耽于淫乐，纵欲无度。他"标榜以孝治天"，开始大规模修建祖先陵庙，极度扩充后宫。据史料记载，他的后宫佳丽竟达万人，这让他忙得不亦乐乎。但皇帝对此有的是办法，他每天坐着羊拉的车，在宫中慢行，挑选侍寝宫女。宫女们为了得到皇帝的宠幸，也有绝招，她们在自己的门口插竹枝撒盐巴以吸引皇帝的羊车。司马炎是历史上少有的被物欲和色欲所主宰的昏君。终于，他在寻欢纵欲中，于公元290年死去。他的傻儿子司马衷即位，是为晋惠帝，人称白痴皇帝。一个连自己的生活也不能自理的白痴何以管理国家。于是，朝政大权就落在了外戚杨氏手中，其代表人物就是顾命大臣杨骏。杨骏自命为太傅、大都督，权倾朝野。他自知名声不好，便用封赏手段来收买人心，并且笼络一些社会知名人士来装潢门面。潘岳受益了。由于他才华出众，名声远播，是杨骏笼络的对象，随即被调回了京城洛阳。这一调迁，潘岳的人生发生了重要转折。

晋惠帝司马衷永熙元年（公元290年），潘岳调回京师被任命为太傅府主簿，成为杨骏的重要幕僚，也算遂了他的升迁夙愿。

晋武帝司马炎执政时期，权臣贾充别有用心地把自己的女儿贾南风嫁给了司马炎的傻儿子司马衷。司马衷当上皇帝后，贾南风顺理成章地坐上了皇后宝座。这个贾皇后身材矮小，皮色青黑，眉生一疵，不但丑陋不堪，而且诡计多端，心如蛇蝎。杨骏辅政独揽大权后，贾南风与杨骏水火不容，她与外甥贾谧联络同党孟观、李肇，与楚王司马玮结成反杨联盟，策划诛杀杨骏、废太后杨氏的阴谋。公元291年，楚王司马玮和淮南王司马允以议事为名召杨骏入朝，诱捕了杨骏，发动了政变，杀死了杨骏，夷灭三族，被杀的达数千人。

潘岳本为杨氏集团的重要人物，已上了贾氏的黑名单。但在贾氏集团政变的那个夜晚，他有急事到洛阳城外去了，因此躲过一劫。过去他在任河阳县令时，曾结交的那位朋友孙少宏此时正是楚王司马玮的长史，有职有权。孙少宏出于友情，全力救助潘岳，潘岳才免于一死。这孙少宏真够义气，还向贾氏集团极力推荐，潘岳又被贾氏集团所用，不久派他到长安县（现西安市长安区）任县令。虽然官小地偏，但也是不幸之大幸。晋惠帝司马衷元康二年（公元292年），他在赴秦上任的路上，写下了著名的《西征赋》，这首诗作在文坛上很有影响，为后来的诗人提供了有益的借鉴。

插图9-5贤母图（清代康涛绘）

潘岳感母含辛茹苦，对母至亲尽孝，感人至深。这幅《贤母图》中的贤母端坐榻上，对儿子谆谆教诲，儿子站立面前恭恭敬敬聆听。从画上的题款"临民听狱，以庄以公。哀矜勿喜，孝慈则忠"中可推知，这是贤母向即将离家仆任的儿子进行教诲的场景。贤母虽是严肃训诫，却有离别伤感之情；儿子虽是恭敬聆听，却现踌躇难离之态；儿媳不便表态，后面恭顺侍立，却露依恋不舍之意。康涛，清乾隆年间人，钱塘（今杭州）布衣。以孝闻名于世。工画，精于仕女，刻画人物姿态静逸，巧在能妙之间。兼善山水、花鸟。又工书，年70尚能作蝇头小楷。

当年潘岳在河阳县当县令时，他的父亲潘芘去世后，就把母亲接到身边，侍奉尽孝，此后一直跟着他。这次他调任长安县（现西安市长安区）令，母亲也随之来到长安县（现西安市长安区）。一天，母亲偶患小恙，身在三秦之地，远离中原故土，老人便产生了强烈的思乡之情，向儿子透露了心迹，欲回故里，颐养天年。潘岳明白了母亲的心思，一向事亲至孝、恪尽孝道的他，一定要满足母亲的愿望，决定送母亲回乡，自己也想跟随母亲一同回乡奉养老母。但他又想到，自己身为一县父母官，是朝廷命官，身不由己，不可能长期离开官署回到远在中原的家乡。他去留不可定，忠孝难两全。想来想去，唯一的办法，就是辞职。

做出决定之后，潘岳毫不犹豫地向上司递上一纸辞呈。上司惜其才华，说道："你是难得的好官，你能忍心舍弃长安县（现西安市长安区）的好百姓吗？再说，你留任也有较多的薪俸，这能让你母亲有更好的生活，也是尽孝道。"潘岳说："我若是贪恋荣华富贵，不尊母意，还能算尽孝道吗？不孝顺母亲，怎能体谅百姓的疾苦，怎是好官？"潘岳言辞恳切，上司为之感动，不再挽留，批准了他的辞呈。

潘岳陪母回到家乡中牟县，母亲精神好转，病也全好，但失去了维持生活的俸禄，家中贫穷，生活艰辛。潘岳亲手种菜，靠卖菜为生。他每次卖菜回到家里总要带回母亲爱吃的食物；并且还养了一群羊，每天挤的羊奶都留给母亲。

已年届50的潘岳，用他写诗的手耕田种菜、饲养家畜，精心孝顺母亲，使母亲安度了幸福的晚年。潘岳是幸福的，因为母亲健在。可不幸的是这时相濡以沫的发妻杨氏病逝，结婚24年，伉俪情深，对潘岳的打击非同一般。

6. 卖身投靠

在乡下过着闲居生活的潘岳，表面看起来是关起门来"灌园鬻蔬""牧羊酤酪"、侍奉母亲、逍遥自得。但他骨子里对权势却有着强烈的欲望，热衷于仕途的轻躁本性始终未改。从20岁到40岁之间，他经历了八次宦海沉浮，其中一次被除名，两次被撤职，一次没到任，三次被外放，只有一次是升迁。他在闲居家中奉养母亲的日子里，常常清夜扪心、伏案长叹、感慨万千，这时他写下了著名的《闲居赋》。在文章中虽然表达了闲情高古、淡泊名利的心情；但同时也总结了自己仕途失败的原因，悟出了自己过"拙"的根源。于是，他下定决心，要弃"拙"而取"巧"。

皇后贾南风玩弄白痴皇帝司马衷于股掌之间，垂帘听政，而在台前权倾朝野的是他的外甥贾谧。贾谧是个文学爱好者，他利用大权，终日开阁延宾、门庭若市。他俨然以文学提倡者自居，把名冠当时的文人咸集门下，如陆机、陆云、左思、刘崇、刘琨等人。潘岳终于找到了攀附权贵的机会，找到了栖身的大树，立即投到了贾谧的怀抱。一时集合在贾谧门下的文人有24人，号为"二十四友"，潘岳以自己的文学才华成为"二十四友"之首。这个文学团体内的文学之士，几乎占当时文坛名士过半，影响很大。

表面看起来"二十四友"是一个文学团体，其实他们的政治目的很鲜明，就是攀投贾谧集团，以求得政治上的发达。然而他们毕竟是一群文人，并没有求官而舍文，他们的文学创作非常旺盛，创作了大量的诗歌，佳作不少，其诗存占了西晋文士诗歌的一半。

"二十四友"经常聚集活动，并命名为"金谷雅集"。"金谷"指金谷别庐，是"二十四友"中富豪石崇的一处华丽别墅，位于金水之畔，沿山之麓。别墅内植万株竹柏、铺绿叠翠、高台飞阁、锦绣典雅、池沼田园、野趣横生。文人们咸集于此，眼观美景，耳听伎乐，纵情山水，弋钓取乐，饮酒作诗，真乃尽享人间之欢娱。有一次，石崇为送友人，在此召30位文人相聚，昼夜宴饮，畅游别墅，并挥毫写诗，以助雅兴。事后他们的诗作编辑成集，命曰《金谷集》。可惜的是这本诗集已失，仅存潘岳的一首诗，尚有残句。"二十四友"在金谷别庐的集会活动，成为西晋时期文学繁荣的一丛鲜花。

潘岳参加"二十四友"文学团体后，得到了贾谧的信任与提拔，这正是他之所望。晋惠帝元康七年（公元297年），他被任命为著作郎，第二年又转为散骑侍郎。

在这期间，潘岳在官场上过分追逐名位官势，导致他人格上的沦落。他为了向贾谧谄媚取宠，常在贾谧的宅院外面恭候贾谧出门，当远远看到贾谧行经的大路上，高车驷马扬起弥天的尘土时，他马上低首垂目，长拜下去，一副奴颜婢膝的姿态。此举使他在历史上留下了"拜路尘"的贬名，成为他人生中的一个污点。

晋惠帝司衷元康九年（公元299年），潘岳被迁职为给事黄门郎。此时，以贾南风和贾谧为首的贾氏集团为所欲为，贾南风更是放荡荒淫无度。为巩固已得的政权，贾南风又策划阴谋废除太子。事出有因。当年晋惠帝司马衷即位后，封儿子司马遹为皇太子，称愍怀太子。那个白痴皇帝司马衷哪来的儿子？原来白痴司马衷没做皇帝前，20多岁了还不懂男女床笫之事。他的老父晋武帝司马炎着急了，于是就物色了身边的一个才人去伺候白痴儿子，负责教会他生儿子的方法。这个才人不久就怀上了白痴的孩子，生下了一男婴。这个孩子长大后还很聪明，他就是司马遹。司马炎偏爱这个孙子，有意让孙子来继承皇位。为此，司马炎必须先让儿子当上皇帝，于是立白痴儿子司马衷为太子，以便将来孙子好接儿子的班。司马炎死后，白痴司马衷被推上皇位，他的儿子司马遹就顺延成为太子了。贾南风颇有政治韬略，她想到现任白痴司马衷当皇帝可以操纵，可将来若是聪明的司马遹登上皇帝宝座，就不会听她摆布了，那会造成很大的威胁。于是，她积极策划废除太子司马遹的政变。可废除了太子将谁立为新太子呢？白痴丈夫不会和她生儿子，也就不会有自己的亲生太子。但她心生一计，她在宫中不只与太医程据等人鬼混，

插图9-6金谷园图（清代华喦绘）

此图取自石崇和绿珠的历史故事：西晋豪富石崇，生活奢靡，于河阳（今河南洛阳西北）筑金谷园别墅。金谷园规模宏大，楼台亭阁，池沼碧波，交相辉映，繁荣华丽，盛极一时。是石崇欢愉享乐的天堂，也是他邀集文人雅士饮酒赋诗之处。石崇和绿珠是悲剧：宠妓绿珠，被侍中中书监孙秀看中，石崇不应，被以谋反罪杀害，绿珠坠楼亡。华喦，清代杰出绘画大家，扬州画派的代表人物之一。工画、善书、能诗，时称为他的"三绝"。此图创作于雍正十年（公元1732年），华喦时年51岁。

还经常派人到洛阳城外物色美貌少年抢入宫室，与他们淫乱，致使后宫污浊不堪。虽然她和许多男人淫乱，但只生了三个女儿，直到四十多岁也没生出个儿子来。但当务之急是先要除掉太子司马遹，以扫除障碍。贾南风想到了潘岳。

7. 献媚被杀

晋惠帝司马衷元康九年（公元299年），皇后贾南风诈称惠帝有病，宣愍怀太子司马遹入朝探候。太子司马遹进宫后，并没有让他去见惠帝，却秘密地把他带入另一房间内。不一会，进来一个婢女，她叫陈舞。陈舞手托一盘，盘中有3升酒，还有枣。陈舞假传诏书，对太子宣诏说："陛下特赐酒于你，若不饮用，即视为不忠不孝。"太子没有选择的余地，无奈地喝酒吃枣。3升酒下肚，太子酩酊大醉。这时，又一婢女进来，带一只木箱，对太子宣道："箱内有诏书，陛下命你抄写一遍，陛下立等阅书，快抄！"神志不清的太子，糊里糊涂地抄写起来。但醉意朦胧的太子，当时并没抄完，事后又找人在太子歪歪斜斜的字后补充完整。

实际上太子司马遹神情恍惚中抄写的并非什么诏书，而是一篇"谋反"材料。贾南风得到这个材料后，如获至宝，立即把它交给惠帝看。只见上面这样写道："陛下宜自了，不自了，吾当入之。中宫宜自速了，不自了，吾当乎了之。"意思是说："父皇你应该自己退位，若是不退，我就逼你退位。皇后你也应马上退位，不退我就逼你。"

插图9-7 潘岳墓

潘岳墓冢位于其故乡河南省郑州市中牟县城关镇大潘庄村，这是潘氏子孙为纪念家族的这位名人而修建的墓，可只是一座衣冠冢。潘岳究竟葬在哪里一直是个谜。后来在距此地120公里的巩义市，发现了这位美男子的葬身之地。据清乾隆本《巩县志》记载："晋潘芘墓《水经注》：罗水又西北经袁公坞北，又西北迳潘岳父子墓，有碑。岳父芘，琅琊太守，碑石破落，文字缺败。"墓位于巩义市西南芝田镇北石村，地处坞罗河北岸台地上，墓座落农田中，无地面建筑，仅存潘岳墓冢，墓冢高6米，周长38米。西北原有潘芘墓冢，现已无存。此图为潘岳故乡之墓。

这份有谋反之嫌的材料是贾南风一手炮制的。为谋害太子，她找到文才高手、时任黄门侍郎的潘岳，授意潘岳起草一份假诏书，并命题为《愍怀太子祷神文》。潘岳的谄媚之心又一次得到满足，他用自己的一支妙笔，很快炮制出那样一篇假诏，得到贾南风的赏识。他作为"枪手"，助纣为虐，加入到阴谋害死太子的行列中。

贾南风拿到潘岳模仿太子口气炮制出的谋反"罪证"，立逼晋惠帝把太子废为庶人。太子司马遹被废不久，即被贾南风派人毒死。贾南风又谎称自己有了身孕，说是白痴皇帝的儿子，大肆张扬，派人准备生育物品。她又暗中将贾午的儿子抱过来抚养，以掩人耳目，并且扬言要把这个儿子立为太子。

贾南风自废除太子司马遹后，朝野内外群情激愤，与之同谋的潘岳也受到了人们的强烈指责。赵王司马伦和他的心腹孙秀得知太子被害，邀同梁王司马彤乘机向贾氏集团发难，发动了军事政变，一举攻占了内宫，立即矫诏废除皇后贾南风为庶人。

五天后，又派人逼贾南风饮下金屑毒酒。贾南风死后，司马伦继续清除贾氏党羽，贾氏集团的重臣贾谧被诛杀，贾氏集团彻底灭亡，赵王司马伦执掌了朝中大权。

司马伦独揽朝政之后，打着皇帝的旗号，发号施令，大封亲信。与他一同发动这场政变的孙秀被封为中书令，位同宰相，一人之下，万人之上，飞扬跋扈。孙秀出身小吏，善于拍马献媚。他当上中书令后，权势显赫，威震朝纲，不可一世。他为所欲为，杀人无数，残忍至极。

此时的潘岳虽然曾投靠贾谧，成为贾氏集团的座上客，所幸未受到大的牵连，贾氏集团覆灭后，仍在朝为官。但是他如履薄冰，终日提心吊胆。原来孙秀昔日在琅琊任杂役小吏时，正在潘岳手下当差，潘岳视他为爱好逢迎的小人，十分厌恶他，曾多次羞辱于他，甚至还责打过他。这时，孙秀手握军政要职，"子系中山狼，得志便猖狂"。潘岳深知他的为人，担心因这段宿怨而遭到加害。

有一次，潘岳在上朝时遇到了孙秀，就主动上前搭话，讨好地说道："请问孙令还会为我俩过去的事不愉快吗？"孙秀不满地看他一眼，冷言冷语地说道："中心藏之，何日忘之？"潘岳听此言不寒而栗。潘岳明知生活在虎狼之旁，但却没有选择离开朝廷而躲避，追求仕途的欲望也使他难以放下已得的官位；同时，前两次劫难都有幸过关，而且仍得重用，因此产生了侥幸心理。相比之下，他的族侄潘尼较有政治智慧，当年也曾趋附于贾谧，这时看到了危险，就装病回家了，躲过了孙秀一劫，后来官位更加显达。而潘岳则与其相反，结果遭受到灭顶之灾。

果然，就在司马伦发动政变三四个月后，终于，孙秀对潘岳出手了，给他罗织了谋反罪名，判为死罪，并"夷三族"，杀了他老母、兄弟及兄弟的妻儿三代人。

行刑那天，潘岳被押到刑场上，他看到了与自己一同受刑的母亲，想起了母亲平日里的劝导。当初，潘岳趋炎附势得志于仕途时，母亲曾告诫他说道："安仁，你当知足，怎能趋附不已呢？"现在与母亲诀别之际，后悔莫及，对母亲忏悔地说道："负阿母！"深深表示：我对不起母亲的教诲啊！然而，时光不会倒流。

潘岳在刑场上还看到了"二十四友"之一的石崇，即将同赴黄泉之时，他想起了石崇曾赠给他的那首诗。诗中写道："春荣谁不慕，岁寒良独希。投分寄石友，白首同所归。"真是不幸言中了。石崇看到潘岳乃一文弱书生，仍未能幸免于难，感慨地说道："安仁，怎么还有你呢？"潘岳长叹一声说道："这真是'白首同所归'了！"

潘岳被"夷三族"，只有他的兄长潘释之子伯武、他的弟弟潘豹之妻侥幸得免。

潘岳是作为谋反乱臣而被害的，被杀害后无人敢给他安葬。直到第二年，齐王司马冏起兵杀了罪恶多端的司马伦和孙秀，潘岳的侄子潘尼才安葬了潘岳，并立碑，上刻"给事黄门侍郎潘岳之墓"字样。据《中牟县志》载，潘岳的墓在县城西北3公里处的贾鲁河故道南侧，黄河泛滥，沉入河底，冲成水潭，深两丈许。清末村中武秀才潘龙蛟曾潜水底想在墓中寻宝，可只得到尺余长的石碑，上有"潘岳之墓"几个大字，现已无存。潘岳的故里中牟县大潘庄的潘岳墓园颇具规模。据说，1996年10月3日建成开放时，园中本为清明时节开放的棠棣开花了，一簇簇的白色花朵艳比春花，轰动一时，村民纷至沓来观赏，都说那是一生爱花爱美的潘岳显灵了。

SERIES ON THE HISTORY

中原历史文化系列丛书

第十章

官显才尽的江淹

人杰

第十章 ——— 官显才尽的江淹

官显才尽的江淹

1. 贫寒苦读

"妙笔生花"，一般用来形容写得一手好文章的人，是文人墨客心驰神往、孜孜以求的境界。"江郎才尽"，则是用来描述写不出好文章的人，或创作才能减退或消失的文人。这两种写作状态说的是同一个人，即南朝大文学家江淹。

传说江淹在梦中得到神人赠送的一支五彩笔，从此他写出了世人惊叹的诗赋。晚年时有一夜晚，他梦见一个人来把那支五彩笔要走了，自此再也写不出佳作了。

插图 10-1 南朝宋武帝刘裕画像（清人绘）

江淹的教训值得后人重视和吸取。他在做官之前，勤奋学习，从生活中吸取营养，佳作不断；而到晚年，身居高位，俗务缠身，虽为官清正刚毅，但改变了创作环境，远离了现实生活，才虽没尽，但写作灵感离他而去。

江淹，南朝著名文学家，他突出的文学成就是辞赋。江淹于公元 444 年出生于南北朝时的宋朝，济阳考城（今河南民权）人，江淹的故里在今河南省商丘市民权县程庄镇江集村。南北朝时的宋朝史称"刘宋"，是刘裕建立的刘氏王朝。

公元 420 年，东晋大将刘裕威逼晋恭帝司马德文禅位而称帝，灭晋建宋，年号为永初，史称"刘宋"，从此开启了南朝与北魏对峙的历史时期。南朝 170 年间依次经历了宋、齐、梁、陈四个王朝；公元 439 年，北魏统一北方后，先后出现了北魏、东魏、西魏、北齐、北周五朝，史称北朝。

南朝刘宋王朝的宋武帝刘裕在中国历史上是一个比较明智的帝王。他出身寒门，在当东晋大将时，治军严明，深得人心。即位之后，抑制豪强兼并，减轻税役，提倡节俭，改变了自西晋以来的奢靡之风。他传位至第三代皇帝，是他的第三子刘义隆，是为宋文帝，年号为元嘉。

刘裕，杰出的政治家、军事家，南北朝时期刘宋王朝的开国皇帝。刘裕出身寒门，家境贫苦，艰苦磨炼，锻炼坚韧的性格和强健的体魄。带着雄心壮志，年轻时从军，机智有谋，勇敢善战，多次克敌制胜，屡立战功。因功升建武将军、下邳太守、彭城内史。刘裕从此起家，成为东晋一员虎将。东晋元兴三年（公元 404 年）二月初一，刘裕在家乡京口起兵讨伐篡晋的楚帝桓玄。405 年，击败桓玄，晋安帝司马德宗复位，刘裕从此控制了东晋朝政，权倾天下。东晋元熙二年（公元 420 年），刘裕迫恭帝司马德文禅让，即皇帝位，国号宋，东晋灭亡，中国开始进入南北朝时期。

宋文帝刘义隆即位后继承和发展了刘裕的改革，使得江南在他的统治前期出现了小康局面的"元嘉之治"。这位皇帝博涉经史，善于隶书。他是一位有才能、有作为的皇帝。

江淹出生时是宋文帝元嘉二十一年（公元444年）。据传，他降生的那天晚上，他的母亲梦中看到神仙文昌帝君来到刚出世的江淹面前，手执一支七彩笔。神仙举笔在婴儿的眉心上点了一个小小的红点，然后，把七彩笔放在婴儿怀中，便飘然而去。后来，他果然写出了锦绣文章。

江淹幼年时，家境贫寒，父亲无力维持家中生计。祖父曾任过县令，江淹常拿着祖父的遗物去典当铺换钱。13岁时，父亲病逝，家中生活更加困苦，他常上山砍柴，用他稚嫩的肩膀扛柴去卖，来供养母亲。有一天上山砍柴时捡到一只貂，想拿去卖钱养家，母亲知道后对他说："这可是个好兆头！你平时用功读书，我们家不会穷下去的，说不定你将来能做到大官呢！把这貂皮留着，到那时你再用吧。"母亲对儿子充满了希望，对儿子的前途十分乐观。

江淹家中虽生活贫寒，他常常要参加劳动养家，但他读书非常用功。他曾听了《马融食花》的故事，内容深深地触动了他。马融是西汉人，他自幼刻苦学习，手不释卷。有一天，他读书累了，不知不觉睡着了。睡梦中，他走进一片树林之中，郁郁葱葱，鲜花盛开，芳香四溢。马融精神振奋，非常激动，情不自禁地伸手采摘几朵鲜花，送入口中，嚼而食之，顿觉满口留香。醒来之后，记忆犹新，花味不散。自此，他读天下文章，无所不知。写天下文章，如锦如绣，时人称之为"绣囊"。

江淹读书不去寻章摘句，死记硬背，他注重的是文章中所表达的感情、作者的文采。他特别崇拜西汉的大文学家司马相如，司马相如少时爱读书，好击剑，他的《子虚赋》《上林赋》《长门赋》等是传世佳作，江淹爱不释手，他希望有朝一日能写出像司马相如那样的辞赋。他还仰慕东汉诗人梁鸿的为人，梁鸿与妻子孟光相敬如宾，留下"举案齐眉"的美谈。江淹学习刻苦勤奋，甚至砍柴时常背诵文章，他的文章进步很快。

江淹6岁能诗，18岁就能熟背《五经》。他凭自己的满腹才学，赢得了人们的称赞，20岁时，他受聘教刘宋王朝的始安王刘子真读《五经》，并一度在新安王刘子鸾幕下任职，从此开始了他的政治生涯。

2. 陈情诉冤

江淹虽入仕途，但早年不甚得志。高平人檀超读了江淹的文章十分欣赏，以礼相待，常请他吃饭。二人逐渐成了莫逆之交，檀超到处宣扬江淹的文才，扩大影响，江淹的名气大了起来。

江淹最早任过南徐州从事，这"从事"是地方州郡长官自己任命的属官，只是一种助理，官位很低，不能算做朝廷的正式官员。后来他的名气大了，一路到了建平王刘景素幕下任主簿、参军等职。刘景素是一位喜好结交士人的王爷，江淹虽担任类似随从的官职，但跟着王爷刘景素仕途似乎有了发展的希望。就在满怀希望地跟着刘景素为官时，发生了意外之事，耽误了前程。广陵县的县令郭彦文因事获罪，被捕入狱。在审问郭彦文时，官府发现江淹与此事有关，因此，江淹也被投入监狱。江淹在狱中感到自己受了冤屈，决定申诉，他想到能救自己的只有刘景素。于是，他给刘景素一封陈情书申辩喊冤，这封陈情书就是著名的《诣建平王书》。江淹在陈情书中深情地对这位王爷表白：自己本为平民出身，因十分仰慕王爷大仁大义才致情投靠，担任府下僚属。王爷礼贤下士，以国士规格待之。知恩必报，常思报效之机，不料却遭小人谗毁。遭谗受害含冤，古之贤士尚且避之不及，何况自己一布衣常人。如果自己确实有罪在身，理当伏法受诛。但当下清明盛世，自己却含冤未申，切望王爷垂询而明。这篇陈情书，江淹用骈体文写成，辞气激扬、富有文采、不亢不卑，字里行间充溢着真情实意，读来令人动容。建平王刘景素看了江淹的陈情书深受感动，当天就把他从狱中放出来。后来，他跟着刘景素坐镇荆州。

插图 10-2 江淹塑像

江淹，南朝著名文学家、散文家，历仕宋、齐、梁三朝。少孤贫好学，6 岁能诗，13 岁丧父，20 岁任职，开始政治生涯。江淹以诗赋作品闻名于世，以"赋"最为世人称道。江淹还参与过南齐朝国史的修撰，著有史书。

时至南朝宋王朝后废帝刘昱即位，虽然只有 10 岁，可他生性残忍，经常以杀人取乐。他身边常带针、凿、锯等，侍从稍有不如意，就用这些工具残杀伤害。在街上稍有心烦见人就杀，整座建康城人人惊恐，街上行人稀少。他一天不杀人就会闷闷不乐，心中发痒。

此时，刘景素掌握着朝中大权，他左右有正义之士劝他废掉后废帝刘昱这个暴君。江淹不赞成刘景素谋反废帝，就多次劝他，但刘景素不采纳江淹的劝说，暗地里活动，日夜加紧废帝的谋划。执着的江淹后来又特意给他写了 15 首诗赠送，想以诗劝谏，但刘景素置之不理。

当时，江淹任镇军参军，兼任南东海郡丞，他总想找机会升迁。不久，南东海太守回家居丧，府衙政事无人行使。江淹立即请求刘景素让自己以郡丞代理郡守之职，可刘景素却另有人选。江淹又多次提出自己的要求惹恼了这位王爷，一怒之下，于宋后废帝刘昱元徽三年（公元 475 年）把他贬到建安吴兴县（今福建浦城县），当了一个县令。

南朝宋王朝后废帝刘昱元徽四年（公元 476 年）秋，刘景素谋反废除刘昱的谋划已成，在京城扯起造反大旗。但是这次造反不久即被平定，刘景素被杀，与其一同谋逆的人全部被杀。江淹虽为刘景素僚属，但此时他正好被刘景素贬官，不在京城，所以在刘景素谋反后未受牵连。

3. "江郎才尽"

江淹到吴兴县（福建浦城）上任的第一天，夜宿道观修院，在酣睡中忽然间有暗香浮动，仔细闻辨，是桂花香气袭人。正在陶醉之间，有人飘然而至，抬头一看，是位美男子，原来是晋代文学大师郭璞。郭璞，晋代文字家，传说是风水祖师爷。郭璞来到江淹面前，授他一支五色彩笔。从此，江淹文思泉涌、笔底生花、诗文丽句迭出，遂传为"梦笔生花"的美谈。

吴兴山清水秀、人杰地灵。江淹在这里仕途处于低谷，可他的文学创作却是高峰。吴兴民风淳朴，俯拾皆是画，动辄能成诗，更有他酷爱的丹桂花。他从大自然中汲取丰富营养，激

插图 10-3 南朝贵妃出行图画像砖（河南南阳邓州出土）

此块南朝时期的画像砖上，刻画的是贵族妇女身着盛装出行的情景。人物造型生动，细线勾勒，均匀而有节奏，像春蚕吐丝一般连绵缠绕，衣裙飘逸，飘带柔秀，飘飘欲仙，华贵优美。画像砖源于战国，盛于两汉，多在墓室中构成壁画，有的用于宫室建筑。它用木模压印然后经火烧制成，也有的是在砖上刻出纹饰。画面内容有表现播种、收割、桑园放牧等劳动的，有描绘宴乐、杂技、舞蹈等社会风俗的，有刻画贵族阶级车马出行的，题材丰富。它不仅是美术作品，也是记录当时社会生产、生活的实物资料。

起了他的才思，催生了他的顿悟和灵感。吴兴丹桂花开，独占三秋，花团锦簇，芬芳袭人，只要小小一束，便香满金黄田野。江淹的诗赋，丹桂之花是他钟爱的文学意象。他的丹桂之情溢于言表，付诸行动。他曾以吴兴县令的身份要求全县家家户户种植三棵丹桂树，而能入茶的丹桂花朵归种植者所有，树树挂牌，子孙继承。江淹用仙贤赠送的五彩笔，把在荒蛮偏远的吴兴县所获得的不同寻常的惊喜和触动汇集成交，将得到的深厚历史和人生意味撰写成诗，创作了他一生最为经典的诗词歌赋，诗文题材新颖别致，文辞绚丽多彩，音韵铿锵优美。《赤虹赋》《青苔赋》等十多篇诗赋如喷珠漱玉，篇篇精彩，这是他文学创作的巅峰时刻。他的诗赋一扫当时文坛浮华雕琢的靡靡之风，成为一代文章风流魁首。

可惜的是，当他离开吴兴县的县令之职时，他的生花妙笔离开了他，渐行渐远。据南朝著名文学批评家、河南长葛市人钟嵘的《诗品·齐光禄·江淹》记载：江淹在宣城太守卸任路上，一天在凉亭午间休息，不知不觉入梦，又看到晋代文学家郭璞来到跟前，对他说："我有一支笔放在你那里很久了，现在应该还给我了。"江淹往怀中摸了摸，就掏出一支五色彩笔来，立即交还给了郭璞。江淹交还这支笔后，从此再也写不出美妙的文章。

关于江淹还笔的传说还有一个版本，不过那支笔变成了锦缎。《南史·江淹传》中是这样记载的：江淹卸了宣城太守任，回来的路上，一天晚上梦见了有个自称张景阳的人来到他跟前，这张景阳即西晋诗人张协，字景阳。张景阳对江淹说："过去我寄存在你那里的一匹锦，现在应归还给我了。"江淹就从怀中掏出了几尺锦，递上去。张景阳一看只有这一些，有些生气，说："怎么只剩下这一点了？"说完回头看到丘迟，丘迟也是文学家。张景阳对丘迟说："剩下这几尺锦，没什么用了，送给你吧！"从此，江淹再也写不出美辞佳句了。

不管是哪一种版本所记录的传说故事，给后人留下的都是"江郎才尽"的原委。其实，江淹自吴兴县走出后，长袖善舞，飞黄腾达，历仕三朝，直至封侯。他高官厚俸，风云政坛，文学上不思进取，官达诗衰，位显才退；加之他的文学主张与时下的文学思潮合不上拍。对流行当时的"永明体"文风不满，但无力抗衡，搁笔以示抗衡。

江淹是如何离开吴兴县的呢？南朝宋王朝嗜杀成性、几近禽兽的后废帝刘昱被萧道成杀死之后，萧道成掌握了朝政大权，扶植了年仅11岁的刘准即位，是为宋顺帝。萧道成很赏识江淹的才华，就召他进京。江淹再次应召进京入仕为官。

江淹结束了吴兴县令生活，改变了他的人生。吴兴是他人生的分水岭，从此，他的文才逐渐衰减，再也写不出好作品；而他的官运则一路亨通，在仕途上一步步走向他人生的辉煌。

4. 齐朝重臣

江淹得到萧道成的垂青被召再次入京，并且从此在仕途上一路升迁，完全得助于萧道成的提携。萧道成的野心引起一些朝中大臣的不满，纷纷起兵讨伐反对他。荆州刺史沈攸之首先起兵，一时响应者无数，形势十分危急，萧道成请来江淹，问以对策。江淹侃侃而谈，纵论萧道成必胜、沈攸之必败的五个原因，说道："将军你雄武且有奇谋，这是一胜；你有宽容和仁恕之德，这是二胜；那些贤能之士都愿效力于你，这是三胜；百姓拥护你民心所归，这是四胜；你奉皇帝之命计伐叛贼，这是五胜。而沈攸之，他器量狭小，这是一败；他对民无恩施，这是二败；他的士卒是乌合之众，这是三败；许多官吏不支持他，这是四败；他的军队在千里之外，缺乏后援，这是五败。由此而看，沈攸之虽然有十万之众，必被我打败。"

萧道成听了江淹的分析，十分赞赏江淹的韬略。果然，沈攸之等人空有忠君除奸之心，却无将兵兴讨之能，根本不是萧道成的对手。第二年就被萧道

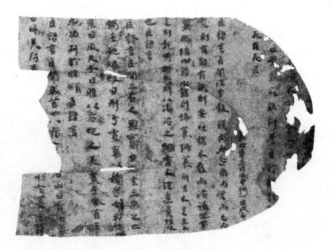

插图10-4 策试秀才的试题和考生的答卷

南北朝时期，一些国家的选举方式仍沿袭汉魏时代的制度，重用世族子弟，但要通过考试。此图就是考秀才的考题和考生的答卷。

成平定，沈攸之战败自杀，其他将领惨遭杀害。萧道成更加相信江淹的才能，江淹得到重用。江淹被任为驾部郎、骠骑军事等职。萧道成铲除了朝廷内外的对手后，于宋顺帝刘准升明三年（公元479年）四月，逼刘准下诏禅让，改国号为齐，立年号为建元，史称南齐，萧道成是为齐高帝。萧道成是较为开明的君主，他吸取了刘宋王朝亡国的教训，努力改革刘宋时代的暴政，减免租税和旧债，限制皇权，整顿

户籍，提倡节俭。这个时期，社会还较为稳定。

江淹受到萧道成的重用，任他为豫章王记室，兼任东武县令，参与草拟诏书、法令，并参与撰写国史。不久，他又升任为中书侍郎之职，自此进入了齐王朝的政治核心。此后，他的仕途更为平坦，一路顺风。江淹在萧道成称帝期间，那支写出过许多被人称颂的诗词歌赋的笔完全搁置起来了，全身心地投入官场。官显诗衰，位显才退，给后世人留下了"江郎才尽"的话柄。

5. 功成名就

南朝齐高帝建元四年（公元 482 年）三月，萧道成病死，其长子萧赜于同月即位，是为齐武帝，年号永明。他是开明的君主，继承了父亲萧道成的治国之策，厉行节约，社会比较安定。但在整顿户籍中被富豪和污吏激起民变。

江淹在齐武帝萧赜统治期任庐陵内史、尚书左丞、国子博士等职。齐武帝萧赜病死后，齐高帝萧道成的侄子萧鸾把萧赜的长孙萧昭业扶为皇帝。这个皇帝即位后挥霍无度、任性玩乐，甚至带着后妃到库房取各种珍宝砸碎取乐，而萧鸾独揽了军国大事。

此时，江淹任御史中丞。御史中丞其职是监察全国工作的最高执行官员，地位极其重要，江淹已是权倾一时的齐王朝重臣。

皇帝萧昭业想密谋除去独揽朝纲的萧鸾，可萧鸾得知便先下手为强，杀死了萧昭业，又立萧昭业的弟弟萧昭文为帝。这个年仅 15 岁的傀儡皇帝在位不到三个月就被萧鸾杀死，萧鸾于公元 494 年自立为帝，改年号为建武，是为齐明帝。

江淹在朝廷动乱、皇帝更迭中仕途上没有受影响，反而一路升迁。江淹为官还是清正廉明的，身为御史中丞的他弹劾过中书谢、司徒左长史王绩、护军长史庚仲远等人；也曾弹劾过益州刺史刘悛、梁州刺史阴智伯等人，揭露他们受贿，并拘捕了他们，交朝廷治罪，其他被他检劾论治的违法官员更是不胜枚举，朝廷纲纪为之

插图 10-5 江淹墓

江淹自幼饱读诗书，才思横溢，诗赋精工幽丽，为人所称道。后入仕为官从政，著文减少，落得个"江朗才尽"的遗憾。去世后葬于故乡，其墓为圆形土冢，墓前立三块石碑。墓高约 1.3 米，周长 8 米。

一振。齐明帝萧鸾称赞他说："刘宋朝以来，不再有法度严明的御史中丞了，现在你是唯一的一个了。"于是萧鸾对他更加重用，先是担任临海王长史，不久转任掌管刑罚的廷尉卿，负责论治的言官给事中。后又升任辅国将军，曾出任一郡的行政长官宣城太守，4年后被召回京城任黄门侍郎、步兵校尉、秘书监等重要职务。江淹在仕途中，官越做越大。

齐明帝萧鸾当朝期间，为防人谋杀篡位，大杀齐高帝萧道成、齐武帝萧赜的子孙，凡是他怀疑有篡夺皇位的也全部诛杀。在会稽太守王敬举兵反叛后，于公元498年病死，其次子萧宝卷即位，为齐东昏侯。江淹又顺利地称臣于新皇帝，而且在官场上更加左右逢源，得心应手了。

齐东昏侯萧宝卷残忍凶暴、嗜杀成性、挥金如土、厌烦朝政，且玩杂技成瘾。朝廷人心离散，国势衰落，百姓民不聊生。在东昏侯永元年间，崔慧景乘机兴兵反叛，并且率领叛军很快包围了京城建康。兵临城下，城中的许多士族官僚胆战心惊，想投崔慧景，纷纷拿着自己的名片去见崔慧景。江淹与众不同，他称病不出。其实叛军远不是齐朝的对手，很快就被平定下去。事后江淹安然无恙，大家对江淹的老谋深算佩服得五体投地。

东昏侯萧宝卷在位3年，公元500年齐高帝萧道成的族弟萧衍起兵讨伐昏庸的萧宝卷。次年三月，在江陵萧衍拥立齐明帝萧鸾的第八子萧宝融称帝，萧衍亲率大军直捣建康，一路大捷。当萧衍的大军进军到新休（今南京市西南）时，朝中许多士族官僚借前车之鉴，怕再投叛军站错了队，都安之若素，等待平定叛军。可江淹又看清了形势，选定了方向。他立即脱去官服投到萧衍的军门下。当年十二月，守卫建康城的将领们见萧衍大军声势浩大，便杀掉东昏侯萧宝卷。

萧衍自封梁王，杀尽萧鸾诸子，于公元502年初假意请萧宝融回建康皇宫。但在三月当萧宝融去建康到达姑孰（今安徽省当涂县）时，萧衍党羽逼其下诏禅让帝位于萧衍，萧衍顺利地称帝，南齐灭亡，改国号梁，是为梁武帝。

江淹也顺利地进入南梁王朝，梁武帝萧衍看到在灭齐的斗争中江淹旗帜鲜明地投靠自己，更加对其重用。江淹在梁朝任尚书左丞，官至金紫光禄大夫，成了朝廷的近身顾问，封醴陵侯，权倾朝野。

江淹历仕南朝宋、齐、梁三个王朝，晚年居庙堂之高，官运通达，功成名就。高墙深院隔绝了他与社会的联系，创作灵感被阻塞了，波澜壮阔的社会生活不能再激起他的创作激情，不再为他所有。人们赞扬他的，不再是他的文学作品，而他政治上的才智和人品，却得到了帝王的称佩。所以，公元505年他病逝后，梁武帝萧衍给了他最高规格的礼遇，素服致哀，谥曰"宪"。

江淹去世后，葬于他的故里今商丘市民权县北15公里李堂乡岳庄西一华里处。原墓高约1.3米，周长8米。可惜此墓1972年被毁无存，但残碑尚在。

第十一章

崇尚古朴

的诗人元结

人杰

DI SHI YI ZHANG
CHONG SHANG GU
PU DE SHI REN
YUAN JIE

第十一章·崇尚古朴的诗人元结

131

崇尚古朴的诗人元结

1. 出身贵族

读唐代大诗人元结的诗作，常会产生时光倒错、光阴轮回的复杂感觉，有人评价他是心古、行古、言古，他在写诗的实践中崇尚古朴足可称奇。

有人评价元结诗的风格是"尚謷耳"，通俗地说，即他的诗"不通俗"。这样的诗人不易为人理解，他的诗作更像"天书"让人费解。

其实，元结崇尚的是远古的"风雅"，钟情于先秦以前的诗。他模仿过《毛诗》，也尝试过楚辞和古乐府诗的一些体例。这些先秦以前的太古韵在他的诗作中发挥得淋漓尽致。不看其名，只读其诗时，很容易让人将他的诗作与先秦时代或更早时代的诗人联系起来。

诗歌的表现形式很重要，然而更重要的是诗的内容。元结用古调阐发对民心国事的关心，对帝王、天道的认识；用五言古体表达安史之乱引发连年战乱的悲叹。他的诗中，有浓厚的忧国忧民的思想，有强烈的现实主义精神；他特别重视诗的教化劝诫功能。然而，他由于受道家思想的影响，在诗中也流露了消极避世的思想。而现实中的元结，却是追求闲逸、雅好山水的文人，该隐则隐，该出则出。

元结，字次山，自号为漫郎、漫叟、聱叟、浪士，河南省鲁山县商余山人。他是鲜卑族的后裔，原姓拓跋。

南北朝时，鲜卑族拓跋部人拓跋珪建魏，史称北魏，是为道武帝。北魏传至第 7 位皇帝孝文帝拓跋宏后，发生了巨大变化。孝文帝拓跋宏自幼熟读儒家经典，向往汉族文明。他执政后，看到了鲜卑族的落后，就开始了汉化的改革。虽然一次次遭到朝中许多

插图 11-1 元次山碑和碑文（局部 宋代拓片）

元次山碑，又名"容州都督元结碑"，全称为《唐故容州都督兼御史中丞本管经略使元君表墓碑铭并序》。此碑原在河南鲁山县城北青岭元结墓前，后移至鲁山城一中学校园内，明代为之修建了碑亭。颜真卿于大历七年（公元 772 年）63 岁时为好友元结亲手撰写并书丹悼文，是颜体的代表作品之一。该碑为青石雕刻而成，碑额缺失。碑文四面环刻，也称四面碑。碑文记述元结生平功德，反映国事民生状况，成为唐碑体例中的代表作。该碑颜撰文、颜丹书、元结人品，世称"三绝"，奉为"三绝碑"。

人的反对，但他不怀民族偏见，冲破重重阻力，实施改革。姓氏改革就是其中一项重要内容。他下令要求把鲜卑族的复姓改为单姓，并且以身作则，把"拓跋"复姓改为单姓"元"，他成了"元宏"。

元结的祖父元亨，字利贞，热衷于儒学的学习与研究，而且学有所成，一时名播乡里，引起了霍王李元轨的兴趣，慕名相请，做了李府幕僚。元亨英年早逝，死时留下3岁的儿子元延祖，元延祖是元结的父亲。元延祖爱好闲逸生活，志在田园山水，到了40多岁仍身无功名。在亲戚朋友的劝说下，才勉强出仕，曾做过湖南道县的一个文职小官。之后，远离官场，回归田园，过起了闲适的日子。

元结祖居太原，他的父亲元延祖离开仕途后，就带领家人南下迁移到中原，来到河南省鲁山县。鲁山之地出产的一种灵药吸引了元延祖，于是他就选择了鲁山县商余山为定居之地。在商余山，元结开始了他少年时代的生活。

商余山的生活，给元结带来无限快乐。也许是受祖父辈的影响，元氏家族出身鲜卑，文化都不高，元结的少年时代并不好学。作为父亲，对儿子的期望总想找一良师，教育儿子成才。

良师可遇不可求。元结长到17岁时，终于遇到一位好老师，这位老师改变了元结的命运。

2. 良师益友

公元712年，李隆基逼睿宗让位登基，是为唐玄宗。玄宗在唐太宗和武周的基础上使唐朝进入了开元至天宝长达40年的稳定而鼎盛的时期，开启了中国历史上强盛繁荣的"开元盛世"。

太平思乐，盛世兴玩。唐玄宗开元二十三年（公元735年），这一年的春节，玄宗玩兴正浓，要到东都洛阳欢度佳节，与民同乐。为此组织盛大的文艺会演活动。朝廷下令洛阳周边三百里内都要选拔优秀演员，带上优秀节目参加会演。所涉及的各州县闻风而动，会演盛况空前。

会演开始那天，首先是河内太守带领一队参演的艺人隆重出场。接着，来自各州各县的几十辆华彩车辆，浩浩荡荡入场。每辆车都尽显五彩绚丽，连拉车的牛都以绫罗绸缎装饰；车上坐着的艺人、乐工们更是衣饰华丽，靓丽耀目。

文艺节目开始了，各地的文艺节目陆续登台表演，艺人的表演精彩纷呈。戏楼下的观众水泄不通，欢声雷动。五凤楼上唐玄宗更是看得眼花

132

插图11-2元德秀抚琴图

元德秀父亲曾任刺史，两袖清风，为后人只留下一张祖传古琴。元德秀贤孝闻世，酷爱古琴，精通音律。他做鲁山县令，不仅勤于民事，更奇特的是依古训"安上治民，莫善于礼；移风易俗，莫善于乐"的儒家经典理论，抚琴治县。唐开元年间，他筑琴台、抚古琴，与民同乐，把曲高和寡的古琴韵，变为雅俗共赏的艺术。每到纳皇粮之季，狱卒不催，元德秀抱琴登台弹奏《庆丰收》一曲，百姓们闻琴便奔走相告，按律纳粮。"琴台善政"成为千古美谈。据史书载，元德秀终生以七弦为妻，不曾婚娶，俸禄多用于扶老存孤，赈济穷困。三年县令任后，他抱琴独去，退隐陆浑（今嵩县境内）山村。据记载，原元德秀琴台琴室5间，雕梁画栋，飞角挑檐，高15.6米，顶46平方米。今其遗址尚存。

缭乱，如醉如痴。最后压轴戏上场了，演出的是有浓郁地方特色的民谣。民谣声声，清新悦耳，洪亮高亢，令人耳目一新。唐玄宗大为称赞，着即让人了解演出者的来历。原来这是鲁山县表演队带来的节目，更让皇帝高兴的是，民谣的歌词出自县令之手。县令的奇词妙语让皇帝为之开怀，立刻给以赏赐。这位亲手写歌词的县令就是鲁山县的县令元德秀。元德秀得到皇帝的御赐奖金，便拿来接济贫穷百姓。元德秀真是名副其实的"德秀"。他出身贫苦人家，家中只有一个老母，还常年卧病在床。他伺候母亲，不离床前，同时刻苦读书，勤奋学习。年逢科举，他想去考进士，但想到进京应试，病榻上的老母无人端汤送药。心中无奈至极，但机会不能错过，他想出一个令人难以置信的办法，他背起了老母亲，踏上了去长安的赶考之路，感动了无数人。

到了长安参加考试，元德秀一举及第。不久，母亲病逝。他为了守孝，生活更为清苦。他食无盐酪，卧不铺席，为了给母亲超度灵魂刺破手指，抄写经文，为母祈福。

后来，元德秀被任为鲁山县县令。在县令任上，两袖清风，关心民众，忠于职守。县令一职任期满了之后，回到陆浑（今河南嵩县）山中的清贫之家。他的家，无一堵围墙护院，更无一仆相助，形影相吊，度日艰难，甚而时有断粮，终生未娶。

当元德秀到鲁山县当县令时，元结 17 岁，也是父亲急于为儿求师的当儿。元德秀一到任，元结的父亲元延祖好像发现了金矿，非常高兴。因为按辈分，元结应该叫元德秀叔叔，更符合心意的是，元德秀德才兼备，为人朴实。

就这样，元德秀收下了元结这个弟子。元结师从元德秀，老师精心教授，学生勤奋读书。元结不但学业精进，而且与老师元德秀结下了深厚的感情。

元结从师元德秀一学就是 10 年。唐玄宗天宝十三年，元结听说恩师元德秀病逝家中，悲痛万分，立刻前去吊唁。到了元德秀家里，洒泪祭奠，哀号欲绝。村人邻居，见状不解，元结说道："我与老师之感情，至大无边。老师只有 60 岁就离开了我，他一生未娶，虽曾为官，但从未用过锦绣，有地不过 3 亩，有屋 10 尺之大。从未穿过华衣丽服，从未吃过五味美食佳肴。贫穷至此，从无怨言。我今哀悼恩师，是想用我祭吊恩师的哀号之声，告诫那些荒淫贪婪之辈，绮纨粱肉之徒应该如何为官、怎样做人。"这一年，元结 35 岁，朝中腐败，他有志难以实现，愤懑无比。

元结从元德秀那里学到的不仅是满腹经纶，更重要的是元德秀的崇高美德、为人做事之道。元德秀的学识和思想品德，影响了他的一生，改变了他的一生。元结的父亲给了儿子最宝贵的财富，即是结识了一位人生的良师益友。

3. 应举多舛

十年寒窗，终成学业，27 岁的元结踌躇满志，就要进京赶考了。那正是唐玄宗天宝六年（公元 747 年），盛世外表下的唐王朝已是江河日下了。

公元 736 年，唐玄宗的宠妃武惠妃去世，郁郁寡欢的他竟看上了儿媳寿王妃杨氏。经过一番精心谋划，杨氏由妃子升到女道士，从女道士太真妃，最后被封为贵

DI SHI YI ZHANG
CHONG SHANG GU
PU DE SHI REN
YUAN JIE

第十一章·崇尚古朴的诗人元结

133

妃。唐玄宗对杨贵妃的恩宠与日俱增，已是春夜漫漫仍苦其短，日上三竿犹恋床笫。昔日励精图治的精神不见踪影，早朝再无他的身影。杨贵妃的哥哥杨国忠本为无才之无赖，竟被任宰相并兼领四十余职，权倾朝野；再加上与李林甫狼狈为奸。他们妒贤嫉能，排除异己，乱施政令，把一个好端端的朝廷搅得危机四起，腐败日益加重。

元结进京应举这一年，由于奸佞李林甫玩弄权术，杨氏集团已祸国乱朝十年。元结生不逢时，考不逢运。那年进京的应举者悉数落第。元结失望而返，回到他的故里鲁山县商余山中。从此，他以作诗写文为伴，以田园山水为乐，成了世外园中人。

134

元结毕竟是热血青年，时时关心着朝政变化，从内心深处不甘心于隐居、落寞而置国家安危于不顾，还想走上仕途而报效朝廷。他终于按捺不住一腔热情，时过 6 年，又踏上了应举之路。

那是唐玄宗天宝十二年，元结 36 岁。他到长安参加应举进士，主考官杨浚慧眼识才，看了他的文章后十分欣赏，说道："一第恩（hùn，意为"惊动"）子耳，有司得子是赖！"意思是说，元结写的文章在考生中使人震惊，官府若能录用此人，此人绝对靠得住。主考官发现人才的得意赞扬之情溢于言表。元结最终以优异的成绩登第，考取了制科，这表明他有进政府当官的资格了。

插图 11-3 华清出浴图
（清代 康涛绘）

"春寒赐浴华清池，温泉水滑洗凝脂。"（白居易诗）杨贵妃身披红色罗纱，乌黑的云鬟松挽。两个宫女紧随其后，一宫女手持香露，送上待用。贵妃伸手将接，媚目慵视，体态曼妙。画面以不同的敷色，表现衣料的不同质感。画家采用"铁线描"之技法，工笔细描人物造型，衣服线条圆润流畅，飘逸秀丽。康涛，为雍正、乾隆年间画家，以人物画著称，承明代仇英，尤求白描传统，用笔工整，形象静逸。擅山水、花鸟，尤精仕女，姿态静逸。

但是，历史又跟他开了一个玩笑。还没等他被任职入官场，第二年，发生了"安史之乱"。

三年后，公元 758 年，元结又带领家人迁居到江西瑞昌县（今瑞昌市）的瀼溪，继续过隐士生活，终日与渔人樵夫为友，满心的忧国忧民只能以酒慰藉。

4. 受命平叛

元结第二次被朝廷启用，正是安禄山叛乱之时，可以说是受命于国家危难之际。唐玄宗李隆基逃出长安，行走到马嵬驿（今陕西兴平市西），在愤怒的官兵逼迫下，处死了杨国忠、杨贵妃等杨氏家族的人后，继续西逃，并让太子李亨留下讨伐叛军，自己一直逃到四川成都。太子李亨带领人马往西北逃到朔方镇，当地的留守官员极力劝他当皇帝。唐玄宗天宝十五年（公元 756 年）七月，李亨在灵武（今宁夏灵武县）即位，是为唐肃宗，年号为至德，尊唐玄宗为太上皇。在天下大乱中这个流亡政府给各地抵抗叛军的势力一线光复的希望。此时唐肃宗很需要忠臣良将、贤才能士。这时，国子司苏源明向皇帝推荐了一人，说此人不仅文采好，而且很有谋略，爱国之心强烈。这个人就是元结。

唐肃宗听了很高兴，立即热情地招来元结，虚心向他谋求平定叛军的良策。元结毫不犹豫地写了《时仪》等三篇文章，洋洋洒洒纵论，满腔激情陈述观点，详细分析当时敌我形势，提出平定史思明叛军的办法。唐肃宗读后，龙心大悦，称赞："卿果破朕忧！"

唐肃宗心中有了底，似乎看到了平叛的胜利曙光，不再亲自督战。即拜元结右金吾兵曹参军，从八品；并摄理监察御史，充山南东道节度参谋。唐肃宗没有用错人。元结受命之后，立即到邓州、汝州、蔡州等地（今豫西、鄂北一带）招募抗击安史之乱的义军。叛军也纷纷倒戈，当时就有山棚、高晃等人率领 5000 余叛军归降于元结。

元结为了稳定军心、鼓舞士气，下令将以前战死泌南的唐军将士遗骨收葬，并刻石立表，表示纪念。此举深得人心，将士感激万分。他们在战场上杀敌奋勇、以一当十、节节胜利。同时，也极大地震撼了叛军的军心，史思明许多部下送来降书，表示归降反戈。叛军中有一个叫张谨的人杀死叛将史岁羽，投降了元结军队。与此同时，元结又派兵屯驻泌阳，坚守险要之地。史思明看到了人心所向和元结的战斗力，不敢向南妄侵一步。在短短 10 个月之内，附近的 15 座城池得以保全，有效地赢得了夺取最后胜利的宝贵时间。元结平定叛乱，战功卓著。公元 761 年，唐肃宗升他为水部员外郎，兼殿中侍御史。

插图 11-4 望贤迎驾图（南宋 佚名）

天宝十四年（公元 755 年）爆发安史之乱。次年，唐玄宗李隆基逃往四川，他的儿子李亨在逃亡中即位于灵武，是为唐肃宗。安史之乱后，李隆基由四川回到长安，此图描绘的是唐肃宗李亨带领文臣武将，在陕西咸阳望贤驿迎接太上皇李隆基的场景。李隆基白发黄袍，于宝盖下步履迟缓，老态龙钟；而李亨则黑须朱袍，陪同接见民众百姓。

5. 为民请命

公元 762 年，唐肃宗死，其长子李豫即位，是为唐代宗。唐代宗宝应元年（公元 762 年），皇帝对在平定安史之乱的有功之臣元结封爵加官，给以褒奖，但元结坚辞不受，他以尽孝为由，请求归乡侍奉母亲。其实他是看到了朝廷内的政治险恶，一身正义的他只想远离官场。

朝廷诏许了元结的归乡奉母的请求，他走了，走向他生性喜爱的山水中去。当国家需要时他能急流勇进，入仕为官，效力于朝廷和百姓；当国定安定之后，他又激流勇退，归隐山林，过起他闲逸旷达的生活。

元结走时，皇帝特封他为五品上阶的著作郎，这虽是个闲职，但也算皇帝能识才而封，正合元结之意。所以，他就顺水推舟地接受下来，带着"著作郎"一职，遂隐居于湖北樊口，悉心著作，写诗为文，以耕钓自娱，过着读书、写文、闲适的日子，惹得许多文人贤士的羡慕，戏称他为"聱叟"，即史书说他的那样"彼诮以聱者，为其不相从听"。意思是别人责备他，他从不理会别人的看法。他戏称自己为"漫叟"，是个浪漫的老头儿。

元结赋闲于湖北樊口，皇帝并没有忘记他。当时，安史之乱刚平定，百废待举，在这多事之秋，他又被举用。隐居樊口的第二年，唐代宗再次诏他入朝，拜为正四品下阶的道州刺史。而元结虽置身朝外，但匡难济时的政治抱负仍是他难以释怀的情结。所以，国家需要他时一呼即出，他毅然踏上了征途。尽管道州是个烂摊子，但他踌躇满志，对治理道州充满了信心。

道州（今湖南道县）是个多灾多难的地方，附近的少数民族"西原蛮"曾攻陷这里，一占就是月余，百姓遭到蹂躏。蛮夷撤走时，还掠去居民几万人，元结上任道州刺史时全州不足四千人。更为严重的是，在安史之乱中又遭到严重破坏。叛乱平息之后，朝廷因连年战乱、军费浩繁，许多变本加厉的各种赋税让百姓苦不堪言。

元结上任后，关心百姓疾苦，首先实行救困苏民的政策，减税免赋使百姓的困苦得到缓解，受到百姓的称赞。流亡在外的道州人闻风而归，一时间增加了万余家。就连少数民族的"夷军"也为之感动，不再兴兵来犯。

插图 11-5 元结辑《箧中集》中的页面选

元结编次的《箧中集》集其亲友沈千远、赵微明、孟云卿、张彪、王季友等诗 24 首，集前有元结于乾元三年（公元 760 年）所作的序。元结主张作诗应有规讽寄托，有益政教，要起到教化作用。所以，收集于《箧中集》的诗是反映现实的作品。这些诗人以冷眼旁观的态度，从自己感受到社会衰败景象，满怀悲愤地来写疾苦的人生。有明代汲古阁刻本及近人徐乃昌影宋刻本，附札记一卷。

有一天，突然来了一位京城大员，说是来向元结祝贺的。他对元结说："大人率领军民奋勇抗击叛军，令我佩服。今来道州，一来祝贺，二来奉命通知大人，眼下朝廷困难，想让道州增加赋税，大人意下如何？"元结一听，这位京官来道州名为祝贺，实则为增加道州百姓的赋税，这不是给煎熬中的百姓火上浇油吗？他急忙站起来说："两年前，本州曾被贼人攻陷，祸害百姓、烧杀抢掠、鸡犬不宁、受尽祸殃。道州原就是贫瘠之乡，遭贼洗劫之后，恢复很慢。去年贼人又举旗起事，先后攻占永州和邵州。但是贼人再没有攻打我道州。为什么？不是因为我们奋力抵抗，而是因为道州实在城小、地贫、人穷，贼人也哀怜我们道州的百姓啊！"元结怀着对道州百姓的深厚之情，极力辩解。一个连贼人也因抢掠不到东西而不愿光顾的地方，哪里还有纳税的能力？这位京城大员闻听此言，大惑不解，认为是元结竟敢借百姓穷苦拒纳税赋，于是斥责元结说："元结呀，我本意是与你商议赋税之事，你却为道州刁民说话，居心何在？"元结更为气愤，毫不退让，反驳道："本官治下的百姓不是刁民，是大唐的良民。百姓不存，朝廷何在！大唐良相魏征曾说过，'水能载舟，亦能覆舟'。你是京城大员，应该懂得此理吧？"这位大员理屈词穷，怒不可遏，指着元结大声喝道："你一个道州刺史反倒指责我来了，我看你的仕途到头了吧。"元结正义凛然，随手摘下官帽振振有词地说："如果逼我增加我道州百姓的赋税，我宁愿辞官归隐。"京城大员见元结态度如此强硬无计可施、束手无策，

 一栏（右侧）

136

只好服软，笑着说："元兄，不必如此动气。既然道州如此情况，容我回朝如实禀报再决定吧。"元结也客气地说："多谢大人了！"京城大员走了，元结的心悬起来了。如果那位大员上奏中有不实之词，朝廷怪罪下来，不但自己受牵连，百姓们不但不会免赋，还要遭殃。

据史书记载，元结冒着被罢官的危险向皇帝上书，请求为道州百姓免税收。上书说："臣州为贼焚破，粮储、屋宅、男女、牛马几尽。今百姓十不一在，毳孺骚离，未有所安。岭南诸州，寇盗不尽，得守捉侯望四十余屯，一有不靖，湖南且乱。请免百姓所负租税及租庸使和市杂物十三万缗。"书中言辞恳切，情动于衷，感动了皇帝，得到应允，免了当年的赋税。第二年，有官吏向元结索租税，交纳十万缗。元结坚决抵制，再次上书皇帝："岁正租庸外，所率宜以时增减。"皇恩大开，又一次应允了元结的要求。元结为民请命，创造了奇迹。

元结两次上书为民请求免租税，又助百姓建造房屋，鼓励开垦荒地、恢复生产。元结得到道州百姓的拥戴，万民称赞，百姓曾立石颂德。

元结在道州政绩卓著，两年后又转容州（今广西北流市）任都督兼侍御史、本管经略使，皇帝把附近八州的大权也交给了他。容州的情况与道州相似，在战乱中受到严重破坏，百姓流离失所，生活困苦不堪。元结到任后励精图治、开田造房、恢复生产、发展经济，同时安抚少数民族，关系融洽。容州经过几年的治理，面貌大改，社会稳定，百姓安居。

唐代宗大历四年（公元769年），因老母去世，他再次辞官。他离开容州时，治下八州的百姓纷纷拦路挽留。

6. 隐居浯溪

元结不仅是一位关心国家安危和人民疾苦的政治家，还是一位喜山好水和追求悠逸的雅士。俗人皆感其忧国忧民之高义，雅士咸慕其纵情山水之风流。元结当年被任命道州刺史时，上任路经今湖南省永州市祁县，曾逗留一游。在距县城西南五里处有一条小溪，涓涓流淌于山间，他命名为"浯溪"，意为"我的小溪"，又在浯溪东面沿江的石山上题字"峿台"两个字，并在浯溪口建一壁亭，起名"吾廊"。而后写《三吾铭》，刻于石上，后人称为"三吾"。郁郁葱葱的青山、清澈见底的碧水，给他留下了美好的记忆。

当他从容州离任后，不久又到了祁县的浯溪，不过这次来不是游山玩水览胜的，而是来此定居。他营建了家园，布局以中堂为中心，沿中轴线左右两边，分别以水、石取胜。他又在浯溪上流拦水筑一石渠，把石渠围成长池，溪水蜿蜒曲折；溪水上又建一座桥，桥上远眺，湘江如镜，幽山倒映。流动的小溪与稳固的山峦组成一幅和谐的美妙图画，透出深远的意境。元结定居于此，身在山水之中，寄情美景，远离尘世，自得其乐。在这一片净土之上，元结作为一个诗人，寻得了一个读书思考、写诗作文的绝妙佳境。

DI SHI YI ZHANG
CHONG SHANG GU
PU DE SHI REN
YUAN JIE

第十一章·崇尚古朴的诗人元结

137

他常与友人在浯溪边的"吾廊"下饮酒吟诗。每每诗兴未尽，酒坛已空。而与诗人有关的美丽传说，更为这里增添了诗情画意。

相传，女神湘君被诗人元结的高洁风流所感动，就令酒妖在峿台上凿一石窠，盛满美酒。元结与宾朋常在酣饮吟咏。窠中美酒不溢不竭，后来，那酒妖恋慕元结的高雅、潇洒、风流倜傥，摇身变成一美女，夜闯元结室中。元结正伏案作诗，见一女子突至，非常奇怪。他让美女伸出手来一看，女子手心洁白无手纹。元结知道她是妖孽，立即提笔在上画一咒符。那女子神色骤变，满怀幽怨，洒泪飘然而去。第二天，元结看到山崖上有一咒符，乃他昨夜所画。那咒符间有斑斑殷红，元结明白，那正是美女的血泪。自此峿台上窠里的美酒枯竭殆尽。

美酒干涸了，但元结的诗情没有枯竭，作为诗人和散文家在唐代诗坛文苑占有一席之地。其诗反映现实、质朴淳厚、笔力遒劲；他的散文愤世嫉俗、忧道悯人、揭露虚伪、鞭挞丑恶、笔锋犀利。

峿台石窠的美酒干涸了，但元结在那山崖上刻写的一篇美文却流芳千古。

浯溪东北的峿台山如斧劈刀削，崖似磨镜平展，形成自然石壁。当年元结奉诏挥笔写下《大唐中兴颂》一文，叙述安史之乱、玄宗逃蜀、肃宗即位、收复长安、克复洛阳等事实。全文136字，颂中犹含讽谏，赞里尚有警劝。元结写成之后，引为得意之作，兴由所致，即传著名书法家颜真卿将全文刻于峿台天然石壁上，每字四寸有余。元结文笔洗练，颜体浑厚饱满。元结美文助颜体美字成就了这篇书法瑰宝。于是浯溪崖壁上文绝、字绝、石绝，世称"摩崖三绝"，修建有"三绝堂"，千余年来，来此观赏的文人墨客络绎不绝。

7. 归葬故里

唐玄宗大历七年（公元772年）正月，元结前往京城长安，途中得病。四月在永崇坊的驿馆里溘然病逝，年仅51岁。同年冬由长安移柩于鲁山县青条岭前泉上村安葬。据历史记载，这里有泉池，"其泉澄深莫测，甘冽可饮，下溉稻菜等类，唐元次山尝乐此泉"。原来选择此处作为元结的归葬之地，是遂了他生前之乐，成全了他雅好山水的美愿。

在一片麦田中间，良田簇拥一座有几分精致的小院，这就是元结陵园。进入小陵园之内，一座坟茔掩映在翠绿的柏树下，倒透出几分生气。墓前立着一尊石碑，上写"唐节度使元次山之墓"，旁边有"鲁山知县夏文笔，嘉靖十年仲秋月朔日立"字样。

138

插图 11-6 浯溪摩崖石刻《大唐中兴颂》

元结在《大唐中兴颂》碑文辞古雅道劲，诗人以史为鉴，明颂肃宗"中兴"，实是暗讥玄宗中衰，安史之乱后，唐室并未中兴。故元结非一味谀颂，而是有颂有讥，名颂实讥。元结是唐代文学革新的先锋，颜真卿是书法革新的首倡者，均为平定"安史之乱"功臣，二人青年时即成道义之交，元结请颜真卿书，于唐大历六年（公元771年）六月刻于湖南祁阳浯溪崖壁上。《大唐中兴颂》是颜真卿书法进入成熟时期的代表作，书风磊落奇伟，达到了炉火纯青的境地。全篇布局十分紧密，真力弥满，字实撑格，给人一种向外的膨胀感，充实茂朴，气势恢弘，字里行间有金戈铁马之气、拳拳报国之志，并映射着时代的进取精神。

元结去世后，他的挚友大书法家颜真卿为他亲笔撰写了一篇碑铭，题目叫《唐容州都督兼御史中丞本管经略使元君表墓碑铭并序》，碑文由颜真卿亲手书丹，原立于青条岭下的元结墓前。碑文全文1383字，记叙了元结的家庭世系、生平事迹、死葬年月，表达了书法家对文学家的敬慕之情，令人感到二人的深厚情谊。

元结比颜真卿小10岁，但比颜真卿却早逝13年。二人同是唐玄宗时的进士，同朝为官。在政治上，二人同是平息安史之乱、保卫大唐的忠臣；在文才上，元结作诗写文绽放文苑，颜真卿的书法冠盖当时。况且，二人有过完美的合作。元结曾撰写《大唐中兴颂》，颜真卿亲手将文章刻于浯溪崖壁，此举成为天下美谈。元、颜友情深厚；文、书珠联璧合。

颜真卿撰写并书丹碑文时已63岁，全文为楷书，过半见方，字迹浑厚雄健、遒劲秀拔、气势磅礴，一股浩然正气充满字里行间。全篇气势贯通，纵横飞劲，超尘脱俗，独树一帜，是颜体书法代表作品之一，不愧书法珍品。

这尊弥足珍贵的石碑在元结墓前卓立，历经千年风霜。至明代万历四十二年（公元1641年），文人贤士唐有庆拜谒元结墓时，注意到此碑已残十之二三，如果继续曝在烈日中，不久即会化为乌有。他十分心痛，更不敢想象碑石与颜书一同消失的惨象。于是，他想方设法把碑石从鲁山县梁洼镇泉上村青条岭下移到当时的"鲁山县学"（今鲁山县城中的县第一高中）。移好后，他仍不放心，又自掏腰包出钱五千，修建一亭，碑立其内，取名"颜碑亭"，其实应该是"元碑亭"。清代康熙四十六年（公元1707年），这座亭曾重修。

传说，在清代乾隆年间，喜爱书法艺术的乾隆皇帝得知河南省鲁山县有颜真卿的真迹，就下旨把元结碑石送到北京宫中。乾隆皇帝喜欢此碑上的颜体书法，可鲁山县的人民更热爱本乡的元结，怎能让元结流入他乡？于是，鲁山县县官想了一个不得已而为之的办法，忍痛砸掉碑石的一角，然后上奏皇帝碑将破碎，难以运输，皇帝这才作罢。元结碑被保存下来了。

鲁山县第一高中的校园内，绿荫下翼然一亭，为清代建造，通身古青色方砖，三面圆窗，各有一暗红色镂空花形圆窗。亭顶四条青檐隆起，有瓦质鸟兽造型，活灵活现，顶上装饰如平方葫芦，又极像美人高高的发髻。亭子小巧精细，古色古香，能目睹元结碑上颜真卿的神妙书法，应该感谢明代那位出钱迁碑建亭的贤士，也感谢清代乾隆时鲁山官员为保存石碑的智慧。

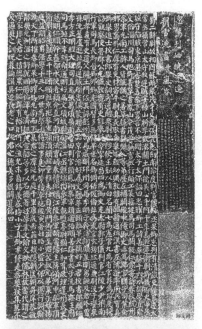

DI SHI YI ZHANG
CHONG SHANG GU
PU DE SHI REN
YUAN JIE

第十一章·崇尚古朴的诗人元结

139

插图11-7 元结墓碑

此碑为元结墓前立碑，是颜真卿为表深念之情，精书写鉴刻的墓碑，遂将"唐御史中丞本管经略使元君表墓碑铭并序"碑成后运至河南省平顶山市鲁山县泉上村元结墓前。颜真卿为元结立碑后不久，即被叛将李希烈抓获，该墓碑是颜真卿生前留给后人的最后一件力作，全文以寸半见方的楷书写就，字迹浑厚雄健，遒劲秀拔，气势磅礴，充溢着宁折不弯的浩然正气，是颜氏书体最高境界的代表作。明朝万历四十二年，此碑迁于鲁山县城黉学（今鲁山县高中院内），清代修亭护之，取名"颜碑亭"。

人杰

蜚声政坛名扬史林的

第十二章

司马光

DI SHI ER ZHANG
FEI SHENG ZHENG
TAN MING YANG
SHI LIN DE
SI MA GUANG

第十二章·蜚声政坛名扬史林的司马光

143

蜚声政坛名扬史林的司马光

1. 幼年勤读

司马光出生于河南省信阳市光山县。光山县北临淮河，河岸的山峰倒映水中而出现"浮光熠彩"的美景。当司马池夫人临盆在即，天却降大雨，县令得保护城河决堤，池县令咬牙转身赴堤坝抢险。此时有小孩落水呼救，县令立即跳水救人，小孩救出，县令却被洪水卷走，不知所踪。天放晴时，夫人分娩，县令也脱险突然回家。司马池认为孩子为光山带来福运。司马光出生于宋真宗天禧三年（公元1019年），光山县令司马池府中，借光山县名中的"光"，给他起名叫司马光。司马光的一生从人品到做事都体现一个"光"字。他说："我没有什么超过他人的地方，但平生所为，没有什么不可对人说明的。"他做人、做事光明磊落，从不做小动作，不背后伤人。

司马光，字君实。他做人的确很"实"。他自幼受家庭严格的教育，以骗人为耻，长大做事脚踏实地，是非分明。自己认为对的事一定坚持，认为错的事一定言错。他的一生没有轰轰烈烈的政治变革，也没有多少值得炫耀的政绩，却凭自己实实在在的诚心平朴的品格与学问赢得了世人的赞誉。

一件关于司马光的轶事成了历史上的美谈。宋神宗年间，为了摆脱内外交困的局面，以王安石为首的革新派进行了一系列变法改革，而司马光是变法的坚决反对者，他是朝中保守派的代表人物。司马光与王安石虽然政见上尖锐对立，但二人的私交很深，个人感情很好。这样的关系在历史上少见。

司马光的故里光山县位于河南省的东南部，那是一片有着四千多年历史的土地。

司马光家世代贵胄，他的远祖是两晋皇族平安献王司马孚，原籍河内（今河南沁阳）。司马光的先辈和堂兄六七人，都是进士出身，他们大都是好学之士，爱好诗文，

插图 12-1.1 司马光像

司马光是北宋政治家、文学家、史学家，历仕仁宗、英宗、神宗、哲宗四朝，主持编纂中国历史上第一部编年体通史《资治通鉴》。

SERIES ON THE HISTORY
AND CULTURE OF

中原历史文化系列丛书

满腹经纶。他的家庭世代书香，"笃学力行"，是一个具有深厚文化传统和学问素养的文明家庭。他的父亲是光山县的县令。有这样的家族背景影响，再加上家庭严格的素质教育，司马光从小就养成了诚实、节俭、刻苦读书的良好习惯。他在家里三个儿子中是最小的一个，但父亲司马池绝不溺爱他。父亲在他幼年时就教育他以诚待人。

那年他5岁，家里买来一些胡桃，他来剥胡桃皮。可胡桃不太成熟，很难剥皮，他的姐姐来帮他，仍然剥不下来。后来，来了一个婢女帮忙，婢女有经验，她把胡桃放在开水里一烫，皮果然很容易就被剥下来了。司马光很高兴地剥完了胡桃皮，姐姐回来看到，惊奇地问："是谁剥的呀？"司马光随口说："是我剥的。"他显然是撒谎了，姐姐相信弟弟的话。可父亲不相信，因整个过程被父亲看到了，于是父亲马上上前教训他说："你小小年纪，怎敢大胆骗人！"父亲对他严厉批评了一番。

这件事给司马光留下很深的影响，从此他再也不敢说谎话了。年长之后，他又把这件事写下来用以自勉。父亲不但教他如何做人，还教他读书。他6岁时，就在父亲的亲自指导和督促下开始读书了。他的父亲为了让他养成勤奋好学的习惯，经常给他讲些少年有为、勤学上进的故事来激励他。起初，他背书总是记不牢，容易忘记。父亲了解情况后，就因材施教。父亲对他说，读书时要多想，把书中意思弄懂了，就记得住了。于是，别的孩子在玩耍时，他总是找一个清静的地方苦读，直到把所读的书背得滚瓜烂熟。常常手不释卷、句不离口，有时读到入神，寝食都忘了。据史书载，司马光7岁时就开始读《左氏春秋》。往往老师刚给他讲解完，他就能讲给家里人听。他能熟练地背诵《左传》，并能把200多年的历史梗概讲得清清楚楚。读书学习，让司马光更聪明、更勤奋，同时关心他人、临危不惧、沉着机警等优秀品格也逐渐形成。

有一天，司马光在书房埋头读书，窗外几个同龄小朋友的嬉笑玩耍声并没有影响他。突然一声惊恐的呼叫，惊动了他，司马光感到声音异常，赶忙放下书本跑了出去。只见那假山旁的大水缸里，一个小孩子的两只小手扑腾着挣扎着，头时而露出水面，时而沉入水中，其他孩童见状已惊慌失措，叫喊着跑掉了。司马光见状明白了眼前发生的事，没有惊慌，没有呼喊，非常镇静地急步向水缸走去，抓起水缸旁的一块大石头，朝水缸狠狠砸去，"砰"一声，缸破水流，被淹的小孩随水而出，得救了。7岁的司马光砸缸救人的事迹，很快传出去了。一位画家把这事绘制成图画，名曰《小儿击瓮图》，刻版一印再印，非常畅销，传到京都汴梁、西京洛阳，家喻户晓，司马光一夜成了名人。

这个故事代代相传，流播千古，成为历朝历代教育儿童的经典启蒙教材。

插图 12-1.2 粉彩画《司马光砸缸》（民国）

此图为清道光年间冬瓜罐型瓷器上的图案。器型收口丰肩，器身呈高筒形，以粉彩器为常见，多以瓜蝶和白菜等为饰。属民窑瓷器，有豆青釉青花和信哥釉品种。其形制始见于湖北楚昭王墓出土物，此后历朝未再见这一造型，至清代道光朝再度出现，并成为晚清时极为流行的器形。此件器物因器身形似冬瓜而得名"冬瓜罐"，是景德镇窑烧，瓷质玉白，属民窑细路。罐面上彩绘司马光砸缸的故事，人物形象生动，富有情节；色彩华丽，绘制精细，沉稳老辣，笔墨娴熟。罐体背面书法俊秀。

2. 勇于谏言

DI SHI ER ZHANG
FEI SHENG ZHENG
TAN MING YANG
SHI LIN DE
SI MA GUANG

第十二章·蜚声政坛名扬史林的司马光

145

宋仁宗明道二年（公元1033年），15岁的司马光写出的文章被人称为"文辞浑，有西汉风"。

司马光的父亲司马池在仁宗宝元庆历年间任兵部郎中、天章阁待制，为官清直仁厚，对儿子影响很大。按宋朝恩荫制度，五品、六品以上的中级官员，其子弟、后人可享受补官的特权。司马光的父亲居四品，故司马光15岁由于文才出众就得到恩补郊社郎的官位。不久，又改授为将作监主簿，职位低，公事少，以学习为主。但年少的司马光却在仕途上受到了启蒙式的锤炼。

仁宗明道二年（公元1038年），司马光20岁，功名早成。他一举高中进士甲科，先后担任奉礼郎、大理评事、殿中丞、并州通判、起居舍人、同知谏官等官职。

司马光上调做京官时27岁，任大理寺评事。作为一个政治家，司马光在为官政治活动中光明磊落、坚持原则，积极贯彻执行有利于国家的决策方略。他整理了一整套包括人才、礼治、仁政、信义等方面的治国方针，连连上疏。尤其在荐贤斥妄的斗争中表现突出，青史留名。公元1060年，43岁的司马光做了谏官，一做5年。他不顾个人安危，敢于犯颜直谏，面折廷争，表现了政治家的勇气和大家风度，被赞誉为"社稷之臣"。

宋仁宗得病了，可还没有确立太子。这时朝中百官缄口不言，担心触犯病中皇帝的忌讳，否则龙颜大怒吃罪不起。其实，司马光在此之前做并州通判时，就向仁宗建议过立太子的事，但没得到回应。这时，皇帝病重，太子未立，众官缄口，司马光挺身站出，建议皇上即立太子。仁宗皇帝没有提出异议，却迟迟不决，未下诏书。司马光再次上书，说我上呈立太子建议，迟不下诏，这一定有人进舍认为皇上年壮，提及此事不吉利。这是小人之言，没有远见，他们一定想拥立一位与自己关系亲近的太子，以利自己。那样，大宋王朝就会有皇权旁落的灾难。宋仁宗看到司马光的奏疏，大为感动，很快下决心把司马光的奏章发榜到中书省，议定实行，下诏将仁宗堂兄濮安懿王赵允让的第十三子赵曙立为太子。

太子赵曙不是仁宗的亲生，只是宗室。司马光又为宗家天下操心了，他想，这赵曙继位之后，一定会追封他亲生父母的，会有后患。仁宗病死，赵曙继位，是为英宗。果然，英宗一上台就命大臣考虑以什么样的礼遇待他父母。此事关系重大，满朝文武都不敢言。

时刻关心朝政的司马光又坐不住了，他立即奋笔上书，说不应当顾忌私亲，按照惯例应称皇帝之父为"皇伯"。司马光的意见如一石激水，顿时，朝廷上不再沉寂，那些涉及自己利益的当权大臣纷纷发表意见。皇帝倾向于反对司马光意见的人。

插图12-2司马光像（明代）

司马光为人温良谦恭，刚正不阿，是儒学教化下的典范，历来受人景仰。朱熹赞曰："公忠信孝友恭俭正直出于天性，其好学如饥渴之嗜饮食，于财利纷华如恶恶臭；诚心自然，天下信之。退居于洛，往来陕洛间，皆化其德，师其学，法其俭。有不善曰：君实得无知乎！博学无所不通。"（《三朝名臣言行录》卷7）

御台有六个官员为司马光据理力争，结果都被罢官。司马光看到被罢官的官员，感到内疚，就向皇帝为他们求情赦免，但没有得到英宗的准许。司马光一气之下，请求辞官。

司马光在5年的谏官任上，认真地履行了一个谏官的职责，对朝廷竭尽忠诚。5年中他先后上奏共有177余章，皇帝对有些重大事件不表态或不准，他能一奏再奏，有的甚至上奏多达五六次。司马光为大宋王朝的基业出谋划策、呕心沥血、置生死于不顾。

3. 抗旨辞官

司马光凭着自己的才华和能力一路升迁，为人称道。但他从不炫耀自己，十分低调。宋英宗赵曙是个短命皇帝，只在位4年就病死，其长子赵顼继位，是为宋神宗。公元1067年宋神宗登上皇位，他雄心勃勃地要改变宋王朝衰弱不振的现状，大力启用贤能之士。对名声大振的谏官司马光更是刮目相看，他曾大有感慨地说："像司马光这样的大臣，如果常在我左右，我就不会犯错了。"宋神宗要调任他为翰林学士。

翰林学士一职是皇帝身边的秘书，是最高统治者权力中心的人物，这个职位是那些文人学士努力奋斗、求之不得的职位。

司马光却断然拒绝了这个众人觊觎的职位而且连上辞呈，理由是"拙于文辞"，

就是说自己写不出文章。以文才著称的司马光说此话谁会相信，当然神宗也不相信。宋神宗没有放弃，执意要他就职，并且诚心诚意地把他请到宫里，给他做说服工作。宋神宗说："古代的君子有的学问好，但不一定会写好文章；有的文章写得好，但学问不一定好。文章和学问二者兼优的只有董仲舒和扬雄了。你也是两者兼优的人，为何要推辞朕呢？"司马光很直率地说："翰林学士是皇上身边很重要的职务，对写文章要求很高。写这种文章要用'骈四俪六'的文体，这是骈体文，我写不好啊！"宋神宗说："不写骈体文，那就写汉朝那样的文章也好嘛。"司马光说："我们大宋王朝可没有不要骈体文的先例。"神宗又说："你20岁以优异的成绩高中甲科进士，你说不会写骈体文，朕会相信吗？"司马光似乎无话可回应了，低头不语，但还是婉言表示不愿就任此职。执拗的他毅然冒着欺君之罪不接任命书转身走了。走出大殿不远，有人喊他，一看，原来是内侍手拿任命书赶来了。当内侍把任命书递给他时，他还是犹豫不决，内侍严肃地说："皇帝圣旨下了，你必须回宫接旨谢恩。抗旨不遵，

插图12-3 司马光《真书宁州帖》

此帖为司马光去世前一年，元丰八年（公元1085年）冬十一月，写给侄儿司马富的手札，叮嘱其辞官归里，侍养尊亲。其书法结体方正，用笔的起落明晰利落，质朴淳厚，并富于隶书笔意。司马光的字瘦劲方正，一笔一画都写得十分规矩，即使是长篇大幅，也毫不马虎。字如其人，端劲的书风，正是他忠直严谨的个性映照。他博采众家之长，融秦篆之圆劲、汉隶之凝重、晋人之蕴藉、唐楷之刚健于一炉，从而形成鲜明的个人字貌和风格，在宋人书法中独树一帜。黄庭坚《论书》中评价："温公正书不甚善，而隶法极端劲，似其为人，所谓左准绳，右规矩，声为律、身为度者，观其书可想见其风采。"

可是杀头之罪。"回到宫殿里，神宗示意内侍，内侍立即把任命书往司马光怀中一塞，司马光算是接任了。皇帝任用一个翰林学士如此之难，当数司马光了。司马光对自己的升职是如此淡然，但他若发现了有能之才，必热心推荐。

司马光因与改革派王安石政见不合，曾赋闲家中一段时光，一度消沉，心境不好，虽喜交友，但在无权无势的境遇之中深感冷落。但有一好友叫刘器之，却经常去司马光家，二人一起谈古论今、说文话史、各抒己见，有时还争得面红耳赤。但举杯小酌，好不惬意。

后来，王安石死后，司马光被诏回宫，任宰相，位高权重。这时，许多不来往多年的旧友故交纷纷给司马光写信联系。这些信函中多半是借叙旧之名行要官之实。但独不见那位在自己失意时常来谈聊的朋友刘器之。他感到这个朋友不但才气好，而且品德高。于是，司马光想法找到了刘器之，并力荐他出仕，做了史馆的官员。

一天，刘器之去拜望司马光，司马光深情地说："当我心境不好时，是你常来宽慰我、鼓励我。那时我无权无势，能有你这样的朋友相伴，真是幸事！我如今是宰相，过去的朋友都来信叙旧，甚至对我仅见过一面的泛泛之交，也来信要我提携。而只有你，我升了官反而从不给我写信联系了。你并没因我位高而生依附之心，对我一无所求，依然读书做学问。对失意者不踩，对得势者不捧，这就是你与他人的不同处。我向朝廷推荐的就是你这样的人。"

司马光一席感言，刘器之大为感动，起身向司马光深深一揖说："君实兄知我，我由此更知君兄！"

4. 心血结晶

治平四年（公元1067年）初夏，年方19岁的宋神宗赵顼继位，他血气方刚，锐意改革。于是，国势衰弱的大宋掀起了革新风潮。

司马光本想乘此革新之风，成就一番事业。可是他看不惯改革派轰轰烈烈的执政之风，认为王安石实行的新法易害民生，与王安石意见不合。

有一次，司马光上书神宗取消新法中的青苗法，同时，以老朋友的资格给王安石写了封信，责备他实行的新法侵犯官员职权，搜刮财富等。王安石立即写了《答司马谏议书》，针对司马光提出的责备针锋相对地一一反驳。司马光觉得自己的建议无法落实，坚辞枢密副使职务，决然离开京城到了洛阳。司马光退居洛阳后，在郊外置办20亩地建造了一个园子，园内有田有水，不但种植花木竹子、池水养鱼，还能种菜、栽药材，为园命名为"独乐园"。其乐在于他怡然自得地过起了文人学士的生活；而最大之乐是自己可以静下心来、关起门来随心研究史学，写史书了。

其实，写史书是司马光的夙愿。早在宋仁宗年间，司马光担任天章阁待制兼侍讲官时，看几间房子里放着史书，就萌生了一个想法：这么多的史籍，一个人穷其一生也读不完。如果有一部系统而简明的通史让人读起来方便，又能了解中国千年兴衰交替的历史，那该多好！他把想法告诉了史学家、自己的好友刘恕，刘恕非常

DI SHI ER ZHANG
FEI SHENG ZHENG
TAN MING YANG
SHI LIN DE
SI MA GUANG

第十二章·蜚声政坛名扬史林的司马光

147

赞同。这一年，司马光30岁。

司马光20岁考中进士，步入仕途从政之后，仍然坚持不懈地学习，而且学得更深入，除专心于对经学和史学的研究外，还涉及了音乐、律历、天文、术数等，博学多识，无所不通。他广泛阅读古籍史书，细致考察、通习知晓、烂熟于心。他阅读史书还亲手作札记，日积月累获得了丰富的第一手资料。仅26岁那一年，他就写了30多篇读史札记，这为他写史书奠定了坚实的基础。

148

在他45岁那年已完成了二十五卷的史书《历年图》，并呈献给宋英宗。第二年，宋英宗治平三年（公元1067年），他又呈献出八卷史书《通志》。英宗看后非常满意，并大力支持他继续写下去，下诏设置书局，拨给经费，增补撰写人员。司马光深为感动，大受鼓舞。从此，他进入了更为有序、规模更大的写史之中。他集中选来了刘恕、刘触、范祖禹等一批当时第一流的史学家作为助手。他们与司马光在政治主张上相同、史学观点上一致，在编撰中各显其才，又通力合作，分工明确。在司马光的领导下，他们共同讨论史书的宗旨和提纲。司马光强调了编撰原则：严格选材、精心考异、编制目录、完善史体和加工贯通。分工合作，由刘班撰写两汉部分，刘恕撰写魏晋南北朝部分，范祖禹撰写隋唐五代部分，最后由司马光统稿写成全书，司马光之子司马康担任校对。可以看出，这是一个完整与严密的史书写作班子。所以，史书写作进展很顺利，并命名曰《通志》。

宋神宗继位后，虽然不接受司马光的政治主张，但对他写的《通志》赞赏有加，召见司马光当面肯定了他的成绩，说这是一部便于阅读、易于借鉴的史书。神宗评价此书有"鉴于往事，有资于治道"的作用，就赐书名为《资治通鉴》，后还为此书作序。为了支持和鼓励司马光完成这部巨著，宋神宗把颖邸3400卷旧书送给司马光作参考。并且下诏由国家供给司马光写作所需的笔墨纸砚及撰写人员的食宿费用。司马光得到了优厚的著书条件，有了更大的动力，促进了编修工作，加速了撰写进程。

在领导、组织和亲自撰写中，司马光呕心沥血、废寝忘食。有时家人等不到他回家吃饭，只得送饭到书局，送到跟前，还要家人几次催促才吃。他每天修改的书稿达一丈多长，而且不用一个草字，全是一丝不苟地用楷书写成。每当疲倦极了，就小睡一会儿，但怕睡过头，专做一圆木枕头，一翻身头会从木枕上滑下而惊醒，便立马开始捉笔。独乐园房子低矮狭窄，夏天闷热难耐，汗珠滴下把书稿弄湿。于是他请来匠人在房子里挖坑砌砖修成地下室。

插图12-4.1独乐园图（局部 明代仇英绘）

北宋文学家李格非在《洛阳名园记》中描写了司马光的独乐园："司马温公在洛阳自号迂叟，谓其园曰'独乐园'。其曰'读书堂'者，数十椽屋。'浇花亭'者，益小。'弄水种竹轩'者，尤小。曰'见山'者，高不过寻丈。曰'钓鱼庵'曰'采药圃'者，又特结竹杪，落蕃蔓草为之。温公自为之序，诸亭台诗，颇行于世。所以为人欣慕者，不在于园耳。"可知，著名的独乐园是很小的，而图所画的"读书堂"，也不过是满绕藤萝的亭子。就是在这简陋的地方，司马光编撰了恢弘的巨著《资治通鉴》。仇英，字实父，号十洲，明代著名画家，与沈周、文徵明、唐寅并称为"明四家"。存世画迹有《赤壁图》《玉洞仙源图》《桃村草堂图》《剑阁图》《松溪论画图》等。

宋神宗元丰七年（公元1084年），中国历史第一部编年体通史《资治通鉴》终于完稿了。书成之后，仅在洛阳独乐园内存放的残稿就堆满了两间屋子。司马光在这年12月请人用锦缎装裱10个精致收匣，把书装好。他和范祖禹等人押送着马车，日夜兼程，送往东京汴梁，呈献给了宋神宗。

这部史书前后共用19年时间完成，浸透了司马光和他的助手们的心血。书成时，司马光已是65岁了。他操劳过度，身体虚弱。他在给宋神宗的上表中说，臣现骨瘦如柴、眼睛昏花、牙齿脱落、神经衰弱，刚刚做过之事，转身就忘，记忆力

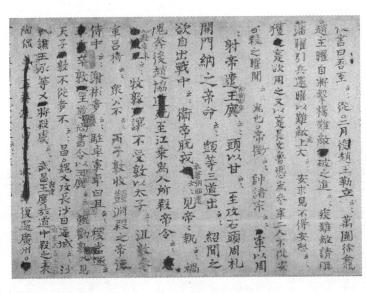

DI SHI ER ZHANG
FEI SHENG ZHENG
TAN MING YANG
SHI LIN DE
SI MA GUANG

第十二章·蜚声政坛名扬史林的司马光

149

下降。臣的精力都耗费于此部书里了，是心血的结晶。《资治通鉴》写成后，司马光的名声大振，被升为资政殿学士，名扬天下，百姓说他才是真的宰相，尊他为司马相。神宗去世他赴京奔丧，所到之处受到百姓的夹道欢迎，以致车马难行。有人拦着他说，你不要再回洛阳了，留京辅佐天子拯救百姓吧。

《资治通鉴》一书，记载了从周烈王二十三年（公元前403年）到五代后周显德六年（公元959年）共1362年的史实，全书共294卷，另附目录30卷，《考异》30卷，体例严谨、脉络清晰、语言凝练。

《资治通鉴》耗尽了司马光一生的心血，书稿未成时，他的助手、好友刘恕因积劳成疾而去世。此书出版之日，司马光也已病逝一个多月了。

5. 废除新法

公元1085年宋神宗去世，其10岁的第六子赵煦继位，是为宋哲宗，由他祖母宣仁高太后与他一起"权同听政"。实际上掌握了一切军国政事的最高决策权。这老太太对神宗实行的新法深恶痛绝，对新事物都感觉不舒心。所以，她当上太皇太后以后，以恢复祖宗法度为先务，立即起用大批反对新法最为用力的人，于是司马光随同吕公著、文彦博等人又登上了政坛，倍受重用。

元丰八年司马光重被重用，任宰相之职，终于登上了宋王朝权力的高峰。但如今的司马光已今非昔比了，67岁的高龄，加上因编撰《资治通鉴》耗尽了心血，因而体弱多病。然而，他反对新法不减当年之勇。

插图12-4.2《资治通鉴》草稿

《资治通鉴》是司马光失意于官场，退居洛阳，用十几年时间发愤而编撰的历史巨著。司马光对大量的史料删繁取精，加以润色而成。全书虽是集体编写，但行文和体例却如出一人之手。今存残稿8卷，此图所选为宋司马光手书。元代理学家韩性，曾题跋司马光的《资治通鉴》残稿曰："其以牍背起稿，可见其俭；字必端谨，可见其诚；事而书之，该以一二字，可见其博；纸尾谢状词，虽平常字，亦出于手书，可见其遇事之不苟也。"

司马光一登上相位，第一件大事就是废除新法。他建议太后广开言路，意在争取大多数人反对变法。可事与愿违，上书奏事的人数以千计，而反映百姓盼望革新政治的呼声成了主流。有些官员扬言，3年内不要改变先皇的政策，就是说不能改变新法。

听此言论，司马光愤然而起，立即上书直言说，好的先帝之法百世不可变，可像王安石的新法已成为天下的祸害。现在应该像救水火之灾一样，刻不容缓地改掉它。而且太皇太后以母亲的身份来改变儿子制订的法度，况且是儿子改了父辈的法度，这是改了先帝之法。司马光一生经历了仁宗、英宗、神宗和哲宗四朝元老，德高望重，几乎是一言九鼎，是朝廷上举足轻重的权臣。此言一出，当然正合皇太后心意，满

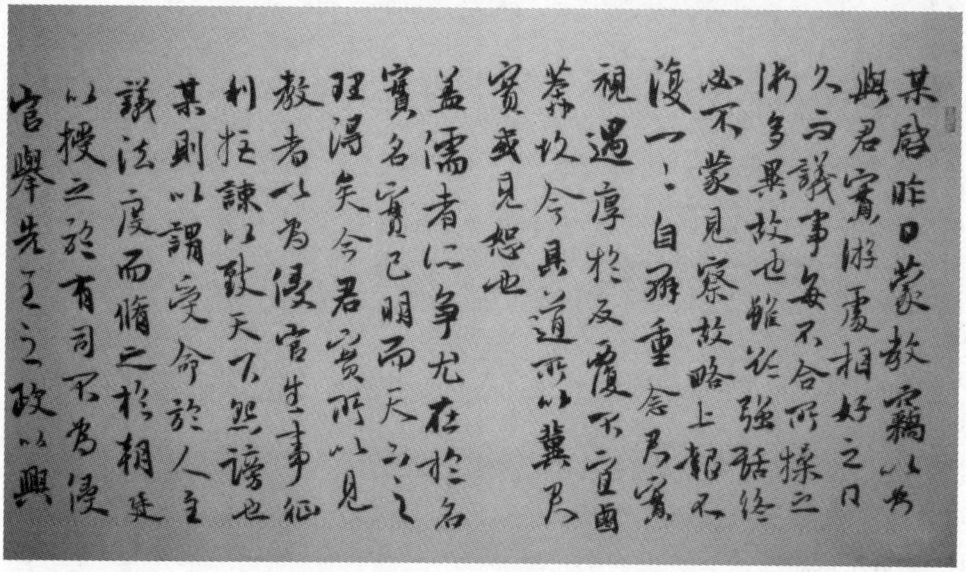

朝官员支持者非常高兴，反对者不敢说话只好随声附和，总算达到了意见统一的局面。于是，司马光把对新法的不满之情如洪水般发泄出来，开始了大刀阔斧地废除新法的行动。他重拳出击，王安石在艰难中推行了20年的各种新法措施只用了3个月就被悉数废除掉了。对于"免役法"的废除令，只给各地政府5天的时间完成。可见他废除新法决心之高、力度之大、心情之急，令人吃惊。就连与他政见相同的同僚也不适应，感到不安，甚至出面相劝。

北宋名臣范仲淹的儿子范纯仁也是当朝有名望的朝臣。他与司马迁对新法的观点相同，高太后任司马光为相时，他与司马光同时升迁。他虽然也反对王安石的新法，但对有些新法制度还是很赞成的。所以，他不赞同司马光全面废除新法的主张和做法。范纯仁立即去见司马光，说王安石的新法有可取的一面，不能因人废言，一刀砍完。并劝司马光，听取反对意见，也许对制定正确法度有益。如果刚愎自用，身边必会有阿谀奉承之人出现，当谨慎行事！北宋大文家苏轼虽反对新法，但也不同意司马光的做法。他也曾去劝说司马光对新法不能一刀切。但是，司马光坚持己见，新法不除，死不瞑目。他曾写信给他的同僚说："我把自己的身体交给医生，把家事交给儿子，国事就托付给你们吧！"他把自己最后那一点余热全部用在了废除新法等国事上，上书历数新法之害，建议废除；提出边地以和为主的主张；建议朝廷设立

插图12-5 唐寅书《答司马谏议书》

时任右谏议大夫司马光，反对王安石的新法，曾写信指责王安石的变法举措。王安石就写了这封书信，对司马光进行反驳，并批评了封建士大夫阶层的不恤国事、苟且偷安、因循守旧的现状。他在信中表明了坚持变法的决心。书法名家唐寅所书《答司马谏议书》，笔画婉转流畅，风格俊秀潇洒；用笔圆转妍美，玉骨丰肌，风流潇洒，温文尔雅。

十科荐士之法等。高太后对司马光的上书全部采用。

此时的司马光虽重病在身，但权重无边，甚至功高盖主。当辽国、西夏派人出使大宋时，临行他们的国君嘱托一定要问候司马光的起居。并嘱咐守边将官，你们不要轻易惹出是非，现在大宋的宰相是司马光。可见司马光当初的威信和权势之大。

6. 弃奢从俭

司马光痴心不改地废除新法，对他的历史评价留下了遗憾。特别是他当上宰相之后，把拥护和实行王安石新法的当朝大臣全都赶走，而唯独把奸佞之臣蔡京当成了自己的肱股之臣，倍加重用。更是给他的历史抹上了污点。他死后8年，有的人就斥责他"诬谤先帝，尽废其法"。执政的宋哲宗说他是奸党，取消了他的谥号，砸了他墓前刻有御书的石碑，被彻底打入了"地狱"。

插图12-6.1 北宋曹皇后禁苑种谷图（清代焦秉贞《历朝贤后故事图》）

司马光入仕后，正遇上一个谦恭节俭、仁慈宽厚的宋仁宗，而且皇后曹氏也是史上有名的贤德之女。此画中的主人公就是曹皇后，她性慈俭，重稼穑，常在禁苑内种谷、亲蚕，善飞帛书，是宫廷妃嫔的楷模，深得仁宗宠爱。仁宗死后英宗即位，尊曹皇后为皇太后，但英宗因病由皇太后垂帘听政。英宗病逝，神宗即位，尊曹太后为太皇太后。神宗元丰二年，苏轼以"乌台诗案"下狱，曹太后爱才，出面求情，苏东坡免于一死。曹太后病逝，全谥"慈圣光献皇后"，葬永昭陵。

但司马光在民间仍然是一位可尊可敬的官吏，特别是走进他的故里河南省光山县时，更能感受到司马光在乡亲们心中的光辉形象，司马光这个名字成了光山县的名片。

在光山县的县城中，正大街里坐落着一座"司马光纪念馆"，展示了光山县人民千百年来对司马光"咸尊司马，岁时展拜"的敬仰。

纪念馆院中有一眼井叫"司马井"，传说司马光出生时就是用这个井里的水来"洗三"的。光山县有一习俗，小孩出生三天后必给孩子洗涤，这眼井就是司马光父亲给儿子“洗三”的井。“洗三”包含着父母对孩子“光门耀祖”的理想，也是对孩子“光明磊落”做人的希望，司马光一生为父母的心愿作了最好注脚。

“由俭入奢易，由奢入俭难”。司马光一生在“难”与“易”之间，选择的是“难”。他为学刻苦勤奋，博览群书；为人正直踏实，崇尚节俭；为官光明磊落，勤政为国；交友推心置腹，不计得失。司马光的这些故事在光山百姓中流传着。

他 20 岁高中进士那年，被邀参加宫中喜筵，并且要觐见皇上。所有参加喜筵的大小官员穿戴华美、胸佩红花。唯独司马光既不讲究衣装，也不戴花，同僚再三劝说才勉强戴上。就是官至宰相时，也依然粗茶淡饭，衣着简单，生活朴实，一生都保持着勤俭清廉的风范。

司马光考中进士，朝廷任他为礼部侍郎，在天子脚下，这个大有前途的晋身之阶为人求之不得，而他却婉拒此职。原来此时其父正巧调任杭州知府，身体不好，司马光为照顾双亲，请求改任苏州通判，这是地方秘书之类的小官。宋仁宗念其孝心，准予了请求。

賜其書名曰資治通鑑以著朕之志焉耳
治平四年十月初開
經筵奉
聖旨讀資治通鑑其月九日臣光初
進讀
面賜
御製序令候書成日寫入

資治通鑑卷第一
朝散大夫右諫議大夫權御史中丞充理檢使上護軍賜紫金魚袋臣司馬光奉
勅編集
周紀一
後學天台胡三省音註

插图 12-6.2《资治通鉴》书影

《资治通鉴》是北宋著名史学家、政治家司马光和他的助手刘攽、刘恕、范祖禹、司马康等人，历时 19 年编纂的规模空前的编年体通史巨著。记载了从战国到五代共 1362 年的史实。在这部书里，编者总结出许多经验教训，供统治者借鉴，宋神宗认为此书“鉴于往事，有资于治道”，即以历史的得失作为鉴诫来加强统治，所以定名为《资治通鉴》。全书 294 卷，约 300 多万字，另有《考异》《目录》各三十卷，是我国编年史中记录时间最长的一部巨著。

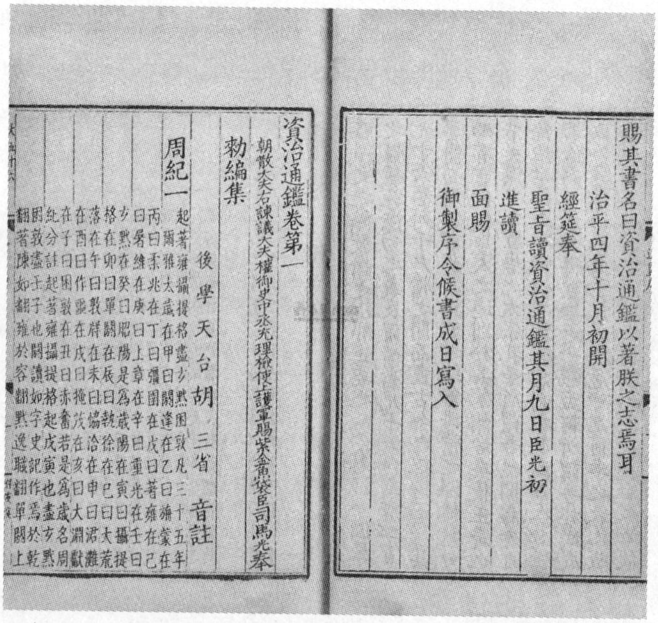

在苏州任职第二年，他要娶张儒秀为妻，此女年方 16，是礼部尚书张存三女。张女知书达理，温顺贤良，端菜送饭，洗衣服侍，体贴夫君。司马光过意不去，常自己料理家务，以减轻妻子劳苦。妻子问他何至如此，他高兴地说，君实胜其名嘛！说得让妻子笑在脸上甜在心里。

结婚 10 年了，妻子没有生育，感到内疚，就想给丈夫纳妾生子。一向体贴妻子的司马光说：“搞三房四妾既害己，又害人。眼下我们没有孩子，天下孩子很多，我能多为孩子做有益的事，何必一定要自己生的呢？”丈夫的话更使妻子不安，妻子便背着丈夫，托人买了一俊俏丫头，想给司马光做妾。可司马光埋头公务和读书，早出晚归，对这丫头从没留意。妻子张儒秀着急了，悄悄对丫头说：“丈夫很正派，想让他主动找女子不可能，你要去找他，并交代了方法。”于是，司马光每天从衙门回家，前脚进书房，那位穿得光彩照人的丫头后脚就跟进来，端上茶盘。司马光还是没有注意，专心读书。丫头说：“老爷请用茶。”司马光不抬头说：“放一边吧。”她就站在背后，司马光似乎不知她的存在。又一天，还是如此，丫头忍不住了，主动上前找话说，顺手拿起桌上的一本书翻了几页，问司马光是什么书。一下子打开了司马光的话匣子，说是《尚书》，也叫《经书》，儒家经典。“尚”是“上”之意，即上代以上的书，故称《尚书》。《尚书》相传是孔子编选而成……司马光像位一

本正经的老师在认真地给学生讲课。这个丫头不知所措，羞愧难当，扑通跪下说："老爷，我是以小人之心，度君子之腹，我实不配。"说着站起掩面哭着跑走了，司马光大惑不解。

37岁的司马光在太原为庞籍元帅当军判时，儿子司马康已7岁，妻子体弱多病，为有人能照顾丈夫，她又想为司马光纳妾。她背着丈夫，与元帅之妻合计，买来了一歌女。当司马光知道真相后，就把歌女呵斥走了。从此张儒秀再不提纳妾的事了。

7. 皇帝赐金

司马光一生以贫而不贪为荣，以奢为耻，并希望这样的家风代代相传。他言传身教，严格要求儿子司马康生活俭朴，不做亏心事。

宋神宗熙宁四年（公元1071年）四月，司马光因与王安石变法政见不合退居洛阳，买20亩地建造了一座园子，名"独乐园"，从此闭门园中著书立说。

在独乐园著书的日子里，他已不享受国家的俸金了，生活一天天清苦起来。为了能解决拮据的生活费用，他决意卖掉老马。这匹马资格确实老了，他经常骑着去察访民情，了解民意。老仆人晋根柱知道后心里十分难过，他说，眼下朝臣都荣华富贵，而唯有司马光这样德高望重的大臣每次出门既没有八抬大轿，也无鸣锣开道之威，更无卫士相护，只有一匹马、两书童，缓缓而随。如今卖掉这匹老马，以后如何外出访察。但老仆人明知司马光的脾气，只是心中伤感却不敢劝说。

一天，仆人又到马厩，看到老马吃喝不畅，手摸马的耳根发凉，身上冒汗，显然是病了。仆人牵着它上街变卖时，司马光轻轻地摸着马背，恋恋不舍，说道，卖的时候一定向买主说清楚，这马有病。价钱低点无妨，可让人家抓紧治病，精心调养。可仆人不以为然，说眼下家里穷困，何必为他人操心？让买主自己看好了。司马光生气了，说你这是什么话，凡来此买马的都是小户百姓，怎能骗他们。仆人只好按司马光的要求把马卖了。

司马光的清廉节俭被人传为美谈，就连他的政敌王安石也很钦佩他的品德，愿与他为邻。

那年与他一生相伴的爱妻死去了，但家里穷困无力操办丧事，儿子司马康也束手无策。司马康与亲戚商议，决定向朋友借些钱，把母亲的丧礼办得排场一些，母亲操劳一生不易，自己也少点愧疚。司马光知道后，立即阻止儿子借钱办丧事，并借机教训儿子一番。他对儿子说，立身处世要以节俭为贵，遇到困难就去借贷不可取。儿子借钱的行为被阻止了，可办丧葬的费用哪里来呢？司马光想来想去，实无他法，就把自家的一块田地典当出去，才把妻子草草下葬了。

司马光对金钱看得很淡，对自己用钱很抠，但给别人用钱却毫不吝啬。嘉祐八年，宋仁宗去世，这位皇帝临死之前，感念司马光勤政爱民，下诏赐他一笔金银。宋英宗继位之后，他即上书，说正值国家困难之际，自己亦无特别的功绩，愿将此项奖赏金银捐给国家。他一连三次上书捐钱，英宗下诏，言司马光为国为民竭尽至

DI SHI ER ZHANG
FEI SHENG ZHENG
TAN MING YANG
SHI LIN DE
SI MA GUANG

第十二章·蜚声政坛名扬史林的司马光

153

SERIES ON THE HISTORY
AND CULTURE OF

中原历史文化系列丛书

诚，心力交瘁，应该享用这笔金银。当时司马光正在领导谏院，由此他想起了一件事，触动很大。那是在仁宗致和二年，他去太原上任前，回乡探望，乡亲们聚集村口相迎，他很远就下马，脱官服，换布衣，看望乡亲。看到农民衣不蔽体、食不果腹，心里很难受。特别是一般农家子弟没有求学的机会，更是令他伤心。他告诉当地政府要办学堂。可16年后再去看时，家乡的学堂仍没办起来，对他触动很大。现在他所领导的谏院是专门向皇帝提谏议、监督百官的机构，应当更好地为民办事，要把谏院办好。于是，他从皇上奖给自己的赐金中拿出一部分给了谏院，用来奖励坚持正义的谏官。当他重返故里时看到百姓更加贫穷，更不可能办学。于是他立即把余下的赐金全部拿出资助办了一所书院。

8. 人民尊崇

司马光给儿子留下了这样的家训："留财于子孙，子孙未必能守；留书于子孙，子孙未必能读；不如于冥冥之中积阴德，以为子孙长久之计。"司马光为子孙所积的"阴德"就是他一生正直老实，一辈子清正廉明，一生都在刻苦学习，更有严谨而优良的家风。他的儿子司马康就是这些优秀品格的传承者和实践者。司马康不仅继承了司马光勤奋好学的精神，更秉承了父亲高尚的品德。

司马光去世后，他的儿子司马康遵从父亲生前的遗愿，治丧期间一切从俭。哲宗看到司马光家无余财治丧，特拨了两千两银子给司马康，用来办丧事。可司马康不愿违背父愿，拒而不受赐银。后来，皇帝下诏，他才勉强收下。

司马光去世的消息传到皇宫时，满朝百官正在明堂举大礼，高太后哭之甚哀，连11岁的哲宗皇帝也流涕不已。高太后立即下令停止贺词，并带领文武百官到西府吊唁，并下旨停止3天办理政事，满朝沉浸在一片悲哀之中。

根据司马光的生前政绩和品德，朝廷赠他为太师温国公，用一品礼服装殓，谥号"文正"。"文正"即"谥之美者，极于文正"，

插图 12-8 司马光画像（清王素绘）

此图为清代后期的扬州画家王素的作品。王素字小梅，晚号逊之，擅画人物、花鸟、走兽，无不入妙，是一位艺术才能全面，既有传统功力，又善于吸收外来经验的画家。尤其是他的仕女画，由于形神兼备，光彩动人，血气充盈，又有着浓郁的生活情趣，因而一变前人苍白无力的状态。他是从士大夫们所倡导的"文人画"樊篱中，冲突出来的一枝奇葩。

能得到此嘉美谥号的人是不多的。噩耗传出宫外，"京师人为之罢市往吊，鬻衣以致奠，巷哭以过东者，盖以千万数"。京城汴梁人们为之罢市，万人空巷，前去送葬，

祭奠的人数以千万。甚至家挂其画像，每到吃饭前，先要默默地为之祝祷。一位宰相能得到人民这样广泛真诚的悼念，在封建社会中实属罕见。

就是这样一位品格德行高尚、修学治国彰著又受人尊敬的宰相，在他死后8年，被改革派打入奸相之列，说他"诬谤先帝，尽费其法，当以罪及"。宋哲宗免去了他的一切封号，推倒了他的刻有御书的墓碑。而站在反对司马光前列的竟是司马光登上宰相之位时最重用的奸佞之臣蔡京。改革派为报复司马光尽废新法之举，把司马光等309名朝臣列入"元祐奸党"之列，蔡京一伙还策划写了《奸党碑》，下令在朝堂和各州郡都要立"奸堂碑"，予以警告世人。

但让蔡京一伙料想不到的是，人民在心中为司马光立的丰碑是推不倒砸不烂的。蔡京在命令石匠刻"奸党碑"的碑文时，有一个石匠说："我是愚民，不知大人立碑的目的。司马相天下人都称道，他为人正直，现在把他列入奸党，小人不忍心刻这样的碑文。"这位石匠拒绝干这个活，蔡京一怒之下，要处死他，他吓得赶快求饶，哭诉道，大人之命，小人不敢违抗。只是小人有一请求，碑上留匠人的姓名时，不要把小人的名字署上，以免留下千载骂名。蔡京一伙官员听到此话惭愧汗颜，觉得司马光毕竟为人正直，威望很高。直到靖康元年，司马光被哲宗夺去的官誉谥号，又归还了他。

光山县的百姓心中有杆秤，对司马光一生的评说虽然有争议，但在学术著述上，却立起了一座不倒的丰碑。除《资治通鉴》外，他的著作很多，光山百姓无不为之骄傲。

DI SHI ER ZHANG
FEI SHENG ZHENG
TAN MING YANG
SHI LIN DE
SI MA GUANG

第十二章·蜚声政坛名扬史林的司马光

155

第十三章
北宋理学
奠基者『二程』

人杰

第十三章

北宋理学奠基者——"二程"

北宋理学奠基者"二程"

1. 黑发白发

　　豫西山中嵩县境内的陆浑湖，犹如一颗璀璨的明珠镶嵌在苍郁的群山中。湖水一碧万顷，波光点点；湖岸草长莺飞，绿柳拂崖。这个湖不仅仅有优美的景色，更积淀了千年的厚重文化。在湖之阳近五百米处静静地卧着一座普通而不平凡的小山村程村，这就是北宋理学大儒程颢和程颐两兄弟的故里。

　　儒学是中国传统文化的主流。儒家思想自尧、舜、禹、汤、文、武、周公延续下来，孔子是儒学的集大成者，后经曾子、子思、孟子传承后世。可是，这条儒家之河，在孟子之后渐渐枯竭，以至濒临断流的境地。

　　到了距今一千多年前的北宋时代，就是在那个小小的北方山村程庄升起了两颗继承儒学的明星。程颢和程颐两兄弟同时创立了深邃博大的"理学"（道学），将孟子以后中断了1400年之久的儒学道统真正承接起来了，成为北宋的国学，之后的历代王朝都以他们的思想为安邦兴国之要义，广大平民百姓也以它作为做人立世的法则。

　　"存天理，灭人欲"，二程所倡导的重义轻利、大公无私的思想，对中国的传统文化产生了重要影响。二程理学中所阐发的人生价值说更有积极的意义：人生价

SERIES ON THE HISTORY AND CULTURE OF

中原历史文化系列丛书

插图 13-1.1 二程祠棂星门

此门于宋徽宗崇宁二年创建，大观元年（公元1107年），程颐卒，后人在此建祠。明景泰六年（公元1455年），皇帝下诏将程村命名"两程故里"。清道光年间，布局为三进大院。二程祠整体建筑高大宏伟，祠内石碑林立，古柏参天，历来被视为理学名区。棂星门为二程祠的大门。"棂星"即灵星，又名天田星。天田星是二十八宿之一"龙宿"的左角，因为角是天门，门形为窗棂，故而称门为"棂星门"。棂星门在明太祖洪武十五年后出现，象征祭孔如同尊天。二程故里的棂星门前，明清时规定官员从此经过"文官下轿，武官下马"。

值把握在自己手中，通过学习才能改变气质，实现自我。

二程的故里是洛阳市崇县田湖镇程村。程村背依耙耧山下陆浑湖畔。据传，宋太祖赵匡胤千里进京时曾路过此山，京娘的簪子掉在了草丛里，赵匡胤在草丛树叶里耙来耧去帮京娘找簪子。后来赵匡胤做了皇帝，就给此山取名"耙耧山"。

二程故里现存"两程故里"石坊和两程祠两处古迹。石坊立于程村东一公里处，上书"圣旨"，下书"两程故里"，当路矗立，为明英宗天顺六年（公元1462年）敕建，十分壮观。明清时代，官吏到此文官下轿，武官下马，步行而过，表示遵旨敬程。二程祠为明代时修建，历代均有修复。原来的五节大院，今仅存棂星门、诚敬门和道学堂三进院落。

"棂星"即天上的文星，题"棂星门"足以体现后人对旷世大儒的尊敬。第二道门坊为诚敬门，后边便是道学堂，是祭祀二程的正殿。殿内二程的塑像哥哥程颢满头黑发，可弟弟程颐却是银发白须。

原来程颢自小聪明，幼年就习诵儒家经典，10岁即能写诗作赋，不但天资聪慧，而且学习认真刻苦。人们说他是"生而知之"，他学什么知识都有很高的悟性，都能轻而易举地掌握，即使学得满腹经纶也没显得吃力劳累，头发依然乌黑。而弟弟程颐也是少年就很有才学，为了学习更多的知识，他十分刻苦用功，费尽心思，绞尽脑汁，最终学富五车，知识渊博。可头发却熬白了，人说他是"学而知之"。

在二程故里有许多关于他们学习的传说。据传哥哥程颢小时候入学馆学习，读书着迷，能几天不出学馆，把《诗经》《论语》等四书五经背得滚瓜烂熟，还读些关于天文地理、世俗人情的书，知识面很广。而弟弟程颐读书耐不住性子，经常逃学，到山上捉鸟，到河边摸鱼。这天程颐又溜出学馆来到一棵大树的下面，抬头看到树上有个大鸟窝，他没多想，蹭蹭就爬了上去。还没接近鸟窝，窝里就扑棱棱飞出两只大鸟。那鸟的羽毛非常美丽，并且发出如犬吠的叫声。这更引起了他的好奇，他很快爬到鸟窝，看到窝内有几只鸟蛋便顺手抓起几只，一看更惊奇了，这鸟蛋不是圆的，是四四方方。程颐带着收获，满心高兴，见了哥哥程颢后，非常得意地让哥哥看，并让他说出这是什么鸟蛋。他心里暗想，哥哥一定会被自己的问题难住。可程颢立刻反问："你知道这叫啥鸟蛋吗？"程颐说："我不知道，你也不会知道。"程颢马上肯定地说："这叫丁郎蛋！"程颐瞪着眼看着哥哥，将信将疑。程颢看他不相信自己的话，就解释说："丁郎丁郎，下蛋四方。叫声如狗叫，窝是灵芝草，栖在檀树上。"程颐听得连连点头，说道："你终日待在学馆读书，怎么知道的呀？"程颢说："我在书里读到的呀！你不好好读书，只知道玩，哪里会懂？"程颐顿时红了脸，低下了头。哥哥的话虽简单，却触动了弟弟的心。还有一件事，不但使他

160

插图13-1.2 二程祠乾隆石碑

二程祠的门前一对斑驳陆离的古老石狮，守护着这座古建筑。门额书"棂星门"三个大字，暗红色的两道影壁中央，嵌镶着两通黑漆的长形石板，石板上镌刻的方块汉字闪着金光，左书"道接子舆"，赞二程传承了孟子的道统；右铭"学贯濂溪"，褒二程为他们的老师著名思想家周敦颐（号濂溪）的好学生。这八个字是新儒学集大成者朱熹对二程的"盖棺定论"。"学贯濂溪"四字之左，镶嵌的就是乾隆年间一通"宋程伊川先生故宅"石碑。墙上的字和石碑上的字皆为繁体字。

受到触动，还改变了他学习的态度。

那是他母亲身染重病的时候，母亲急需去求医治疗。这时，程颢正忙着授学上课，实在不能抽身陪母亲去医病。母亲有些生气，程颐知道后，很体谅哥哥，劝慰母亲说："哥哥不能耽误学生的功课，不能常侍母亲，我会陪你看病的。"程颐背上母亲，就赶往岭南求医。

程颐背着母亲不怕山路难走，不顾劳累，往前赶路。母亲突然说："孩子，我嘴里好像喷火，心里好似油煎，给我找口凉水喝吧！"母亲连日发烧，此时干渴难忍。程颐找了一棵大树，放下母亲，让母亲靠在树干上坐好，自己在岭坡上到处找水。这天正是雨后初晴，地上虽有积水，但无法取起，草上挂满水珠，但无法收集，找遍岭坡，也未碰上山泉，顿时心急如焚。正在他心急往回走时，忽然发现草丛中有堆白骨，走上前细看，内有一个头盖骨，仔细辨认，是小孩的。只见这个小孩的天门盖骨里积存了半杯雨水，还十分清澈干净。想到口干舌燥的母亲还在等待自己送水，顾不了许多，端起那头盖骨，小心翼翼地把水送到母亲跟前。母亲顾不上多问，端起水一饮而尽，顿感好了很多，程颐让母亲休息片刻又赶路。母亲感到渐渐舒服了，身上也觉得有劲了。她高兴地对程颐说："喝下这点水，我身上轻快了，口不干了，心也不躁了，我的病好了。"程颐看看母亲，她精神好多了，也不发烧了，就决定不再求医，打道回府。返回的路上，母亲不再让背，二人很快回到了家里。

见到哥哥程颢，程颐高兴地讲述了给母亲找水的经过，程颢说："你知道母亲的病是怎么好的吗？"程颐只知是喝了那头盖骨的水后好的，但说不上道理。程颢说："小孩的天门盖骨就是中药里的'天灵盖'，它治疗劳瘵、温虐，投入立瘥，这是妙药偶得。"程颐忙问："你怎么知道小孩天门盖骨的作用？"程颢说："药书里写的呀！"

原来书上有这么丰富的知识，程颐对读书有了更深的认识，激起了他求知的欲望。

2. 亲民善政

程颢、程颐都是宋代伟大的思想家、教育家，他们所创立的理学成为孔子之后的又一个儒学思想的学术高峰。但是他们兄弟的人生道路却大不相同。

程颢走的是仕途。20岁的时候，他考中了进士，从此开始了他的仕途生涯。程颢20岁那年，正是宋仁宗赵祯皇祐四年（公元1052年）。赵祯是一个昏庸无能的皇帝，他无力亲政，奢靡荒淫，朝廷政治日益腐败。对外向西夏和辽国割地进贡；对内冗官冗兵，民不聊生。以范仲淹为首的有识之士推行的"庆历新政"失败。在这种背景之下，程颢走上仕途做了一位好官。他中进士的第二年，就被调到京兆府鄠县（今陕西户县）任主簿。虽然这只是个县政府秘书的职务，却表现了他的勤政与干练。当时鄠县的县令看到刚上任的主簿程颢很年轻，不知他的才能如何，恰在此时，有个百姓到县衙告状，使程颢有了一展才能的机会。被告借住其兄的房屋，多年之后，在此宅中挖出大量钱币。其兄之子闻知后，认为是他父亲所藏，要收回银钱，将其

叔父告上公堂。县令受理此案后，难以明判，就问程颢："此案没有证据证明所挖银钱是何人所藏，应如何判案？"程颢果断地说此事容易，县令便将此案交给他来处理。程颢接案后，问原告："你父亲是何时把钱币埋在那宅子里的？"原告说："40年了。"程颢又问："被告借你家这所宅子多少年了？"原告说："已20年了。"程颢即派人取来十千钱币，做了辨认考察，然后对原告说："这些无形币都是数十年前所铸造，而今官府铸钱不到五六年，这怎么说是你父亲所藏？"问得原告张口结舌。此案顺利而结，县令以程颢理案快速而准确称奇，很欣赏他的才干。

　　程颢为官一任，造福于民，主张对百姓"尚宽厚，以教化为先"。后来他调任河南扶沟县令。他上任时，这个县盗贼很多，有一次抓到一个小盗，他晓之以理，就放他回家了。此人对新县令的宽恕很感激，发誓悔过自新。可数日之后，此人又去偷盗，被官府抓捕，他对妻子说："我曾向县令大人承约不复为盗，而今有何颜面再见大人。"羞愧得无地自容，便到县衙自首，百姓称快。

插图13-2 程颢画像

程颢，宋代大儒，理学家、教育家。他与程颐为同胞兄弟，史称"二程"。"二程"早年受学于理学创始人周敦颐，宋神宗赵顼时，建立起自己的理学体系。他们共同为宋代理学奠定了基业，"新儒学"的真正成立，自程氏兄弟始。在教育上，程颢先后在嵩阳、扶沟等地设学堂，并潜心教育研究，论著颇巨，形成一套教育思想体系。程颢提出，教育之目的在于培养圣人，"君子之学，必至圣人而后已。不至圣人而自己者，皆弃也"。大程为人随和活泼，在洛阳讲学十余年，弟子有"如坐春风"之感。小程则严肃刚直，兄弟个性异同，讲学时间比其兄还长，达三十余年。

　　有一次抓捕一伙欺行霸市之徒，在审理中又牵连50多人。程颢认真做了调查，了解到这些都是穷苦人家出身，为生活所迫，无有生路，才干了不法之事。他分析了案情之后，决定不咎其过，并且根据他们的特长安排他们的生活出路，安定了社会。

　　程颢在任四年，扶沟成了"道不拾遗、夜不闭户"的文明之乡。当他离任时，不想惊动百姓，走出数里后，百姓们闻讯赶来，几千男女老幼拦道而留，伏跪而哭。

　　程颢调山西晋城任县令时，以"诚信忠义""入所以事父兄""出所以事长士"教化百姓。把乡村按远近编成"伍保"，使乡民有组织，倡导"力役相助，患难相恤"，发扬互相帮助的好风气。晋城社会良好风气大兴，孤寡残疾者有人照顾，即使离家旅行者，途上有病，也有人关照。外县的一些买卖商贾都乐意到晋城做生意。全城无盗贼，街上无打架斗殴者。他处事以理服人、治世有方的执政方法不但受到当地百姓的拥戴，而且其美名还传到了朝廷，受到皇帝的褒奖。

3. 如坐春风

　　程颢不只为官善政，还重教化，每到一地必办学校，便把教育当成头等大事。

　　宋仁宗赵祯嘉祐五年（公元1060年），程颢以避亲罢，再调江宁府上元县（今江苏省南京市）任主簿，做县衙秘书工作。当时这个县经济很落后，文化教育更是落后，据说，在一百多年里，全县没出过一个状元。

　　程颢一到任上，政事上大抓"平均田税"，皇帝为摆脱国家财政日拙的困境，大量增加赋税，百姓苦不堪言。而程颢的"平均田税"之法则减轻了百姓负担，并采取相应的一些措施为民排忧解难。政绩突出，万民称颂。在抓经济的同时，还大抓当地的教育。为此，他先从整顿已有的学校入手，努力提高当地的文化教育。

程颢亲自去检查学校状况，特别重视老师的才能，选拔有教育能力的人当老师。程颢大兴教育改变了上元县的面貌，当地文化教育大大改观，学校培养了许多优秀人才。据说，上元县后来有 10 人考上了状元，被选为秀才的就有一百多人。

宋仁宗赵祯嘉祐八年（公元 1063 年），赵祯病死，他的养子赵曙即位，是为宋英宗。这个大宋皇帝身体羸弱，虽有治平之心，但无力处理两宫的重重矛盾，更无能对付西夏入侵之患。而程颢仍是执着地亲民善政、大举教育，政绩卓著。

宋英宗治平元年（公元 1064），程颢升调泽州晋城（今山西省晋城市）任县令。他到任后，政绩显著，重教化，办学校，深得民心。为了兴办教育，他大力修建宽大的校舍，置办教学用具，准备了师生所需之粮，在全县各地选拔优秀老师，招收官民中的优秀子弟入学，在很短的时间内创办了 72 所乡校、10 多所社学，达到每乡必有校，形成了一个教育网。

为了培养优秀人才、办好教育，程颢身体力行。他常在公务政事之暇，深入乡校巡察指导，亲自为学生讲课。对教师严格考核，发现不称职的老师，立即调换能胜任者。甚至细致到看见学生读的书上有"句读"之误时，亲自纠正。在办学中，重视调查，将普及教育与重点教育相结合，择优培养。十几年后，晋城县（今山西省晋城市）穿上儒生衣服者已有几百人，登科者十多人，一改当地"朴陋"风俗，使社会面貌焕然一新。

宋英宗赵曙是个短命的皇帝，只坐了 4 年的皇帝宝座，于治平四年（公元 1067 年）病死，其子赵顼嗣位，是为宋神宗。宋神宗赵顼 19 岁即位，血气方刚，上台之初，即锐意改革、兴利除弊，下诏求谏，决意觅有才之士，以全力襄助他的改革大业。于是，他发现了王安石。在他的支持下，王安石提出并推行了一整套新法。但他涉及富国、强兵、科举的新法招致朝野大哗，遭到保守派的强烈不满和反对，程颢虽然与王安石私交很好，但他却义无反顾地加入到反对新法的一派之中。在这样的局面下，宋神宗推行新法的态度动摇了，先后两次罢王安石相位。但宋神宗赵顼仍坚持部分新法的推行。

在宋神宗推行新法后，程颢虽然做了太子中允和权监察御史里行之职，由于他反对新政策未得到宋神宗的信任与重用。在宋神宗赵顼熙宁五年（公元 1072 年），他的父亲从四川汉州退休回京师，程颢也"厌于职事"，便以父亲年迈多病，需要

插图 13-3 程门立雪图（明仇英绘）

游酢、杨时一同去拜见程颐，而恰巧程颐静坐养神，未理会二人。二人既不敢惊动老师，也没有离开，等程颐静坐结束，睁开眼睛时发现二人仍然站在旁边恭敬地等候，此时天色已晚，就命他们回去，二人出门时外面的积雪已有一尺。此图所画的正是游、杨二人恭敬地站在老师桌前，等待老师醒来的场景。仇英，太仓（今江苏太仓）人，是明代有代表性的画家之一，擅画人物，尤工仕女，为重彩仕女画的杰出代表。

尽孝照顾为由请辞。以"孝"治天下的朝廷批准了他的请求。此时，他已40岁了。

程颢回到洛阳，重新拾起了教鞭，开始了他为之追求一生的教书育人的事业，全部精力致力于教学授徒。他教学不只为提高学生的知识与智能，更重视以人格感召和启发方式来改变人的气质和品格。在施教中，他眼光开阔、胸怀洒脱、诲人不倦、循循善诱。

他的门徒中有一个叫朱光庭的弟子，在洛阳程颢学馆听了3个月的课，回到家乡别人问他听程先生授课有何感觉，他洋洋自得地说道："我在春风中坐了3个月！"问他为何有这样的评价，他说道："程先生终日端然而坐，稳如泥塑，但讲起课来，却是一团和气，娓娓而谈，和气犹如春风也！"

"如坐春风"不但是程颢鲜明的教授风格，也是对他独特的性格写照。他与弟弟程颐严肃庄重的性格相反，温然平和；讲课"饶有风趣"，如春风吹拂，令人感到亲和而温暖，使学生在融融亲情中接受他对知识的传授。

4. 君臣之情

程颢自20岁中进士踏上仕途后，在近20年的时间里，一直做地方官。他每到一个地方任职，都要在自己办公处写上"视民如伤"四个大字，作为自己政务的座右铭。他爱民如子有口皆碑，突出的政绩得到朝廷的赞誉。宋神宗赵顼熙宁二年（公元1069年），37岁的程颢由于政绩突出受到当朝御史中丞吕公著的重视，并推荐给宋神宗，宋神宗任他为太子中允、权监察御史里行。后者相当于今监察部官员。这时，程颢正值年盛，踌躇满志，出入于皇宫。他要发挥自己的治世之才，让自己的思想和学说对朝政起到积极

插图13-4 宋代科举考试图

作用。当宋神宗第一次召见他时，想考问他怎样才能做好御史，即问他道："何以为御史？"他胸有成竹，从容答道："使臣拾遗补阙，裨赞朝廷，则可；使臣掇拾臣下长短，以沽直名，则不能。"他的意思是说，我虽然被任御史一职，让我对皇上拾遗补阙，看朝政有何失误能补救，我很愿去做；但要让我专职于挑剔臣子们的缺点错误，向皇上报告，以此来换取我的名声，我是不会做的。

程颢一番出自肺腑之言感动了宋神宗，赞赏他懂得做御史的真义。初次交谈便给皇帝留下了美好而深刻的印象，此后便接二连三地召见他，在一起论时局、议朝政。通过深谈，宋神宗为他的政治见解、渊博学识叹服，认为他是经国济世之才，

宋初，科举由各州举行的取解试、礼部举行的省试两级。宋太祖开宝六年实行殿试，成为科举制度的最高一级的考试。殿试后分三甲放榜，殿试录取的称"天子门生"。南宋以后，还要举行皇帝宣布登科进士名次的典礼，并赐宴于琼苑，故称"琼林宴"，以后各代仿效，遂成定制。宋代科举，最初是每年举行一次，有时一两年不定。宋英宗治平三年，才正式定为三年一次。每年秋天，各州进行考试，第二年春天，由礼部进行考试。省试当年进行殿试。宋代进士分为三等：一等称进士及第；二等称进士出身；三等赐同进士出身。自宋代起，凡殿试中进士者皆即授官，不需再经吏部选试。

并准备委以重任。据史书记载，二人关系越来越密切，以至达到彼此难以离开的地步。每次退朝，宋神宗看到程颢就说："希望你常来呀！我希望常常看到你。"两人常常谈得忘记了时间。

宋神宗力主革新除弊，任用了王安石推行变法。朝野形成了革新派和保守派。程颢站在了保守派一边，而宋神宗是新法推行的有力支持者。这原本良好的君臣关系出现了裂痕，逐渐疏远。宋神宗有时也召见程颢，想听其时论，但程颢反对新法的进言使宋神宗认为不切实用，不感兴趣。程颢被冷淡了，不再被皇帝信任和重用。程颢知趣地上书要求退出朝廷，外补为官。宋神宗虽心中略有不舍，但还是批准了他的请求。只好调他任京西提点刑狱。可他坚辞不受，说道："我原本为有罪之人，皇上没有罚罪于我，反而提升官职，我难以受命。"宋神宗只好又改任他去做镇宁军节度判官事，这是个无实权的小官。刚正不阿的程颢上任不久，又上书辞去职务，回到洛阳，与弟弟一同讲学授徒，回到他热爱的事业上。

宋神宗元丰八年（公元 1085 年）春，赵顼病死，他的第六个儿子年仅 10 岁的赵煦即位。大权落在反对变法的高太后手中。程颢此时也被列在守旧派人物之列而被启用。宋哲宗赵煦诏程颢入朝，任中正寺丞，但正在洛阳讲学的他已是病体难支。在宋哲宗即位当年 6 月，程颢未及赴任而病死于家中，享年 45 岁，葬于洛阳伊川县。

5. 上书皇帝

程颢、程颐为官宦世家，曾祖父程希振曾任兵部侍郎，祖父程煜做过朝中大臣，父亲程珦当过国子监博士。程颢身入官场 20 年，一生的大部分时间在仕途上。而弟弟程颐在家族中却与众不同，走的是另一条道。

程颐不是不想做官，而是没有给他机会。他"幼有高识"，自幼就有高远的政治抱负。宋仁宗赵祯皇祐二年（公元 1050 年），18 岁的程颐年轻气盛，竟然给皇帝写信，陈述自己的政治见解和治国之道。他在《上仁宗皇帝书》中，根据自己对大宋王朝时势的观察，以忧国忧民的忧患意识深入地分析了北宋面临的危机，明确提出救国之方。他在书中劝谏宋仁宗道："以王道之心，生灵为念，黜世俗之论，期非常之功。"这种以民为本的看法，倒是卓识之见。怎样实行"王道之心、生灵为念"呢？他提出了具体办法："固本之道，在于安民。安民之道，在于足衣食。"而目前

插图 13-5 程颐画像

程颐，北宋理学家和教育家，与其胞兄程颢共创"洛学"，为理学奠定了基础。24 岁时曾在京师（今河南开封繁塔之左）授徒讲学。宋神宗熙宁五年（公元 1072年）偕兄于嵩阳讲学。在鸣皋镇（今河南洛阳伊川县境）自建"伊皋书院"，讲学达 20 年。主张教育目的在于培养圣人："圣人之志，只欲老者安之，朋友信之，少者怀之。"

宋王朝已是"竭民膏血，破产亡业，骨肉离散"，皇帝乃民之父母，难道不怜悯苦难的子民吗？他提出了治国安民之计，说道："天下之治，由得贤山也。天下不治，由失贤山也。"并希望皇帝能召见自己，当面陈述自己的主张："且乞召对，面陈所学。"原来他上书的目的就是希望能面见皇帝，使皇帝能发现自己之贤才。就其

上书之举来看，只是个毛头小青年的一时激奋之为；但细品其上书内容，却是一篇经国治世的好文章，也反映出程颐青年时期的丰富学识、广阔胸襟和远见卓识。可惜的是，作为封建皇帝，不会抛开固有的封建传统思想意识去接受时论，何况那是一个不满20岁的小青年呢？程颐上书中的一番宏论被皇帝束之高阁，冷落一旁。无奈的程颐仍未放弃，他决心到京师的太学读书。太学是宋朝重要的最高学府，处在天子脚下，从政机会很多，而太学更是展露学者才华的地方。召入太学学习，他不甘寂寞，又写了一篇文章，篇名为《颜子所好何学论》。此文皇帝没看到，倒是掌管太学的大儒胡瑗之先睹为快。胡瑗之名重当朝，又十分重才。他立即召见程颐，交谈之后，非常赏识他，认为这个青年学生将来必有大为，就聘程颐为老师，让他讲学。一个18岁的青年走上太学的讲坛一举出名，与他同在太学读书的吕希哲等一邦才子竟来拜他为师。接着，四面八方的众多学子纷纷投师其门下。从此，程颐名声大振，走上了授徒讲学之道。几年之后，他又在著名的相国寺、兴国寺开讲，一时耆士宿儒，倾盖相反，莫不钦佩。他的名声更大，他的讲学活动展开了。

程颐学有成就，且讲学名声远播，他也想踏入仕途，实现济世治国宏愿。宋仁宗赵祯嘉祐四年（公元1059年），皇帝大量增加官员，冗官冗吏之患日趋严重。西夏和契丹入侵，软弱的朝廷割地赔款。以范仲淹为首实行变革图强的"新政"失败。在这内忧外患的时刻，26岁的程颐参加考试，但不幸落榜，未能考上进士。他受到很大刺激，从此再也无意于官场，一心以讲学授徒为职业。他长期以处士的身份而潜心于孔孟之道，接收大批学生，从事讲学活动。

6. 帝王之师

程颐在洛阳聚徒讲学，被赞誉为"诲人不倦，学冠濂溪"。"濂溪"是程颢、程颐二人的老师周敦颐，是著名的思想家和宇宙学家。程颐不但学识渊博，冠于老师，而且教诲学生认真负责。他"著书立说，名重天下，从游之徒，归门甚重"，成为"洛学"的首领。

宋神宗赵顼元丰五年（公元1082年），77岁的当朝太尉文彦博到洛阳做西京留守。程颐很了解他的为人，就给他写信，想求他给一块地做讲学之用。文彦博回信答复，称道程颐教学成就大、学徒众多，应该有一块大的地方讲学。就在距洛阳南20里处的伊川县庄鸣皋镇，"粮地十顷"，送给他建学堂，以做"著书讲道"之所。程颐到那里考察，鸣皋镇南望九皋山，东临伊水河，环境清幽。特别是《诗经》中的"鹤鸣九皋，声闻于天"的诗句为鸣皋镇增添了浓浓的文化气息，李白的《鸣皋歌》渲染了鸣皋镇优雅的环境。程颐在此创办了伊皋书院，至元代重修，元仁宗赐匾额"伊川院"。

程颐在洛阳讲学近20年，基本脱离了政治，朝中之事未能影响到他的讲学。其间王安石在宋神宗的支持下推行新法，他虽然与哥哥一样反对新法，但新派人物受到打击时，他也未受到牵连。宋神宗赵顼元丰八年（公元1085年）赵顼病死，宋哲宗赵煦即位，重新启用反对王安石新法的人物，当朝的门下侍郎司马光、尚书左丞吕公著、西京留下宋韩公缉、刘力推荐下，终于又进入仕途。他先后任汝州团练推官、西京国子监教授，同年三月调任京师秘书校书郎，之后任崇政殿说书。"说书"就是老师。在崇政殿说书，就是给10岁的宋哲宗赵煦当老师。当皇帝的老师，程颐有所顾虑，他以"学不足"为由，数次坚辞不受。但王命如天，无奈之中只好从命。可这位直率的老师未上任就给小皇帝提出三个要求：第一，给皇上陈说道义，要选德道高尚之人，以熏陶其德行；第二，皇上的内侍，应选老成厚重之人，以除浅俗；第三，给皇上讲课的老师，应该坐着授课，使其尊儒重道。程颐特别申明，这三个要求可行则就职，否则恕不从命。令人惊奇的是，这三个苛刻的要求，都被批准了。过去皇上的老师都只能站着讲课，而坐着讲课则自程颐始。

得到宫廷的恩准，程颐开始给皇帝当老师了。每当上课的前一天，他都做一番充分的准备：沐浴、更衣、潜思存诚。在讲课时，态度认真、庄重严肃、不亢不卑，一个老师应有的师道尊严，在皇帝面前发挥得淋漓尽致。开讲之后，常于文义之中挖掘内涵、明确阐发、反复推理、启发诱导。往往从其片言只语中，生发大义，在坐听课者，叹服他渊博的学识，皇帝连连点头称赞。

有一次宋哲宗生了病，未能去上课，以礼他去探视了皇帝的病情，但进去后问清病情就出来了。不像其他大臣在旁守护，如太师文彦博，虽德高望众，但他终日守护病榻前，丝毫不敢懈怠，连年幼的哲宗也感过意不去，让文彦博下去休息，但文彦博不从，以表忠心。有人问他为什么不像文彦博那样对皇上恭敬。他说道："文彦博是当朝大臣，所以，他事奉幼主不能不取恭敬的态度；而我不过是个老师，本为布衣之士，我要有自尊。"

程颐不仅教书，还要育人，他十分重视幼帝的品德教育。有一次小皇帝无意折断一枝柳条，程颐看到了，立即上前说道："柳树虽一冬无叶如枯死，但逢春雨，就会吐出新叶，日复一日，才能长出嫩枝。所以，万不可无故折枝。"哲宗流露出不快之色，程颐又说："请陛下勿怒，世上万物皆有情，树与人同，有血有肉，有筋有皮，伤物如伤人，折断树枝，与断人臂膀有何不同呢？"据说，程颐对哲宗严教也严管，小皇帝漱口时，吐口水都谨慎得要找适当的地方，恐伤及蝼蚁。程颐知道后，就称赞哲宗说："愿陛下推心以及四海，则天下幸甚。"

插图 13-6 二程故里御碑题词

"学达性天"匾额是康熙二十六年（公元 687 年）三月御赐二程祠的，以表彰二程传承理学、培养人才的贡献。"学达"是"下学上达"之意，下学人事，上通天理；"性天"，是说育人要性情天然，即因势利导培养人才。"伊洛源渊"匾额是光绪亲书。慈禧与光绪躲避八国联军于西安，于光绪二十七年（公元 1901 年）农历九月中旬返京途经洛阳时，慈禧书"希踪颜孟"匾额，光绪皇帝手书"伊洛源渊"匾额，赐予二程祠悬挂。"伊洛"指伊川和洛水，程颢和程颐长期在洛阳讲学于伊河洛水之间，故称其所创学派为"伊洛之学"，也叫"洛学"。

7. 官场沉浮

程颐给宋哲宗赵煦当"说书"，本无什么实权，何况他早已没了做官意识。但是他仍然逃不脱政治风浪带来的沉浮。他讲学时爱对朝政议论褒贬，无所顾忌，得罪了一些大臣，引起权臣的不满。有一件小事，改变了他的命运。

有一天，程颐又按时上殿给宋哲宗讲书去了，可到了大殿，只有太皇太后在座，却不见听课的哲宗。经询问得知，哲宗患疮疹，不能到殿上课。既然如此，那就给太皇太后开讲吧，可讲完之后，马上到宰臣处追问："皇上未能按时到殿听讲，你们知道吗？"宰臣们回答说不知道。程颐不满地说："皇上有病不能到殿上听讲，太皇太后就不可单独到殿，她独坐于殿上，不合大礼。何况人主有病，而大臣却不知，有失职责。"这种责备的话不但让大臣不高兴，还得罪了掌握朝政大权的太皇太后。有人抓住了把柄，趁机而入。谏议大夫孔文仲马上向皇帝奏本。奏本称，程颐品德低下，未进朝前就有所表现，被召入朝当说书后，常利用讲书之机横议朝政，忘记身份，想干预朝政。并且私下结交权贵大臣，居心不良，十分危险。程颐知道后非常气愤，提出辞职返乡。宋哲宗对他还是有师生之情的，不忍心辞他回归故里，就

调他去西京洛阳管理国子监。可耿直的程颐上任时，并没有向皇帝谢恩，不久又上奏辞归，奏写道："臣本布衣，因说书得朝官，今以罪罢，则所授官不当作。"表示自己本是个百姓，因为给陛下讲书，才被命一官职。现在大家说我有罪，我当这个官不恰当，还是回去做个百姓吧。辞归之意很明确，但哲宗未准。可执着的程颐又接连两次提出辞职，仍未得哲宗的应允。后来，程颐的父亲病逝，他借机辞职，才被批准。宋哲宗赵煦元祐三年（公元1088年），程颐回到了洛阳，仍然当他的老师。给父亲守孝两年，哲宗又召他入朝主管国子监。

宋哲宗赵煦元祐八年（公元1093年），掌握朝政大权的高太后死去，18岁的赵煦得以亲政。宋哲宗赵煦一当政，主张变法，打出了继承父亲宋神宗的旗号，王安石等变法派人物纷纷被招入朝廷褒崇，而以文彦博为首的30余人被列为司马光党羽，尽数罢免出朝。

一向反对新法的程颐，尽管做过宋哲宗的老师，但和范纯仁、苏轼等反对派一样受到了皇帝严厉的责罚，被剥夺太学管理权，削职为民，放归乡里。宋哲宗赵煦绍圣三年（公元1096年），他又遭变法新党的诬陷，被定为"奸党"成员，被贬到遥远的四川涪陵，过着流浪无着的艰苦日子

168

插图 13-7 程颢、程颐墓碑

二程墓在洛阳市伊川县城西荆山脚下，称为"程园"。此处为始建于宋嘉祐二年（公元1057年）的程氏祖茔。二程墓有三个墓冢，二前一后，前者为程颢、程颐墓，后者是其父亲之墓，意为"父抱子"。明宣宗时曾下诏各郡县修先圣先贤祠墓。钱塘人周鉴考察至洛阳程氏故居，寻到程氏后裔同至伊川程夫子坟地，除荒草，明方位，捐俸银，集能工巧匠重建程夫子坟。遵旧制开国公程鲍墓置于祠中央，明道、伊川二墓置其左右。康熙二十九年，河南巡抚阎兴邦捐银重修。雍正四年（公元1726年），洛阳、嵩县知县同程氏后人修墓立碑，由翰林院检讨、知河南府事张汉题写碑文，分别为"宋儒程伯温先生墓""宋儒程明道先生墓"（学者称程颢为"明道先生"）、"宋儒程伊川先生墓"（世称程颐为"伊川先生"）。"宋儒""道明""伊川"之谓，表示对他们渊博学识的赞赏和人格的尊敬。

宋哲宗赵煦元符三年（公元1100年）正月，年仅25岁的赵煦病死，他的异母弟弟赵佶即位，是为宋徽宗。新君上台以后，这年四月，程颐在四川流浪了4年，尝尽了颠沛流离之苦，回到了家乡洛阳，恢复了宣德郎职位。同年十月被诏为权判西京国子监，管理洛阳太学分校。其实他不愿再做官，他和自己的学生说："我内心不想再为官了，此次复职，我决心再做一个月的官，领到俸禄我就归田了。"结果没能归田，领了俸禄，又做了两年官。

宋徽宗赵佶崇宁二年（公元1103年），皇帝又开始打击反对变法的旧派人物，程颐被人参为奸党所推荐的官，并著书立说诽谤朝政。宋徽宗下令免去他的官，审查他的著作，驱散他的学生。古稀之年的他只得迁居龙门之南，重操旧业，开馆讲学。

程颐从人事繁多的京畿之地来到洛阳龙门之南，顿感僻静雅致。前有象山坡，后有凤凰岭，左听伊河秋水，右闻九皋鹤鸣，伊水潺潺，岸柳丝丝。人烟稀少，风景优美。传说程颐闲居于此，做了一件为民除害的好事。

那天，他听说附近龟山寺有位长老叫雅静一，想拜见一下。雅静一知道他曾是朝廷命官，学问很大，做过崇政殿说书。心想，此人现在虽被贬不得志，定会有重登青云之日。所以，特别热情地接待程颐，并热心地帮助他办学校，准备课桌、教室、饮食起居，以上宾相奉。程颐有了这样的一个讲学场所，自然非常高兴，每日除讲学外，就是看书写文章，从不过问寺中一切事。

一天，他信步来到山寺后花园里，突然发现一口井，近前一看，深不见底。回头发现花丛之中有一绣鞋。心想，这佛门寺院，何有女人之物？疑窦顿生。后来，在深更半夜之时，后院隐约传出女子哭泣之声。他心中更疑，就悄悄察访，果然寺里关有女子。他又下山走访，村民们议论纷纷，怨声载道，百姓对那和尚恨之入骨。了解到实情，程颐立即写呈子一封，送到洛阳河南府尹，府尹马上送到汴京。皇帝感到程颐虽被免职回乡，但仍然关心百姓疾苦十分难得。立派兵马奔赴洛阳，来到龟山寺，将其团团包围，从地道中搜出几十名妇女，枯井中捞出百余具尸体，还有无数珍珠宝器。皇帝下令烧毁寺院，除掉衣冠禽兽的长老雅静一，龟山寺院烧了三天三夜。

程颐被诬陷贬到洛阳家乡，已是耄耋之年，处境艰难，生活凄凉。更不幸的是，他得了风痹病，行走困难，最终一病不起。宋徽宗赵佶大观元年（公元1107年）九月十七日，在阵阵秋风中，他走完了自己的人生道路。这一年，他75岁。

一代理学大师程颐死后，还戴着贬官的帽子，竟无人为其送葬，只有他最亲近的弟子不怕危险，为老师办理丧事，葬于洛阳市伊川县西1.5公里处白虎山麓，与其父程珦、其兄程颢共处一园。

在程颢、程颐故里，乡亲们为两兄弟留下两座亭子，这就是"春风亭"和"立雪阁"。两个亭子在二程祠中，走进祠的前大院，站在"春风亭"前，让人想起程颢那师道温和、犹如春风的讲学风格。那边一尊刻有"程门立雪处"的石碑，眼前似乎出现的是一位学子在大雪纷飞中静立的形象，他就是北宋的杨时，他是福建将东县人，喜好钻研学问，到处寻师访友，后来他慕名不远千里来到中原，就学于程颢门下。四年后程颢云世，又拜程颐为师。"立雪阁"正是对他以程颐为师孜孜求学的见证。

人杰

第十四章

元代博学大师

许衡

太康地区

第十四章————元代博学大师许衡

十四

元代博学大师许衡

1. 出生乱世

公元 1260 年，成吉思汗之孙忽必烈在开平登上汗位，成为第五代蒙古大汗。公元 1246 年夏迁都燕京，改燕京为中都。公元 1271 年冬改"大蒙古"为"大元"，正式即位为皇帝，并开始南下攻打南宋。公元 1279 年灭南宋，统一全国。

作为游牧民族的蒙古人重武轻文，"只识弯弓射大雕"，靠杀伐征服了汉民族。可他们统治中国后又被汉民族高度发展的、强盛的、丰富的汉文化所淹没，忽必烈只能用"汉学"思想治国，其中许衡起了至关重要的作用。

许衡在蒙古统治者中大力倡导学习"汉学"，又一次证明了文化强大的力量。文化，是人类进行正常社会生活和社会发展的重要基础。人类只有不停息地创造和积累自己的文化，不断地完善自己的文化体系，才能使社会发展，才能提升民族素质。

许衡所拥有的文化，不只是为元朝的发展起到了重要作用，而且也为继承、保存、传播中国文化做出了杰出的贡

插图 14-1 元世祖出猎图
（元代刘贯道绘）

忽必烈，蒙古族，政治家、军事家，元朝开国皇帝，是蒙古统治者中少数重视文化、推崇儒术的君王之一，很重视中原农业的恢复和发展。此图描绘的就是忽必烈保持的游牧民族生活的场面。元代画家刘贯道，至元十六年称旨，补御衣局使。所画道释、人物，全宗法晋、唐。花竹鸟兽，亦能集合诸家之长，成为当时画坛的高手。

献。许衡在思想、教育、历法、哲学、政治、文学、医学、历史、经济、数学、民俗等方面都有很深的造诣和卓越的才能，人们赞誉他为我国元代百科全书式的通儒和学术大师。

许衡的故里在河南省郑州新郑市辛店镇许岗村。然而，许衡的先祖并非河南省人。据说，许衡的远祖许杨是西汉末年的酒泉都尉。公元 5 年，西汉太皇太后王政君的侄儿王莽毒死 13 岁的汉王帝刘衎，立年仅 2 岁的刘婴为帝，自任"摄皇帝"。公元 8 年，他废刘婴称帝。王莽倒行逆施，祸乱国家，许杨对王莽篡位乱朝非常愤怒，便携家人逃避到河内（今河南沁阳市）城西北沁北村隐居下来。

王莽的新朝于公元 23 年被农民起义军绿林军推翻，王莽被杀，绿林军推刘玄为皇帝，是为更始皇帝。公元 25 年，赤眉军杀害刘玄，推刘盆子为帝，是为建世帝。公元 25 年刘秀在河北称帝，重建大汉，公元 36 年统一全国，史称东汉。光武帝刘秀恢复大汉后，结束了战乱，以柔治国，使凋敝的民生得以发展，呈现出欣欣向荣的局面。他还重视访求贤士，把许多能为之士请进京城洛阳，量才而用。公元 55 年，皇帝诏令在河内隐居的许杨进京参政，后来还钦赐御碑。

南宋宁宗赵扩嘉定元年（公元 1208 年），腐败的朝廷对金作战中连连失利，宋将吴羲与金兵作战失败了，南宋被逼议和。金兵获得了割地赔偿之后，长驱直入，占领了黄河以北的大片领土。战争频繁、社会动荡、民不聊生使百姓流离失所。许衡的父母在北方的河内（今沁阳）深受战争之苦，许衡的父亲许通带着家人，加入了逃难的人群。他们背井离乡，艰难跋涉，进入中原，最后落脚于河南新郑县（今河南新郑市）西约 10 公里的大隗山麓（今始祖山）的一个小荒村阳缓里（今河南新郑市辛店镇许岗村）。嘉定二年（公元 1209 年）九月，许家添丁，一个婴儿呱呱出世，这就是许衡，新郑许岗村成为许衡的故里。

据《元史》载，许衡"幼有异质"。他天资聪慧，7 岁入学，不但勤奋学习，还爱好思考，已表现出过人之处。他白天攻读，夜里勤练，爱好问奇求异，追求新知。有时他提出的问题老师都难以回答。

有一天，老师在给许衡教书时，许衡又发问了，他问老师："老师，人为什么要读书？"老师随口答道："为了考取科举功名啊！"许衡紧追不放，因为他没有得到老师满意的回答。他又问："难道读书仅仅就是为了达到这个目的吗？"在古代，中国读书人的唯一目的就是"十年寒窗苦，金榜题名时"。老师的回答应该说是合乎当时情理的。许衡一语惊人，似乎已超出了常理，也超出了老师的思维范畴。自古以来，就是"学而优则仕"，读书就是为了做官，难道还有其他目的吗？老师被许衡问得无言以对。这位老师似乎在许衡这样的学生面前失去了尊严，他去见许衡的父亲，惭愧地说："许衡聪颖不凡，悟性出众，以后必然会有过人的才能，我没有资格做他的老师了。"老师主动辞职，不再做许衡的老师了。

许衡勤学好问、读书认真、为学严谨、刻苦自励。十四五岁时，他立志多读书，学得本领将来要为百姓做好事。

2. 热心办学

许衡自幼聪敏好学，成绩优秀，名闻乡里。他很喜欢读书，但因清贫的家境，无钱购书。他常常为求读上一本好书向人借书阅读，边读边抄。16 岁时，他听人说一位术士收藏一部很珍贵的书《尚书疏义》，他非常想读，可这位术士远在百里之外的西山里，对一个 16 岁的孩子来说，这是一件艰难的事。但许衡为了能早一天读到自己渴望已久的书，决定亲自前往求情阅读。

许衡决心已定，当天准备好干粮以及笔墨纸张，第二天天不亮就出发向西山去了。他跋山涉水，马不停蹄，直到傍晚时分才走进山中，晚上终于叩开了那位术士的家门。许衡说明了来意，术士看着风尘仆仆的许衡，被这个少年的求知精神感动了，就答应许衡留下读《尚书疏义》的请求。

许衡住在术士家里开始读《尚书疏义》，他觉得这部书很珍贵。于是，他决定全部抄写下来。他不分昼夜，抄写三天，终于完成了一部《尚书疏义》的手抄本，满意地踏上了归途。

许衡一生热爱学习，也一生热爱教育事业，是一位杰出的教育家。他在朝为官，仕途多舛，曾八进八出，在升降沉浮中，始终志在教育，乐于办学。其实在未入仕途之前，即以开馆授徒为业。他辞职回乡后，立即办起学校，不遗余力地从事教育。跟随他的学生很多，他的门下既有众多的汉族学生，也收了不少蒙古贵族子弟。他专心传道授业，教授学生循循善诱。为了传授真知，他更加勤奋读书求学。他曾先后在河北和山东设馆授徒，创办"鲁斋"，终日弦歌不断，书声琅琅，人们称赞他是为人师表的典范。

23岁时，逃往祖徕（今山东泰安）隐居，此时得王弼的《周易注》，焚膏继晷，学识大进。之后，迁泰安东馆镇，又迁至河北大名府，皆以教学为生，并在大名府创办"鲁斋书院"。宋淳祐二年（公元1242年），他在河北大名府执教时，听说河南卫辉府（今河南省卫辉市）百泉湖畔有一太极院，是名噪一时的儒学大师姚枢、窦默和赵复创办的。他决定前去拜访求教，此时他已做了十几年的老师。他从河北大名府专程到了河南卫辉。太极院，专门学习程朱理学，33岁的他潜心读起了程颢的《伊川易传》、朱熹的《论语精义》《大学章句》《中庸章句》等重要著作。在读书的同时，还聆听了几位大师的讲课。

许衡读了大师的论著，听了大师的经典课，开阔了视野，茅塞顿开，发现了自己教授学生的差距。他回到"鲁斋书院"做的第一件事，就是把全校的学生集合起来，向学生讲了发自内心的致歉话。他说："以前，我给你们讲授的知识很浅薄，许多概念不准确。这次我到河北大名府太极院拜师求教，学习了程朱理学，我才真正懂得了什么是真学问，明白了何以为师之道。我愧为人师，不能再误人子弟了。"讲完话，他面对全体学生，深深地鞠了一躬，以表歉意。

学生被老师诚心实意的赔礼道歉感动了，但又看到老师有辞退不教的意思，更佩服老师严谨的治学态度、虚怀若谷的品格，大家不约而同地跪下向老师恳求继续执教。许衡也被学生的求学精神和对自己的信任打动，就答应了学生们的请求。

自此，许衡更加潜心研究程朱理学，笃志力行，彻底以程朱理学作为自己进修和教育学生的课程，更严谨地传授程朱理学知识，严格要求学生刻苦地探求真知。从此，他的学术思想和治学道路发生了重大变化，成为程朱理学在北方最忠诚的拥

插图14-2 许衡祠大殿匾额

许衡祠，位于焦作市李封南村，又叫"鲁斋许夫子祠""许文正公祠""鲁斋庙"。许衡祠始建于元成宗大德元年（公元1297年），在原址上复建的许衡祠，包括大门、仪殿、东西厢房及大殿等仿古建筑。正面大殿三间，红墙绿瓦，古朴典雅，庄重肃穆。大殿的门额上，悬挂一方令人注目的横匾，上书"至元第一流"几个大字。"至元"是元世祖忽必烈的年号（公元1264—1294年），"第一流"是对许衡的博学和品格给予肯定和赞扬。匾额题字为清代乾隆五十一年（公元1786年），时任怀庆府太守的康基田手书，距今已有226年的历史。

护者和推行者。他创办的"鲁斋学院"不几年就成为闻名遐迩的学府。他在此培养了大批人才，他的学生中"致位卿相，为代名臣"者不胜其数，朝廷上下"彬彬然号称名卿士大夫者"几乎都是他的弟子。

许衡办学对传播文化、发展文化起了重要作用。

3. 义不吃梨

自古中国就有"道德之乡""礼仪之邦"的美誉，在历史上有许多知书达礼之士成为人们学习的典范，千古流传，成为人们效仿的一个道德标尺。许衡就是其中之一。有一首赞美他的诗这样写道："许衡饥渴时，不食道边梨。一梨食细微，不义宁勿不为。"诗中记述了许衡"义不吃梨"的故事。

金朝哀宗完颜守绪统治中原时，北方窝阔台继任蒙古汗位之后进一步加紧了对金朝的侵略。金朝内外交困每况愈下，已无御敌之力。蒙古可汗的大军一路凯歌，长驱南下，渡过黄河，直捣金朝国都汴京。金哀宗完颜守绪天兴元年（公元1232年），许衡的出生之地河南新郑县（今河南新郑市）也难逃战乱困扰。这时许衡已是24岁的青年了。为躲避战乱，许衡也不得已加入了逃难的队伍，向北逃去。

那正是炎热的三伏天，许衡随着逃难的人群，从新郑出发，到了洛阳，渡过黄河，来到河内（今孟市）境内。许衡一路上看到的是连年战火蔓延的大地满目疮痍、田园荒芜、人烟稀少。难民们顶着火热的太阳，大地如烤，酷热难当。

许衡和同行的朋友已是汗流浃背，嗓子生烟，口渴难耐，但滴水难觅。他们正艰难地行走着，突然，同行的一个朋友连声喊叫着向前奔去。大家往前看去，那边有一棵高大的梨树，树干高大，树上枝叶间挂满了黄澄澄的大梨子。于是，大家惊喜地跑着叫着，到了梨树下，不由分说争先恐后地摘下梨子解渴。这时，只有一个人没有去摘梨子，他就是许衡。许衡坐在树荫下，撩衣煽风，想以此缓解口渴。别人大口大口地啃着梨子，他端然而坐，无动于衷，神情自若。一个朋友看到此情，忙走过来对许衡说："你快去摘梨解渴呀！"说着塞给他一个梨子。

许衡接过梨子说道："好梨！这梨子虽好，但不知多少钱一个。"朋友说："不要钱，这是野梨。"许衡说："这不是我的梨树，我怎可随便摘梨吃呢？"这时，有一个人过来好心地对他说："现在是战乱之时，人们都逃难去了，这棵梨树怕早

插图14-3许衡画像（"三才"图绘）

取自《"三才"图绘》中的此幅许衡画像，特色鲜明，画像端正严谨，内蕴厚重，有文化大家之风范。笔法简约，线条流畅，构图清新洒脱。所谓"三才"，据《周礼正义》是指"人"和人化的"天"和"地"。该书内容上自天文，下至地理，中及人物等十四门类。每门类之下分卷，条记事物，取材广泛，所记事物，先有绘图，后有论说，图文并茂，图不清晰者可借助文字表达，文字无法说清者可以图作参考，相为印证。此书为众多学科研究者提供了丰富的资料，书成于明万历年间，有万历刊本存世。作者为明代王圻、王思义。王圻，字元翰，号洪洲，嘉靖四十四年进士，曾任知县、御史、知州等职。归隐于淞江之滨，种梅万树，名"梅花园"。以著书为事。王思义，王圻之子，字允明。

已没了主人，你何必介意这梨树是谁的呢？摘着吃就是了！"

尽管大家都摘着吃，并且是特殊时期，但许衡仍坚守做人做事的原则。他用手指了指自己的胸口诚恳地说道："这梨子是无主的，难道我们的心也是无主的吗？"

许衡的话招来的只能是别人的讥笑，也许笑他是傻子，也许笑他是书呆子。但他硬是忍着难熬的口渴，和朋友一起继续赶路了。

许衡的这种品格不是偶然，更不是作秀之举，是他长期修身养性的结果，也是家乡良好风气的影响。他在平日里，遇到街坊邻居婚丧嫁娶之事，他一定遵照风俗礼仪对待，乡里乡亲都称赞他的为人。据说，在他的故里果树成熟之季，没人去摘别人家的果子，就是掉落在地上，连路过的小孩也不会随便去捡拾。乡民都教导子弟，不要有贪取的欲望。

许衡的优秀人品、健全的人格，给后人留下了美好的口碑。

4. 投身教育

元朝皇帝忽必烈的母亲唆鲁禾帖尼是一位汉化较深的女子，她经常请汉族权贵到家中做客，这对忽必烈影响很大。据说忽必烈很喜爱了解前代帝王之事，他倾慕唐太宗李世民。他对学习儒、释、道的青年学者刘秉忠非常喜欢和依赖。在漠北时，他就同大批中原汉族士大夫取得了密切的联系，使他的思想意识朝着不同于同辈皇族兄弟的方向发展。他在努力接受汉族文化，学习汉文化。

公元 1251 年，忽必烈的长兄蒙哥即大汗位，忽必烈以皇帝之亲受任漠南汉地军国庶事，统军南征。他先后任汉人儒士整饬邢州吏治，主经略司于汴梁，整顿河南军政，屯田唐、邓，都收到了积极的效果。

公元 1253 年，忽必烈受京兆（今陕西西安）封地，任用汉族儒臣开立屯田、兴复吏治、恢复农业、建立学校，成绩显著，得到了北方汉族地主阶级的拥护。1254

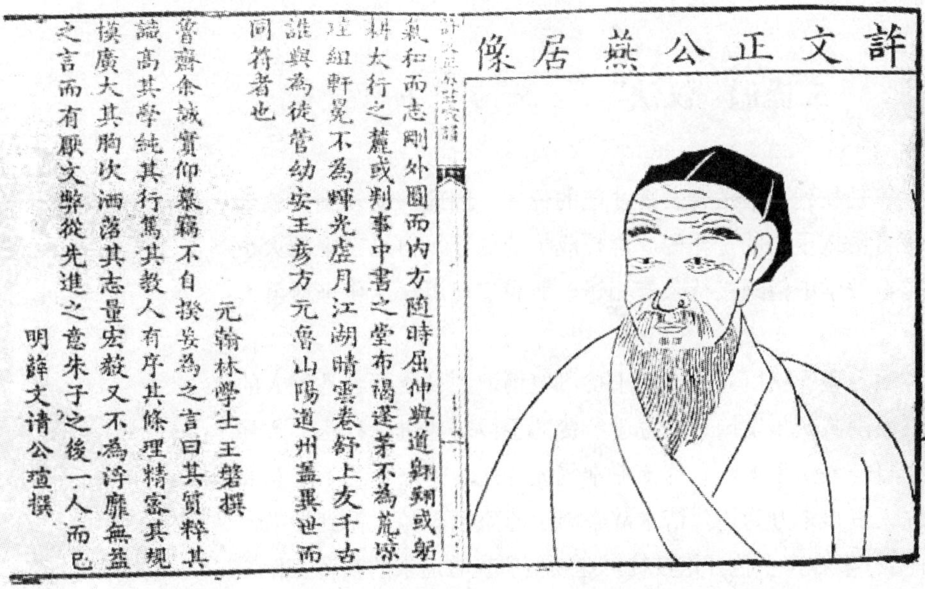

插图 14-4 许衡画像

许衡，元初名臣，著名的学者。鉴于当时干戈扰攘，民生凋敝，一再向元世祖建议重农桑，广兴学校，以"行汉法"作为"立国规模"。许衡长期担任国子监祭酒，主持教育工作，承宣教化，不遗余力。以"乐育英才，面教胄子"为宗旨，其门下有汉族学生，有蒙族弟子。他施教的原则是"因觉以明善，因明以开蔽"，即循循善诱，潜移默化。至元八年奉元世祖之命，培养一批蒙古贵族子弟成为"尊师敬业"的优秀儒生。其中有不少人后来致位卿相，为一代名臣。

年，姚枢向忽必烈举荐一位知识渊博的大儒，忽必烈很高兴，立即让他出任京兆提学，此人就是名气远播的许衡。那时许衡已经45岁了，他开启了步入仕途的第一步，从此开始与忽必烈打交道。

京兆提学是管理学校教育的官，这正是许衡之专长。许衡管教育不主张科举考试，他看不起以章句、诗词为考试内核的科举考试，认为它对治国经邦没有什么用途。他提倡普及全民教育，认为学习知识就是要满足个人生存需要。这些思想和主张与忽必烈的想法正相吻合。

许衡受到了忽必烈的信任，忽必烈把教育大权给了他。他一上任，就放手发展当地教育。他指令秦地各郡县都要办学堂，明确提出了"民生八岁，上至王公之子，下至庶民子弟，皆令入学"的要求。人不分贵贱，孩子8岁必入学受教育，这是一个很了不起的举措。许衡倡导普及教育，大力办学，一时秦地学风大盛，百姓称赞，忽必烈十分满意。

许衡的好友姚枢、窦默等先后被征入朝。元代的最高学府是国子监，最高学府的校长称之为"祭酒"。忽必烈称帝后，看到许衡在秦办学校兴教育成绩很大，便升任他为国子监祭酒。国子监里的学生有相当一部分是忽必烈亲自选送的蒙古贵族子弟，说明了忽必烈对许衡的信赖和重用。同时，也赢得了朝廷上下的尊重。许衡欣然接受了国子监祭酒之职，他说教育这些学生是我们的责任，一定能使他们成为国家有用之才。

许衡担任国子监祭酒期间，学生年龄都很小，但他"待之如成人，爱之如子，出入进退，其严若君臣"。他用传统的圣贤之道和丰富的汉文化严格教育这些蒙古王爷和七品以上朝官的子弟们。他要以程朱理学为主要教材，教习这些来自北方草原上彪悍的蒙古人的后代，让他们成为融入汉文化、知书达理的人才。他的教育收到了良好的效果，受他教授的学子们都取得了好的成绩，都能尊师敬业，即使年少的学生也知三纲五常之理。

许衡使儒家思想和汉文化发扬光大，在教育传播中国传统文明的过程中，做出了不懈的努力和突出的贡献。

5. 提倡"汉法"

许衡任国子监祭酒，算是找到了最适合发挥才能的位置。因此，他一到任就全身心地投入到教育这些蒙古贵族子弟的工作中。学校成了他的家，自己家中的大小事他全然不顾，并且规定在教学中拒绝接待亲友相访。他想实现用汉文化来造就人才的构想。

许衡从事教育事业，竭力避开权臣对教育的干扰，但仍遭到权臣阿合马等人的攻击和压制，他们甚至采取削减或扣发国子监办学经费的手段对他进行打压，致使学生的廪食无以为继，逼得一些学生退学。许衡非常气愤，但却无奈。惹不起总躲得起，他以老病复发和先人丧事未办为由，请求辞去国子监祭酒职务，得到批准，他即返乡，在此任上只有3年。在家乡他开馆授徒，继续他所执着追求的教育工作。

元世祖忽必烈至元二年（公元 1265 年），忽必烈任安童为右丞相。安童年少，忽必烈不放心，欲找一位德高望重、知识渊博的大臣来辅佐他。忽必烈选来选去，未有合意之人，最后想到了曾任国子监祭酒的许衡，认为他是最好的人选，遂诏为议事中书省。忽必烈见到许衡说："过去任你国子监祭酒之职，但依你的人品和学识，还可担当更大的责任，为国家做更多重要的事。现在你'年老未老，年小不为'，年富力强，正是为国为民效力之时，不要辜负了你平生之所学。"然后，忽必烈又给他交代具体工作，说道："当今右丞相安童年尚小，不懂世事，故让你辅佐于他。你有什么想法和建议，就告诉安童，他会转告于我，我会选择采纳。"

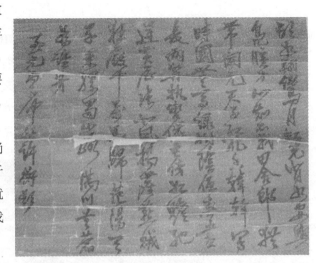

许衡说道："圣人人道，大至大远。我平生虽读了不少书，但所得知识还是浅薄。今既受命于臣，臣愿尽己所能，辅助右丞相。安童聪明且有主见，我相信他定有很强的理解能力。"

然而，许衡又担心今后在辅佐安童的过程中，安童向皇帝转告自己的话时会走样变味，定会招致麻烦。想到此，他又对忽必烈说："臣故有虑，当安童传话时，中间会有人乘机阻拦，或使我的原话本意变样。"忽必烈鼓励他要大胆去做工作，不可多虑。随后任命他为中书省左丞。中书省左丞是辅佐宰相的副宰相，工作重要而具体。许衡受命中书省左丞之职后，积极支持忽必烈的改革，大至立国规制和中书大要，小至农桑稼穑，甚至君王之难，他都尽力尽心去做，并且能直言上奏，敢于坦言。他所司理的政事有的甚至涉及国家机密，都得到皇帝的信任。据《元史》记载："衡自见帝，多陈奏，及退，皆削其草，故其言多秘，世罕得闻，所传者特此耳。"忽必烈对许衡的奏章多加采纳，对他的工作效果和成绩十分满意，特别赞赏他在治国方略上所展示的思想家和政治家的才华。

许衡是百科全书式的通儒，是元代程朱理学的传播者、光大者和实践者，成为元代思想界的领袖。他对中国历史和当时的社会状况作了客观分析后，期望忽必烈能用以儒学为核心的汉法治理国家。

其实，在他未被任中书省左丞前，公元 1262 年忽必烈曾诏他进京后，他即向忽必烈上奏《时务五事》谏言。他明确提出，中国社会长期遭受战争破坏，经济萧条，民不聊生，发展社会、发展经济才是立国之本，最重要的时务就是能得民心。因此，朝廷要采取重农桑、兴学校、轻徭役、薄赋税的措施，以达到藏富于民的目的。为此，要推行"汉法""必行汉法乃可长久"。"汉法"就是儒家传统的仁义道德思想。他提出"爱与公"是得天下之道，"杀人者，不可得志于天下"。许衡劝诚忽必烈要"天下一家，一视同仁"，这样国家才可长治久安。

插图 14-5 许衡书法作品

许衡是元代杰出的政治家、教育家、天文学家、思想家、哲学家。许衡在思想、教育、历法、哲学、文学、医学、历史、经济、数学、民俗等方面都有卓越的建树，他是一位百科全书式的通儒和学术大师，故其书法造诣颇深。元朝为异族入主中原，但元世祖忽必烈极推行"汉法"，许衡就是"汉法"的积极倡导者，故而元人在文化上被汉文化所同化，因此中国的书法传统得以延续和发展。元初书法总的情况是崇尚复古，以继承古代诸名家的传统法度为主。许衡的这件书法作品，鲜明地表现了这个时期的特点。他用笔遒劲，法度谨严，具有飘逸朗俊之姿。

忽必烈选择性地采用了许衡提出的《时务五事》进行改革，变易旧制。尽管如此，"汉法"的推行，为元朝巩固统治、稳定社会和人心起到了重要作用。

6. 不惧奸佞

忽必烈虽然很重视选拔贤能之士，但出于对各种利益的考量，他也重用了一些色目人，其中有的人虽然有才能，却是野心勃勃的奸佞之辈，阿合马就是这样的人。阿哈马，生于中亚乌兹别克境内，曾是忽必烈皇后宫中的侍臣，做些清扫之类的杂务。由于头脑灵活，干活勤快，得到忽必烈的赏识，被破格提拔为中书平章政事，列于相位。他采用多种手段大肆搜刮，使国库收入飞速增加，深得忽必烈的宠信。

他以忽必烈为靠山，在朝中肆无忌惮、卖官鬻爵、收受贿赂、贪财好色、抢占良田、培植亲信，无所不为、无恶不作。阿合马经常不经吏部拟定，私自提拔重用亲信党羽。他得寸进尺，明目张胆地把他儿子塞入重要军事机关枢密院，让其掌握军事大权。此举引起朝野的极大不满，但都屈于阿合马的权势，敢怒不敢言。这时，只有刚正不阿的中书左丞许衡挺身而出。许衡向忽必烈上奏道："国家之机要部门，是兵、民、财三项，现在父亲掌管了民政和财政两大项，其子又入主军政，这很危险呀！"忽必烈说："你担心他会造反吗？"许衡说："他已具备了造反的实力和条件。"

阿合马得知许衡上奏的事，便对他怀恨在心。当天夜晚，阿合马携同儿子气势汹汹地跑到许衡家，指着许衡大骂："你凭什么诬陷我？你才是心存谋反。谁不喜欢势利、爵禄、声色，可你对这些东西拒之门外，我看你的目的就是要收买人心，你这不是图谋反叛吗？"许衡面对强权恶势的阿合马毫不畏惧，大气凛然，给以反驳。在许衡和众大臣的反对声中，阿合马安插儿子掌握军权的阴谋终未得逞。从此，阿合马对许衡更加仇恨，处处为难排挤许衡。再加上阿合马和一些权臣极力破坏他所倡导推行的"汉法"，许衡只能以辞职表示抗议。元世祖忽必烈至元十年（公元1273年），许衡又一次被迫辞职返乡。回到家乡他又开馆授徒，回到他终生热爱的教育事业中。

许衡辞官退居乡野除了教书，还要种田。作为一位儒士，除了做文化教育工作外，他有稼穑之术吗？

传说有一年秋收之后，村民们都忙着去种麦子，可许衡在地里却忙着种油菜，

180

插图14-6 射雕图（元人绘）

来自草原入主中原的元人，是马上的民族，狩猎是他们重要的爱好。此图描绘了北国荒寒的景象。无垠的大漠，浩瀚的黄沙，寒山秃岭。一个骑士正弯弓搭箭，瞄准了雕群。画作突出地表现了元朝贵族秋凉之时野外射猎活动，这是他们生活的重要组成部分。

人们对他的行为大为不解。村里一位经验丰富的老农看到许衡反其道而行之，就和人说："我看许先生教学生还行，可种庄稼就不一定行喽！你们看看地里的墒情这么足，正是种麦子的好时候，怎么能去种油菜呢？等着瞧吧！"可到来年麦子抽穗正需要灌浆的雨水时，却出现了大旱，影响了麦子的成长，收成很差。人们看到许衡种的油菜生长旺盛，收成很好。大家都佩服许衡有远见，会种庄稼。许衡种的油菜收割了，天气很好应立即晒干。可许衡面对大好的太阳不去晒油菜，却把油菜收藏起来。村民们又不理解了，有人就议论说许先生中邪了。大家正在疑惑不解、议论纷纷时，老天突然变了脸，大风骤起，麦子地里都是倒伏的麦子，而许衡的油菜却安然无恙。

由此，村民都说许先生会种庄稼，纷纷跟着许衡学种庄稼，许衡种什么，他们就种什么。还有人神秘地说，许衡能识破"天机"，这样的人就是"天官"。于是，许衡是"天官"的说法就传开了，世代相传称为"许天官"。

其实，许衡知识渊博，他不但在教育上有很深的造诣，而且在哲学、文学、历史、经济、数学和历法等方面皆有很深的研究，当然，观气象、预测天气也在他的知识范围之内了。

7. 主编新历法

中国历史上的历代封建帝王总是以"天子"自居，贵为人上，九五至尊。王朝的兴衰、帝王的浮沉被看成与天地之变化、日月之运转的数理密切相关。他们把这种运转之理称为"天道"，又叫"历数"。两千多年封建社会里的经济活动以农为业，农业的丰歉决定国家经济的兴衰。而农业的发展则依赖于大自然的恩赐。因此，人们很重视对天地自然变化的计算，这种计算的精确性，就要依靠精确的"历法"。历代帝王都把历法的制定和运用列为朝廷要事。当改朝换代之际，新登位的帝王总是把重新颁布新历法视为皇权的象征，看成是受命于天的标志。

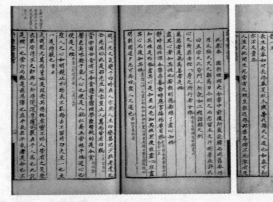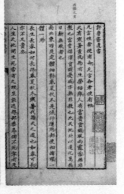

忽必烈登上封建帝王之位开创元朝后，从前代王朝接过的历法是《大明历》。这部历法已被辽、金两个朝代袭用了二百多年，未有修编。忽必烈把编制一部新历法的工作纳入了朝廷的议事日程。忽必烈下诏设立了修编新历法的专门机构，称之为"太史局"，并调集当朝著名天文专家郭守敬来主持这项工作。郭守敬时任太子赞善，是名闻史册的天文学家和水利学家。与郭守敬一同入太史局负责编修新历法的还有王恂，他是数学家，还有枢密使张易

插图 14-7《鲁斋遗书》

许衡，字仲平，元代哲学家，学者称他为"鲁斋先生"。他的主要著作有《大学直解》《中庸直解》《读易私言》《小学大义》《大学要略》等，后人收集许衡著作而成书，亦名《许文正公文集》，编入《四库全书》并收入《四库全书珍本》。《鲁斋遗书》14卷，前12卷按语录、小学四书直解、奏疏、杂著、书状、诗词等分类辑成；后2卷附录像赞诰敕之类及后人书识之文。其著作内容繁杂，包括其学术、教育、政治等方面的思想。

同时调入太史局。王恂对许衡的学识和人品十分了解，接到忽必烈更造新历的命令后，他立即向忽必烈举荐了许衡，他说道："今之历家，徒知历术，罕明历理，宜得耆儒如许衡者商订。"王恂称许衡为老儒，认为旧历法应由他来订正。所谓"明历理"，说明了许衡比其他历算家、学者高明之处。正在求贤治国的忽必烈采纳了王恂的举荐，诏许衡"命领改历事"。后来张文谦也加入到这个行列。于是更造新历法的班子组成了，许衡德高望重、学识渊博，为一代学界大师，被推为把握修历总体方向的宏观规划者、领导者。年已七旬的许衡，为求得准确的数据和郭守敬等人克服重重困难，在全国建立了27个测验所，在"东至高丽，西极滇池，南愈朱崖，北尽铁勒"的广大地区，进行实地观测。他们认真研究了自西汉以来的70多种历法，综合了大量的实地观测资料，经过3年的努力，到元世祖忽必烈至元十七年（公元1280年）春天，编制新历法的任务完成了。

许衡参加了从编制新历法开始的人才调集到新历法颁行的整个过程。作为编制新历法的总体规划者，他日夜操劳，奔波跋涉，殚精竭虑。他把自己许多历法思想诸如测天验天的创举、历法术数的创新以及天文仪器的创制，都贡献于新历法了。新历法虽然是集体创作的成果，而许衡作为主编在历史上留下了精彩的一笔。

至元十七年（公元1280年）三月的一天，许衡、张易、王恂、郭守敬等人向忽必烈上奏新历法完成，忽必烈随即召见了他们。许衡、王恂等汇报编制新历法的情况时，太史臣都跪下陈说，忽必烈下诏独让许衡、杨恭懿起来坐下，并说他们是青少年的楷模。忽必烈听完汇报十分满意，对他们的成果给予充分肯定。忽必烈按照"敬授民时"的古语，把新历法取名为《授时历》，批准自至元十八年（公元1281年）正月一日颁行。

《授时历》反映了当时我国天文历法的新水平，并有不少革新。自元代颁行一直施行了364年，是我国古代推算最精确、使用最长久的一部历法。

插图14-8许衡墓

许衡墓位于李封村南3公里偏东的许氏墓群中。元仁宗下诏，祭祀许衡与祭孔同等。元顺帝又敕命文学家欧阳玄为许衡撰写高约3米的神道碑文并立于许衡墓前，洋洋洒洒5000余言，称许衡"抗万钧之势而道不危，擅四海之名而行无毁"，且把许衡与忽必烈并列，称忽必烈是"不世出之君"，许衡为"不世出之臣"。

182

ELITE

人杰

8. 病逝祖籍

许衡与王恂、郭守敬等人完成了《授时历》后不久，身心交瘁的他又一次辞官回乡了。据史书记载，许衡曾八次被召入朝委以重任。但当他在任上做出成绩后，多以病为由辞官回乡。这是他最后一次辞官。在他主编的《授时历》颁行实施的1281年3月2日，许衡在祖籍怀州（今河南焦作市）病逝。

许衡病逝的消息传出后，四方学者相聚哀吊，痛苦不已，有的不远千里前来奔丧，纷纷赶到许衡墓前祭拜。

许衡的墓在今河南省焦作市中站区王封乡李封村南村3公里处。当地有这样的传说：许衡自认为，作为一个汉人却为蒙古统治者效其一生，罪孽深重，罪不可恕，临终时给儿子留下遗言说，死后的棺椁不要放在墓坑底，要用铁索悬在墓坑半空中以示谢罪。

传说归传说，也反映出许衡的自我认识。其实，许衡临终前特意交代儿子说："我这一辈子都被世间的虚名所累压，死后不需要立碑，只用块石头刻上'许衡之墓'即可，让子孙后代知道有这么个地方就足够了。"儿子基本按许衡的遗嘱去做，在许衡墓前只立了一块一人高的石碑，不过上面刻的字并不符合许衡的遗嘱要求。正面刻着"大元故资善大夫中书左丞许公墓"字样，碑阴刻有"茔域之图"，并标记"东西横直三百九十步""南北纵直二百八十步"，且有树木图案。"茔域之图"下许衡长子许师可所写的《泣血拜书》祭词，也只写家中之事和祭祀之情，对许衡的历史贡献、任职政绩、学术成就只字未提。后来，忽必烈下诏赐许衡墓130亩，敕建一座牌坊、三间享堂。可惜当年柏树遮天蔽日的600多亩的许衡墓园在"文革"中被毁了。

如今重修一新的许衡墓园，坐北朝南，高9米，墓前石碑刻"元儒许文正公之墓"。石碑前有两对翁仲分列两旁，翁仲执笏而立，浑厚庄重。翁仲南，有三间青灰砖殿堂，名"释奠堂"，其东为石案，以供放置祭品。殿堂南，是两座碑楼，各立龟负蟠龙头石碑。碑楼前是乾隆御祭碑，后立神道碑，碑文为欧阳玄撰。

许衡的出生地新郑市许岗村也以各种形式以示纪念。村中有条大路命名为"许衡大道"，道旁碑楼一座，其中石碑的碑体斑驳残破，有五个大字"许鲁斋故里"清晰可见。从依稀可见的"碑记"中得知，此碑楼乃清代雍正二年所建。

许岗村于1997年新修了《许氏家谱》，如今村中的许姓皆为许衡20代至26代裔孙，在现有1700多村民中，许氏后裔有1300多人。

DI SHI SI ZHANG
YUAN DAI BO XUE
DA SHI XU HENG

第十四章·元代博学大师许衡

183

SERIES ON THE HISTORY AND CULTURE OF

中原历史文化系列丛书

王铎 明清书法神笔 第十五章

人杰

明清书法神笔王铎

1. 刻苦学书画

四百多年前孟津城（今河南洛阳市孟津县）的街头一幕：两个卖烙馍的老太婆相背而坐，一个老婆面前一面板，手拿小擀面杖，在擀一个比拳头小点的面团，很快擀成一张薄如纸的圆饼，用小擀杖从中间挑起，向背后一摺，不偏不倚地落在另一老太婆面前的鏊子上。鏊子铁制圆形，薄而中凸，下面烧柴。这老太婆看到烙馍不偏不倚落到鏊子上，立刻用手上长而窄的"劈儿"，左右正反翻转，一面入鏊子下续些，"劈儿"与鏊子撞击声，和谐入耳。

不一会儿，烙馍熟了，老太婆用劈儿挑起，向背后一摺，正好落在擀烙馍老太婆前面那一摞熟烙馍上，整整齐齐。刚摺出去，另一张烙馍又落在鏊子上。

两个老太婆配合那么默契，动作那么娴熟，擀面与翻馍的声音相互应和，悦耳有韵。围观的顾客一片叫好，其中一位少年，看得入神入迷，直到家人来找他回家吃午饭时，才恋恋不舍地走开。

插图 15-1.1 王铎故居

王铎故居位于河南省洛阳孟津市会盟镇老城村。王铎，明代天启二年中进士，官至明礼部尚书，清朝加封他为太子太保职位，遂建官邸。后因历史变迁，战争纷扰，其故居宅第毁于战火。20世纪90年代末，按王铎故居原貌修复重建，其建筑风格是明清建筑艺术的展示，主要包括故居和宅居园林，故居内陈列的王铎书法手迹、碑刻、拓片是国宝珍藏。正门的匾额上"太保府"三字为康熙皇帝所题。

这位少年就是著名的明清书法家王铎。王铎，字觉斯，号痴庵、松樵，别号烟潭、渔叟，于明神宗朱翊钧万历二十年（公元 1592 年）出生，故里在孟津双槐里（今河南省洛阳市会盟镇老城村），孟津（今河南孟津会盟镇）自古名闻天下。三千多年前，纣王无道，武王兴兵，伐纣大军进军到孟津，招聚八百诸侯，歃血为盟，同仇敌忾，举行盛大阅兵式，以耀军威。然后浩浩荡荡向朝歌（今河南淇县）进军，长驱直入，一举灭商。孟津八百诸侯会盟在这里留下了封建王朝改朝换代的闪光足迹。在历史的长河中孟津以自己的魅力独领风骚。

王铎出生时，正赶上明万历朝政治日趋腐败，经济衰退。

王铎的十世祖王成从山西迁入孟津邑（今河南孟津县）的双槐里，其先人中只有祖父的长兄王价登于万历二年举进士，祖父王作终生未仕，父亲王本仁以农耕为业，但饱读诗书，家教很严。王铎就是在这样一个知书达理的家境中成长的。

然而，王铎的家庭生活自幼清苦。王家原有200亩田地，但在明朝万历的后期，腐败不堪的神宗朱翊钧加重田赋，兼并土地，王家仅靠黄河岸的13亩薄地支撑着全家人的生活。王家人丁兴旺，王铎有四个弟弟、一个姐姐、两个妹妹，日子非常贫困，有时一天两顿稀粥都难以吃上，王铎的母亲把自己的陪嫁首饰变卖糊口。母亲常教诲孩子说，不要忘了饥饿的苦日子，不要忘记我卖首饰换钱充饥的生活。清贫艰苦的生活磨砺了王铎。他14岁开始读书，并且爱好学习临帖，刻苦勤奋。从小就立下志向，将来要走干禄仕进之途，要光宗耀祖，为王家争气。

苦难的生活、良好的家教激发了王铎学习的兴趣，学习书法临帖摹画更是废寝忘食。相传，王铎写字画画用坏的笔可成堆而放；清洗砚台的水能积而成潭；捉笔磨墨的手指起了层层厚茧。母亲看着苦练书画的儿子很是心疼，担心他熬坏了身子，劝他歇歇，他嘴里应和着，可总身不离书案，手不停摇笔。他无帖不临，无画不摹，书画艺术日益进步。

插图15-1.2 扇面石兰图（清代王铎绘）

王铎早年以诗名世，为洛阳一带"孟津诗派"的中坚。他善书法，也善画山水。而他的兰竹画作，别具一格。兰花幽香清远，高洁典雅，被誉为花中君子，古人赞："兰之香，盖一国。"王铎的此幅图中兰草，构图简净，意境清远，笔墨明快，把兰草高洁之气挥洒得元气淋漓。此图为王铎1638年佳作。

在他未登仕途之前，其书法和绘画造诣已是很深，名闻乡里，亲戚朋友、街坊邻居看到他的书画作品赞不绝口，夸奖他是"灵童转世""马良再生"。

人性总是有弱点的，更何况未经涉世的青少年呢？王铎经不住乡亲们的夸奖而沾沾自喜，忘乎所以起来，对学业产生了懈怠情绪，勤奋也大大打了折扣，游玩成了追求的对象。

那一天是农历三月初三，是孟津城传统庙会的日子。王铎有了出门游玩的理由，早饭后就急急忙忙出门，到庙会看热闹，找稀奇去了。大街上车水马龙，红男绿女，还真是热闹。只见有许多人在围观，王铎凑上去一看，是两个老太婆在做烙馍，他看到的就是开篇叙述的那一幕。

看了之后，在与家人一起回去的路上，他心里一直平静不下来，深深佩服两个老太婆擀、烙、摺烙馍的手艺，也启迪了他深入的思考。老太婆似杂耍的烙馍手艺定是日积月累而成，从第一张烙馍到上千上万张烙馍，终于成就了这娴熟的技艺。而自己的书画艺术，距那种熟练的技巧还相差甚远。从此，他踏下心来，更加刻苦勤奋地练起来。

2. 师生情深

　　王铎曾在家乡玄帝庙读书。一天，他如往日一样到庙里上学，可与往日不一样的是穿过大门到了厢房，却看到许多人围在一起争着看什么，一片议论之声。他很好奇，不知发生了什么事情，急忙挤上前去想看个究竟，原来大家在看一块匾额。这时王铎才注意到，靠近匾额的几个人，都是本乡的书法高手。他一打听，才知道这座玄帝庙要重修，需要一块新的匾额，于是就请来了本乡知名的书法高手，共同商议并推举捉笔人。此时，那位被推选出的人已把"玄帝庙"三个大字写好，正在端视自己的作品。他左右审视，连连摇头，对自己写的字似有不满之意。旁观者也窃窃私语，似乎看出不足，但大家好像都不便直言。

　　王铎毕竟年少气盛，气盛则放胆。他认为"玄帝庙"三个字虽每字有一尺见方，但字内乏神，力道不足；又听到人们对字的优劣有议论，心中发热，手心发痒，跃跃欲试。他鼓足了勇气，走到那几位书法前辈面前，施礼相见，颇有自信地说："让我试试！"此言一出，语惊四座，大家把惊奇的目光一齐投到王铎身上。大家对王铎书法早有耳闻，今见如此年幼，竟有如此胆量，都瞠目结舌。大家觉得不妨让他一试。王铎已看不到眼前众人，听不见人们的议论，跨步上前，提起与他身材不相称的一枝大毛笔，凝神静气、略有所思、手起笔落，全场立刻静下来，只听到王铎运笔的声音。人们霎时看到一个大小得当的"玄"字出现在纸上。这时书家们似乎回过神来，上前一步细观，接着，有人喊道："好！"叫好声接连不断。王铎旁若无人，一鼓作气，又写出第二个字"帝"。刚一收笔，就听有人叫："妙哉！妙哉！"

插图 15-2 王铎自画像

王铎对中国书法的发展产生了巨大的影响，且他的绘画山水之作深沉丰蕴，花木竹石洒然物外，其人物画少见。这幅自画像描绘出深邃的历史感。

　　众人的叫好声，惊动了王铎的老师。这位老师出来走近一看，自己的学生王铎刚把"帝"字写好，正准备写第三个字"庙"字，拿起板子，不由分说向王铎身上打了三下。大家忙上前劝阻，老师气愤地说，小小年纪，竟敢在书家前辈面前逞能，贸然为庙题写匾额，真是无礼。

　　那几位书家忙上前拱手相劝说："先生息怒，此生落笔不凡，实为先生的高徒，我辈自叹不如。请先生看看您的学生写得如何吧！"这位老师这才认真看"玄帝"两个大字，他情不自禁露喜色，转身对王铎说道："还发什么呆，接着写！"

　　王铎挨了老师三板子，心中憋着一股怨气，但师命又不敢违，只好提着笔，快快走到纸案前，但自感心劲已泄，手臂乏力。他尽量提神纵气，手稍有不稳，勉强

SERIES ON THE HISTORY AND CULTURE OF

中原历史文化系列丛书

DI SHI WU ZHANG
MING QING SHU FA
SHEN BI WANG DUO

第十五章·明清书法神笔王铎

189

写出了"庙"字，放下笔，长出口气。书家们上前一看，"庙"字与"玄帝"二字相比，明显乏气少力，特别是向左一撇，笔画歪扭。

王铎挨了那位老师三板子有气，但没有记仇，而是记住了老师的教诲之恩。那是王铎做了高官后的事。那一年他荣归故里修坟祭祖，首先去拜老师。那天，他脱官袍换儒服，不用轿马，不要随从，到老师家门口，轻轻叩门，似怕惊动老师。开门相迎的是师母。师母将其领进客厅，王铎恭敬地奉上礼品，问老师在哪里。师母告诉他："在后面大院，独坐观书。"王铎向后院走去，看到院中一棵枝叶繁茂的大槐树下，老师正躺在椅子上纳凉，急忙走上前叩拜。惊醒了正闭目养神的老师，一眼看到自己的高徒，慌忙起身，说道："如今你是朝廷重臣，老朽不敢担当。"王铎深情地说："应该饮水思源，有先生的昔日严教，才有我的今日。"师生畅叙，情谊深厚。临别时，王铎说："七日后我在家摆谢师大筵，届时还请先生去主首席。"老师说："我一介寒儒，布衣之士，何能入官场？"

王铎听到老师此言，早已料到老师会有所顾虑。忙从怀中掏一卷，展开给老师看，原来是吏部委任状。王铎说："学生已在京为先生力保一职，拜四川茂州知州。请先生随后走马上任。"后来，王铎又为老师在他的后院建造一座高楼。

王铎的这位老师无意于仕途，迟不赴任，直到在家中病逝。王铎闻悉，感慨万千，亲自为老师写了墓志铭。

3. 飞笔点点

王铎少年时曾跟随舅父陈县茨学习，并得到舅父的大力资助，结婚后妻子马氏与他同甘共苦，倾其所有支持他的学业，岳父马从龙也从经济上多方帮助。王铎在疾苦贫寒的生活中苦读勤练，学业出类拔萃。

明朝天启元年（公元1621年），王铎30岁时在乡试中取得优秀成绩，这年冬到了京师，蜗居报国寺，准备参加会试。

明神宗朱翊钧万历年后期，朝政极端腐败，民穷国弱，民怨载道，北方努尔哈赤入侵。

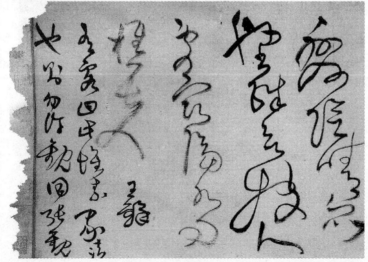

朱翊钧在内忧外患的打击下于万历四十八年（公元1620年）病死，他的儿子朱常洛继位，是为明光宗。可他仅登基一个月，就病死了。其子朱由校即位，是为熹宗。

插图15-3.1 王铎草书唐人五言诗九首（局部）

王铎世称"神笔王铎"，是一位各体皆能、风格多样的书法全才。无论是伟岸遒劲的大楷、高古朴厚的小楷书，还是他那飞腾跳蹀的行草书，都别具一格。他书法用笔，出规入矩，张弛有度，却充满流转自如、力道千钧的力量。他擅长行草，此件作品正体现了其行草笔法的大气，劲健洒脱，淋漓痛快的特点。王铎入清后，书风更趋成熟老辣，其狂草技法已臻化境。书法也成了他"贰臣"的心理矛盾和落寞情怀的排遣，作品也由扛鼎之力和奋发之气，转为理性和孤冷。

190

熹宗朱由校上台得助于东林党人,后来东林党与魏忠贤集团展开斗争。所以,万历末年不景气的状况并没有得到根本的改变。

明熹宗朱由校天启二年(公元1622年)三月,31岁的王铎参加了朝廷殿试,名列三甲第58名,赐同进士出身。半年多的时间内王铎连科及第,为王氏家族争来了荣耀。又从进取的409名进士中选入翰林院为庶士。他直接敲开了通往中央权力中心的门户,为他日后升迁创造了最佳机遇,是他一生中的重要转折。

翰林院庶吉士是由进士中学术优秀、擅长书法者来担任,王铎任此职当之无愧,为他施展自己的才能提供了优越的平台。

有一年,明熹宗朱由校自我感觉良好,认为举国风调雨顺、五谷丰登、皇恩浩荡、万民称颂。一天,他喜上心头,心血来潮,想点缀一下所谓的太平盛世,要在金銮殿上添一块金匾,写上"天下太平"来粉饰自己。

于是,朝堂上下来找书写金匾的人选。满朝大臣信荐了几个书法高手,但熹宗都不甚满意。大臣们反复议论,经过筛选,把时任翰林院庶吉士的王铎推了出来。王铎的书法已名噪书苑,熹宗很高兴,即命王铎上殿捉笔书写金匾。

在皇帝面前展露才华对许多人来说求之不得,当这个机遇推到王铎面前时,令其喜出望外。他走上金銮殿,满朝大臣已在静候。他走上前去,提笔饱蘸金粉,落笔收放,笔墨连绵,自如挥洒,神韵飞动。众人凝视,惊叹称绝。霎时间,那块金光闪闪的匾额上,落下四个大字。大家再细看时,都惊呆了,不觉为他捏了一把汗。原来"天下太平"中的"太"字少了一点,成了"天下大平"。这是王铎的一时疏忽而出纰漏,还是书法家故弄玄虚,大家一时猜不透。可王铎似无觉察,大家也不好提醒,他欣然收笔,让人悬挂于大殿之上。

熹宗闻悉王铎已写好匾额悬挂停当,便兴致勃勃地到了大殿,站在匾下抬头望去,果然好字,王铎出笔不凡,与大臣们共赏,赞不绝口,但无人敢指出四个字中的漏洞。熹宗的目光突然停留在那个"大"字上,脸上立刻露出不悦之色。这龙颜一怒,在场的文武群臣工匠待诏为王铎担心了,大殿内刹那间静寂下来。

大家把目光投向王铎,王铎却面无惧色,坦然自若。只见他没有犹疑,从容地走上前,拿起斗笔,蘸好金粉,款步走到金匾下面,抬头望匾,右臂稍张,搭手一掷,那支斗笔从手中飞出,笔尖直指"大"字,笔锋触匾,力度不大不小,位置不偏不倚,点上一点,与匾上那个"大"字融为一体,浑然天成,不露丝毫破绽。众人乍起的

插图15-3.2 王铎故居中"神笔王铎"匾额

王铎书法诸体皆能,风格多,大楷伟岸遒劲,小楷高古朴厚,行草飞腾跳掷,是书法全才。此幅匾额金口玉言之赞,道出了王铎书法的成就,为古今中外认可。

叫好声打破了寂静。熹宗抬头端详，龙颜大悦，更为王铎飞笔点点叹服，忙离御案，走到王铎跟前，竖起大拇指夸奖道："爱卿，真不愧神笔呀！"

4. 才压江南

王铎的神笔受到熹宗朱由校的赏识，熹宗钦点他任江南大主考。他掌握了考生的命运，踌躇满志。

王铎受命赴任时，受到隆重的接待。那天他乘坐着八抬大轿，两副大门旗前行开路，旗上分别书写"苦读书寒窗十载""奉母命不出难题"，吸引了众多举子观望。轿入大街，他命人将轿帘高高卷起，以便与江南才士面会。那些迎看主考大人的举子们，往轿内一看，里面端坐的竟是一位年轻的白面书生，似乎大失所望，议论声声："这是哪家衙府的公子哥，还说不出什么难题，恐怕他只知一句'学而时习之'罢了，压根提不出什么绝妙之题。"话音一落引来一片哄笑声。

王铎听到举子们的讥讽，不动声色，一一记在心中。开考那一天他将计就计。开考的第一场，当参加考试的举子们拿到考题一看，果然是"子曰学而时习之"。举子们得意忘形，认为果不出所料，在展卷作题中，个个卖弄才情，文笔洋洋洒洒，天花乱坠。第二场考试开试了，举子们展卷一看，题目仍是"子曰学而时习之"，但要求不能重复前篇内容，举子们不得不认真起来。就这样一连考了七场，题目都是"子曰学而时习之"。题目相同，但内容不得半点重复。举子们感到一场比一场难。因为每人所知有限，同一题，必须写出不同内容的文章。一个个叫苦不迭，不知难倒了多少江南才子，能在这七场连续考试中胜出的才是真正的出类拔萃之才。

揭榜之后中第的举子对王铎十分佩服，他们齐到王铎那里拜望。王铎热情相迎，优容相待，语重心长地对举子们说："我王铎一寒儒出身，只知为学之道在于'子曰学而时习之'。今天，我也要以此为题，立作文章七篇，与诸君共勉。"言讫，命人摆开文案，铺纸提笔，凝神专注，书写起来。惊愕的举子们看他笔走龙蛇，文思泉涌，一篇接着一篇，一口气写完了七篇同题锦绣，字字玑玉，令人耳目一新。众举子无不惊讶，心悦诚服，当即拜伏，赞扬说："老师高才，学生佩服。"

王铎立作同题七篇的佳话，一时传遍江南。可还是有些名流学士对他不服气，有狂傲之士商议，一定要找机会把他难倒。

ELITE

人杰

插图 15-4 丛山兰若图
（明王铎绘）

《丛山兰若图》是王铎绘画的传世之作，构图饱满，山峦重叠，草木丰蔚。行笔纵姿，随意点染，不着皴擦。逸笔草草，不拘绳墨，属文人笔墨游戏的风范。为王铎晚年绘制。王铎善于画山水和梅兰竹石，他的山水画，丘壑峻伟，皴擦不多，以晕染作气，敷以淡色，沉沉丰蕴，意趣自别；他的兰、竹、梅、石，洒然有物外之趣。

一天，有人筑造了一座高台，以赋诗饮酒观景为乐。那几个商议好的才士们抓住这个机会，约请王铎登台同乐。王铎不知是计，欣然应约。王铎按约定时间到场，他走到高台前正要举步登台，才士们对王铎说，登台有规矩。这时有人向他说明了登台的规矩，每人登台之始，即构思诗句，要用"上头"两字作韵脚，虽粗俗但不得改用，登上高台后，立书一首七言绝句。

王铎一听，仰天哈哈大笑，抢先举步从容地快步沿阶而上，走上高台，第一个挥笔疾书七言绝句一首，诗曰："上头上头再上头，玉石栏杆挂斗牛。眼前若无衡山在，横扫江南十八州。"诗成释笔，立台远望。

才士们拿来一读，此诗文笔淋漓，抒情畅快，风格由俗入雅，高迈磅礴，一股逼人之气扑面而来。众人哑口无言，心中自是感叹不如，佩服得五体投地，竟无一人再作诗与之相比了。

自此，传出了"江南文才共八斗，王铎强占七斗九"的美谈。

5. 主战遭遇

王铎初涉政坛，对东林党有鲜明的倾向。东林党是明代晚期以江南士大夫为主的政治集团。万历二十二年（公元 1594 年），吏部验封司员外郎顾宪成与内阁不合，被革职回到家乡无锡，与志同道合的士子们在东林书院讲学，并讽议朝政，形成广泛的社会影响。至万历三十二年（公元 1604 年）又修复了东林书院，一时间三吴士绅、朝野各政治代表人物、地方实力派等聚集在东林书院周围，时人称之为东林党。正当东林党最活跃时，熹宗天启年间朝廷后宫崛起了一股政治势力。就在王铎登三甲进士的天启二年（公元 1622 年），目不识丁的宦官魏忠贤窃取朝中大权，勾结党羽，扩充势力，形成了一个强大的太监集团，时称"阉党"，与东林党尖锐对立。

天启六年（公元 1626 年）正月，"阉党"首领魏忠贤授意朝廷纂修《三朝要典》，为自己树碑立传。时任翰林院检讨的王铎理应参加编纂工作，但他与几位同僚毅然辞去了这项工作，表示不与"阉党"合作的意愿。

熹宗爱玩不问朝政，大权全落在魏忠贤手中。魏忠贤专横跋扈，残杀无辜，残酷镇压东林党人。天启七年（公元 1627 年），熹宗病死，由他的同父异母弟弟朱由检即位，是为思宗，年号崇祯。

明崇祯六年（公元 1633 年）四月，王铎在京为官已两年余，已由翰林院侍讲迁为詹事府左谕德、左庶子。他因与阴险狡诈的大学士温体仁政见不合，自请调离京师，任少詹事，此职是专司太子府的总务，是皇帝的近臣，应该说是深得皇帝的信任。可是当年八月，大学士温体仁因病被免职，为了补缺，吏部推荐了 13 个阁员待选，王铎有幸被荐为十三员中之一，不幸的是他未能获任。此后两年里，他先后任东宫侍班、詹事、礼部右侍郎、翰林院侍读学士、经筵讲官、教习馆员等职，大多做文化工作。

在北方的白山黑水之间努尔哈赤统一了女真部落，于公元 1616 年称汗，建立了

SERIES ON THE HISTORY
AND CULTURE OF

中原历史文化系列丛书

"大金国"，史称后金，迁都沈阳。公元1626年努尔哈赤病逝，其子皇太极登上汗位。皇太极征服了朝鲜和蒙古之后，清除了后顾之忧，于1628年率军南下，全身心地投入了对大明的征战。出师告捷，回师沈阳，此后不断骚扰明朝边境。

明崇祯十一年（公元1638年），皇太极再次发起大规模的战争，入侵大明王朝。明军迎敌，连连受挫。此时朝廷中出现了议和派。议和派的代表人物是兵部尚书张嗣昌，他提出边事议和主张后，立刻遭到主战派的激烈反对，崇祯皇帝支持议和派。此时有一位主战派人物黄道周，是王铎的好友。在王铎考进士入翰林院为庶吉士时，还有黄道周、倪元璐，时人称他们三人为"三株树""三狂人"，影响很大。此时，黄道周站出来抗疏论辩，痛批议和派，极力主张抗击皇太极侵略军。结果龙颜大怒，他遭到贬官六秩的处分。

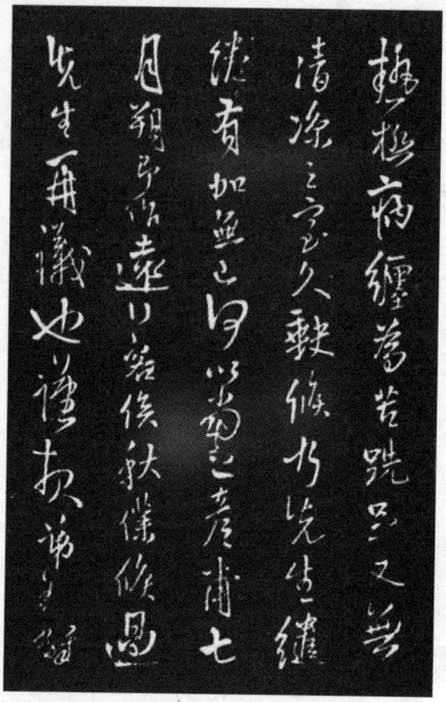

事情过去19天后，积极主战的王铎，为好友黄道周遭贬不平，并且愤然上疏，鲜明地指出，边事不能议和，此事关系国家兴亡，危害极大。主和派大为愤怒，兵部尚书杨嗣昌派人向崇祯皇帝进谗言，反对王铎，并提出应给王铎以"廷杖"处罚的要求。明朝的"廷杖"很残酷，受此罪者无人生还，判"廷罚"等于判死罪。

王铎家人得知消息，男女老少一片惊慌，万分担心，哭声不断。而王铎知道了杨嗣昌等主和派对自己的陷害毫不畏惧、神态自若。万幸的是，这次皇帝没有采纳杨嗣昌的意见，对王铎没有追究，没有加罪。

可王铎并没有放弃自己的主战主张，仍然宣扬自己的观点。就在事情平息数日之后，经筵秋讲开始了，主讲人当然是时任经筵讲官的王铎。他在讲《中庸唯天下至圣章》时，又论及时事，揭露朝廷给百姓加重赋税，官府对百姓"敲骨吸髓，民不堪命"，致使白骨遍野、家破人亡、天下大乱、民无太平之日的残酷现实，虽然王铎对朝廷弊政直言不讳，崇祯皇帝却仍未加罪，但已失去了对他的信任，王铎遭到了政治上的失意。

194

插图15-5《拟山园帖》（局部 明王铎书）

《拟山园帖》共10卷79帖，18000余字，由90块汉白玉镌刻而成。清顺治八年至十六年（公元1651—1659年）由王铎次子无咎辑选其父部分书作汇集镌刻，收入了王铎的信札、诗稿、碑文、序跋、临帖，字体有楷、行、草、隶。张缙彦、龚鼎蘖为之作跋，张翱为之勒石，历时九年完竣。《拟山园帖》堪称王铎书艺集大成之作，博采众长，法古入化，笔力雄健，神韵飞动，纵而能敛，放而能收，以险取胜，长于布白，风格独特自成一家，素有"文安公书法妙天下"和"神笔王铎"之美誉。

6.颠沛流离

求真求实、刚正不阿的王铎因主战直言得罪了当朝权臣，触怒了崇祯皇帝，失宠而不得志。明崇祯十一年（公元1638年）秋冬，两个幼女先后夭折。这一年他已46岁。政治上的打击、失女的悲痛已使他心灰意冷，他曾两度上疏，以省亲为借口，

欲离开朝廷，终于被准。这一年的年底，他回到故里河南孟津。

明朝末年，内忧外患，加上天灾，大明王朝已处于风雨飘摇之中。王铎自京回到家乡河南孟津，正逢河南大灾荒。他看到故乡饿殍载道、民不聊生，十分痛心，他要想办法救济灾民。他要求官府开仓放粮，并从陕甘等地劝募粮食，把粮食装船顺黄河而下运到家乡孟津。

王铎在自家门口设置了一个"粥场"，每天开锅一次，施舍给饥民们一顿粥，以救不死。每天粥场一开，来的饥民很多，每人只能摊上粥汤一碗。甚至附近各县的饥民闻知王铎开"粥场"，也纷纷前来讨吃。

明崇祯十二年（公元1639年）冬，王铎重返京城，任翰林院学士，次年九月，受命南京礼部尚书。在从北京往南京赴任的途中，曾顺路回乡探望双亲。

崇祯十四年（公元1641年）初，王铎父亲病故于家乡，王铎得悉，即辞官归乡服丧。4个月后，母亲也病逝。这时，农民起义成燎原之势。崇祯十三年，李自成农民军重入河南，"迎闯王、不纳粮"，得到百姓的拥护。崇祯十四年春，农民军攻破洛阳，王铎家乡百姓纷纷响应，义军发展如火如荼。王铎再不能回南京上任了，只得带

插图15-6 深山幽居图
（王铎绘制）

《深山幽居图》描绘了山间林木苍劲，峰峦深壑，草阁藏溪涧之滨，山径迂回于山谷之中。画家用苍劲明快的笔墨，勾画出一幅山林隐居景象。构图简净，意境清远。画家的笔墨在微妙变化中，使画面层次分明、结构严谨，富于变化，设色幽清有致，和谐自然。充分显示了画家对自然界入微的观察和驾驭笔墨的高超技艺。王铎山水图之特色可见一斑。

领全家人离乡背井，开始了颠沛流离的生活，在河北、江苏、湖北之间飘荡，备尝艰辛。不幸的是，崇祯十五年十一月，流落在江苏桃源途中时，结发妻子马氏病死在一只小船上；崇祯十六年，他的三妹和两个儿子都在逃难途中病死。

故乡难归，京城难回，丧考妣，亡妻儿，王铎内心已痛苦至极。此时，这一切困厄致使王铎万分痛苦、情绪低落，唯有书法成了他宣泄内心世界最有效的方式。他的书法经历了近40年的磨砺，已进入了一个炉火纯青的阶段。

崇祯十四年（公元1641年）左右，他创作了《为啬道兄书诗卷》，全卷笔法放纵有度，大处铿锵激昂，细节灵动飞扬，是其书法上品。崇祯十五年（公元1642年），他流落到了怀州，受到地方官张抱一的热情款待和照顾，他作了两件自书诗卷《赠张抱一行书卷》《赠张抱一草书卷》馈赠以作报答。行书卷骨骼刚劲、体魄险绝、笔力沉实、进出自入，展示了他书法的雄强之风；而草书卷的创作更奇特。那是在一个极静的夜晚，张抱一与他在一小舟中饮酒，忽听深山中传来猿啼，蓦然间，眼前似乎出现了"海中神鳌"，似狮如象，又似龙，"撞三山，踢四海"，奇迹出现了，墨象、墨迹以不可阻挡之势泄于纸上。于是，一件具有神力的艺术创作《赠张抱一

草书卷》在静夜中的一叶舟上神奇地诞生了。王铎的这件书法作品成为书法艺术中的登峰造极之作。

王铎历尽离乡背井之艰，尝尽国破家亡之痛，贫困潦倒的艰辛，断粮无炊的窘境，连买一支好笔、一块好墨的钱都没有，但他依然没有放下那支创造书法艺术的神来之笔，为后人留下了惊世骇俗的墨宝。

7. 故臣新主

明崇祯十七年（公元 1644 年）正月初一，李自成亲率 40 万大军渡河东征，直指北京。3 月 18 日占领京城，崇祯皇帝朱由检在煤山自缢而死，历经 16 帝 276 年的大明王朝覆灭了。

公元 1644 年 9 月，清顺治帝福临移都北京，开始了对全国的统治，继续镇压农民义军，追杀南逃的明朝王室余员。就在顺治帝即将到北京定都时，在南方的凤阳总督马士英和魏忠贤旧党阮大铖于公元 1644 年 5 月 31 日拥立福王朱由崧在南京即皇位，是为安宗，年号弘光，史称"南明"。这位福王朱由崧的父亲朱常洵在明崇祯十四年正月李自成攻陷洛阳时被农民军杀害，王妃邹氏及世子朱由崧逃往怀庆，此时王铎一家正避难居于怀庆，对朱由崧给予了多方帮助。后来，他称监国时，为念及往日之恩，曾推举王铎为东阁大学士。现在朱由崧

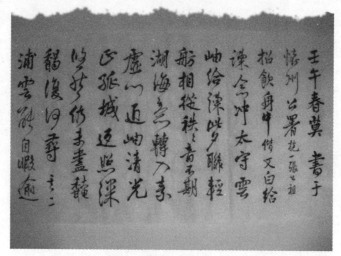

插图 15-7 王铎书法《赠张抱一行书诗卷》

明崇祯十五年，王铎流寓怀州，受到张公祖的款待，并有诗作赠他，一是《赠张抱一行书诗卷》，一是《赠张抱一草书诗卷》。王铎的诗有杜甫之风，所书二卷十数首感事伤时诗，发出了"百感中原事，魂魂向夜生"的悲叹，大有离乱战火中有感于生灵涂炭的"诗史"品格，故前卷行书尤显沉雄深厚，后卷草书幽怨缠绵。张抱一，怀州的地方官，又擅写山水。在此所选的《赠张抱一行书诗卷》，为王铎 51 岁时的作品，是其成熟的代表作之一。此书用笔沉着痛快，骨力尤健，点画挺健爽利，丰腴润泽，有晋人之韵，点画粗细、枯润、字形大小对比强烈，极尽所能地展示出力量与姿态变化的丰富性。此行书帖充分地展现出王铎书法的艺术风貌。

登上帝位，正是用人之际，就召王铎到南京。王铎结束了他 6 年的流浪生活，当年 6 月 3 日王铎入阁，被任命为"次辅"，这年他已 52 岁。

王铎以次辅身份辅佐朱由崧期间做了几件大事，一是拟旨削去了已故阴险狡诈的温体仁等人的赠谥及官荫；二是尽力保护许多被称为降"贼"的北来明朝大臣；三是在"真假太子"案中态度鲜明。真假太子案这段轶事被载入史册。

明弘光元年（公元 1645 年）三月一日，突然有一人从杭州来到南京自称"太子"，在这兵荒马乱的年头，从皇帝到大臣都不知道这位"太子"是真是假，可有人相信是真太子，于是朝中掀起了"真伪太子"的争议。此时，王铎以东宫侍班的身份站出来表态，他肯定地表示这个太子是假的。原来，马士英揣测皇帝心意，察言观色，以为皇帝倾向于"伪太子"之说，所以就迎合了皇帝。王铎则附和马士英，甘愿冒风险，直接处理此事，把伪太子关入大狱，他的好友黄道周也认定此人是伪

太子。弘光皇帝朱由崧十分赞赏王铎等人的态度。

可是认为此人是真太子的大有人在，他们在朝中极力辩驳，反对马士英一派，驻守南京城外的大臣也质疑，甚至发起"兵谏"。武昌的左良以"清君侧"为名，向马士英一派兴兵问罪。一时南明小朝廷内讧骤起，越闹越大。清军乘虚而入，弘光元年四月二十日，攻陷扬州，大杀十日，然后直捣南京，弘光皇帝率马士英逃跑。南京城内群龙无首，一片混乱，宫女逃走，后宫被抢。百姓中有好事者救出那个被王铎关押的伪太子，在西华门光武殿黄袍加身，上演了一场闹剧。

王铎在混乱中换上便装，想躲起来，不料被人认出，那些认定真太子的人，把王铎抓回，让他指认太子的真伪，辱骂之声不绝于耳，又遭痛打，幸有好友赵之龙相救，捡回了一条性命。

5 月 10 日清朝豫亲王多铎率清军入城，王铎未能逃出，只好带着羞辱和满身的伤痕，跟随钱谦益等明朝大臣迎接清兵入城，改换门庭，投降清朝，从此，改变了他的人生。

清朝顺治二年（公元 1645 年）年底，王铎作为明朝重臣被召入京，眼观故国楼台，心系故朝旧事，看眼下剃发称臣，心中感慨，难以表述。虽然被清廷任为礼部尚书管弘文院学士，直到加太子少保。官高位尊，但"忠臣不事二主"封建伦理纲常使他经受着来自外界与内心双重痛苦的折磨。他的晚年只有在书文诗画中得到精神的寄托。

8. "疑冢"之谜

王铎降清后的书法在草书上虽多有得意之作，但字里行间缺乏振奋激昂之气，多了几许凝重自然的情调；那苍劲飞动的线条里饱含着他的哀怨、悲苦、彷徨和孤零，笔法藏有犹如江河奔流于崇山峻岭、随势转环的意蕴。

清顺治八年（公元 1651 年）十月，王铎晋升为太子少保品位之后，出京到西南旅行，取道陕西汉中，由栈道入川，览尽蜀地锦绣山水，观临峨眉名山后，十二月返回故里，不想在家乡一病不起。第二年三月四日，朝廷又授他礼部尚书之职，但未及上任他便于三月十八日病逝，享年 61 岁。死后，又赠太保，谥号文宗，王铎走完了他悲剧的人生。

王铎死后，又被推上了封建伦理道德的审判台。至清乾隆年间，在修《清史列传》时，遵乾隆皇帝旨意，视王铎与降清的洪承畴为"大节有亏，实不齿于人类"，被打入"贰臣"之列，进入史书"乙编"，削去谥号。王铎彻底身败名裂，王铎在"人品与书品"之争中，几百年来成为复杂而争议的人物。

王铎应该说是有远见的，他内心知道自己死后的结局。所以，在临终时他以惶恐的心情留下遗言："遗命用布素殓，垄上无得封树。"他要从简而葬，墓前不要树碑。传说，王铎临终前把儿孙们叫到病榻前，严嘱办三件事：一、治丧不准做大型的吊唁；二、遗体不要进入祖坟；三、自己的名字不要入文庙。他精心安排的这几件事是他担心招惹是非，怕遭遇挖坟之灾，名节有亏入文庙会让人耻笑。总之，是怕祸及家人和子孙。家人遵嘱也做了周密布置。出殡那天，从王铎抬四具灵柩，并且分别从四道城门出灵。出城之后，四个地方又分别建了四座同样的坟墓。这样，王铎的墓就成了"疑冢"，人们不知哪座是他的真正墓穴。

清末，王铎故里遭遇了一次大的水灾，王家太保府的后宅塌陷，露出一个洞穴。人们看到洞穴内架着两根М大的铁梁，铁梁上悬吊一个很大的棺木。人们方才恍然大悟，这才是王铎的棺椁。其实，王铎临终时过于忧虑，他的墓并未被盗挖，由于他的书法作品是书法艺术的珍品，受人尊重，因此无人损毁，从他的故居可见一斑。

这座具有明清建筑风格的宅院，古朴庄重、形制巍峨、宏伟壮观。故居五进院落，各厅室悬挂的楷、隶、行、拓片等，更透出了王铎作品的艺术魅力，令人叹为观止。

王铎染病在床之际，他把自己的得意之作和临摹古人的作品集中编排，交给儿孙们说："我一生别无所成，唯书法小有所获。我死后，可觅良工，将这些一一刻石镶置于室四壁，传留后世。倘子孙后世衣食不足，亦可拓卖字帖，以济温饱。"并嘱题名曰"拟山园"，含"藏之名山，传之后人"之意。他的儿孙依嘱而做，在府中过厅侧室，取90块汉玉，雕刻了"拟山园"所有内容，至今犹存。

与故居隔路相对的是王铎于崇祯元年营建的苑林别墅，占地90亩，其中湖面45亩。园中花卉多，树木繁，小桥、亭榭散布其间，既有北方园林的厚重，又有南国园林的秀美，一直以来为后人凭吊和怀念。

198

插图 15-8 王铎故居客厅中堂

王铎故居独特。王铎在明崇祯元年于赊嵩山北麓，建拟山园，集林苑建筑之巧，亭台楼榭，曲径回廊，奇花异草，布置精巧，匠心独具。园内种植有王铎喜爱的竹子、梧桐、梅花、藤萝等。他亲自为各处景观命名。分南北两部分，南面是以拟山园为主的厅堂部分；北面是以园林为主的再芝园。再芝园是封闭式庭院的青砖瓦房，以"神笔王铎""独尊羲献"等为主线，以楷书、隶书、行书、草书、诗画分展数室。五进院落的建筑形制以前屋、客厅、中堂、后堂、后屋为主体，配以东西厢房和东西绣楼。构成每进院的单独结体，均以青砖青瓦构建，从整体上展现明清官邸建筑巍峨、壮观、肃穆的文化氛围。

图书在版编目（CIP）数据

中原历史文化系列丛书. 人杰 / 李鸿安著 . -- 北京：
中央民族大学出版社，2016.12（2018.3 重印）
　ISBN　978-7-5660-0656-1

　Ⅰ . ①中… Ⅱ . ①李… Ⅲ . ①文化史—河南省②历史
人物—生平事迹—河南省 Ⅳ . ① K296.1 ② K820.861

中国版本图书馆 CIP 数据核字（2014）第 001675 号

人杰

著　　者　李鸿安
责任编辑　戴佩丽
装帧设计　汤建军
出 版 者　中央民族大学出版社
　　　　　北京市海淀区中关村南大街 27 号　　　邮编：100081
　　　　　电话：68472815（发行部）　　　传真：68933757（发行部）
　　　　　　　　68932218（总编室）　　　　　　68932447（办公室）
发 行 者　全国各地新华书店
印 刷 厂　北京宏伟双华印刷有限公司
开　　本　880×1230（毫米）　　1/16　　印张：13
字　　数　320 千字
版　　次　2016 年 12 月第 1 版　　2018 年 3 月第 2 次印刷
书　　号　ISBN　978-7-5660-0656-1
定　　价　80.00 元